Hans-Joachim Schmutzler
Heilpädagogisches Grundwissen

# Vorwort zur überarbeiteten Neuauflage

Dieses Buch ist eine Einführung in die Früherziehung behinderter und von Behinderung bedrohter Kinder bis zum Schulanfang. Viele dieser Kinder werden mit ihren Problemen zu spät erkannt und dementsprechend auch zu spät gefördert. So entstehen immer größere Entwicklungs-, Lern- und Verhaltensschwierigkeiten, obwohl ihnen die moderne Früherziehung wirksame frühe Hilfen anbieten kann.

Die Effizienz der Frühförderung insgesamt gilt als unbestritten, insbesondere auf medizinischem Gebiet und in Einzelbereichen der pädagogisch-psychologischen Maßnahmen; z.B. Sprach- und Konzentrations-, Wahrnehmungs- und Intelligenzförderung sowie beim Aufbau der lebenspraktischen Selbständigkeit liegen empirische Untersuchungen vor, auf die in den jeweiligen Kapiteln hingewiesen wird. Dennoch muß festgestellt werden, daß weitere wissenschaftliche Anstrengungen zwingend erforderlich sind, um insbesondere die pädagogischen Frühförderungsmaßnahmen in ihrer Effizienz zu steigern und hinsichtlich der Belastungen für das Kind und seine Familie zu mindern.

Die bereits heute vorhandenen effizienten medizinischen und pädagogisch-psychologischen Hilfen hätten eine wesentlich größere Wirksamkeit für das behinderte und von Behinderung bedrohte Kind, wenn Eltern früher und besser informiert und mehr heilpädagogisches Wissen und Können in der Aus- und Fortbildung den pädagogischen Mitarbeiterinnen und Mitarbeitern bereitgestellt würde.

Vorbeugung und Frühbehandlung von Behinderungen werden heute als die zentralen Aufgaben angesehen.

Die medizinisch-therapeutische Frühdiagnostik und -behandlung (z.B. durch Physiotherapie), die pädagogisch-psychologische Frühdiagnostik und -erziehung (z.B. Intelligenz- und Wahrnehmungsförderung) und die sozialpädagogischen Hilfen für die Familie des behinderten Kindes bilden in Kooperation das Frühfördersystem.

Dementsprechend ist das Buch aufgebaut: Einleitend wird der Behinderungsbegriff und das Behinderungsproblem aus heilpädagogischer, medizinischer, soziologischer und psychologischer Sicht dargestellt. Ein solches heilpädagogisches Grundwissen ist erforderlich, um die nachfolgenden Hauptteile verständlicher zu machen.

Sowohl im psychologischen als auch im soziologischen Teil werden daher heilpädagogische Grundbegriffe, Entwicklungs- und Lernprobleme, Behinderungsursachen und -bedingungen und die Eltern- und Familienprobleme praxisbezogen dargestellt. Besonders die Schwierigkeiten des behinderten Kindes und seiner Familie, die Integrationsfrage sowie sozialrechtliche Fragen werden im soziologischen Teil angesprochen.

Kapitel 5 bietet eine allgemeine Einführung in die Früherziehung, ihre Geschichte und ihre didaktisch-methodischen Fragen bei der Förderplanung und -durchführung. Dementsprechend werden auch einige klassische und moderne Ansätze der Früherziehung und -förderung exemplarisch vorgestellt.

Im neubearbeiteten Kapitel 6 wird auf einzelne Behinderungsgruppen eingegangen. Der Schwerpunkt liegt hier in der Problembeschreibung, Diagnostik, in den Behandlungsansätzen und entsprechenden praxisbezogenen sowie weiterführenden Literaturhinweisen.

Neu eingefügt wurde Kapitel 7, das Grundprobleme der Schulerziehung behinderter und von Behinderung bedrohter Kinder darstellt und insbesondere den Übergang von der Vorschulerziehung zur Erziehung in Sonder- oder Regel-Schulen problematisiert.

Das Buch kann so als eine Hilfe für die Elternberatung benutzt werden, denn es enthält Hinweise, Anleitungen und Tabellen zur Früherkennung von Behinderungen bzw. Entwicklungsabweichungen und zu Problemen von der Schwangerschaft bis über die Geburt hinaus. Für Praktiker werden entsprechende Testhinweise gegeben.

Eine Schlüsselrolle in der Früherkennung und -förderung haben Sozialpädagogen und -arbeiter, die Erzieherinnen und Erzieher in Krippen, Kindergärten, Horten, und auch Lehrerinnen und Lehrer. Sie alle haben es heute mit behinderten und von Behinderung bedrohten Kindern und ihren Eltern zu tun. Daher richtet sich das Buch als ein Informatorium für Früherziehung an Praktiker und als Einführungslektüre auch an Fachschüler/innen und Studenten bzw. Studentinnen der Erziehungswissenschaften.

Juli 1996                                        *Hans-Joachim Schmutzler*

# Inhalt

## 5. *Heilpädagogik – Frühförderung* ............ 88

# 1. Was ist eine Behinderung?

*Die behinderten Kinder sind dazu da,*
*um uns die Liebe zu lehren.*
*(Russ. Sprichwort)*

Der Begriff „Behinderungen" wird im Sinne von „anormal" seit 1958 von *Egenberger* in der Heilpädagogik verwendet. Behinderung bezeichnet allgemein sowohl Schädigungen als auch Funktionsausfälle und -minderungen des Menschen, die seine Entwicklung zur selbständigen und verantwortlichen Lebensführung (Autonomie) beeinträchtigen und ihn gesellschaftlich im Vergleich zu den Gesunden graduell benachteiligen oder hilfsbedürftig machen.

*Bleidick*, ein führender deutscher Heilpädagoge, definiert Behinderung daher wie folgt:

„Als behindert gelten Personen, die infolge einer Schädigung ihrer körperlichen, geistigen oder seelischen Funktionen soweit beeinträchtigt sind, daß ihre unmittelbaren Lebensverrichtungen oder ihre Teilhabe am Leben der Gesellschaft erschwert werden."[1] Ähnlich ist dies auch im Sozialgesetzbuch definiert.

Verschiedene andere, teilweise ähnliche Begriffe gibt es im Behindertenrecht (Arbeitsförderungsgesetz, Kranken- und Rentenversicherungsrecht), im Schulrecht (Sonderschulaufnahmeverfahren), Sozialhilfe-, Straf-, Zivil-, Unfall-, Versicherungs-, Versorgungsrecht.[2]

---

## 1.1. Behinderungsarten und Klassifizierung

---

Die verschiedenen Einteilungen und Abgrenzungen der Behinderungsarten richten sich jeweils nach den Wissenschaften, dem Behindertenrecht und Institutionen, die sich mit Behinderten befassen. Danach gibt es verschiedene Einteilungen:

1. Medizinische (nach Krankheitsbildern, Organschädigungen, Ursachen und Defekten);
2. Pädagogische Einteilungen (z.b. nach Behinderungsformen, z.B. Blinde, nach Lernbehinderungen und vorhandenen Behindertenschulen und -einrichtungen, z.B. Frühförderstellen);

3. Sozial- bzw. versicherungsrechtliche Einteilungen, aber keine einheitlich standardisierte Klassifikation.

So ist die nachstehende Übersicht auch deswegen unvollständig, weil u.U. auch neue Behinderungen entstehen können (z.b. Strahlengeschädigte nach Tschernobyl, Dioxin-Fälle, Kehlkopflose, exogene Psychosen, gesichtsversehrte Menschen, Gliedmaßenfehlbildungen und -verluste, Mucoviscidose usw., s. S. 33)

---

Nachstehend sind alle Arten der Behinderungen (bzw. von Behinderten) nach ihren geläufigen Bezeichnungen aufgeführt; entsprechende Begriffe und medizinische Bezeichnungen sind in Klammern genannt.[3]

Anfallskranke (Epileptiker)

Altersgebrechliche

Geisteskranke (Psychotiker)
   Schizophrene
   Manisch-Depressive

Hörgeschädigte
   Gehörlose (Taubstumme)
   Schwerhörige

Intelligenzgeschädigte
   Geistigbehinderte (z.b. Mongoloide)
   Lernbehinderte

Körperbehinderte
   Gliedmaßenfehlbildungen (Dysmele) und Gließmaßenverlust
   Krampfgelähmte (zerebrale Bewegungsstörungen; Spastiker und
   Atethotiker)
   Querschnittgelähmte
   Kindergelähmte (Poliomyelitis)
   Muskelerkrankte (z.b. Muskelschwund, progressive
   Muskeldystrophie)
   Wirbelsäulenerkrankte (Skoliosen)
   Erkrankungen des Zentralnervensystems (Multiple Sklerose,
   Spina bifida, Hydrocephalus)
   Knochenerkrankungen (z.b. Knochenentzündungen,
   Knochentuberkulose, Glasknochenkrankheit)
   Bluter (Hämophilie)
   Patienten mit Kunstafter (Anus-praeter-Träger; Ileostomie und
   Kolostomie)
   Rheumaerkrankte (Rheuma und Gelenkrheuma)

Langfristig Kranke
   z.B. Zuckerkranke (Diabetiker) und Nierenkranke (Dialysepatienten)

Sehgeschädigte
  Blinde
  Sehbehinderte
  Taubblinde

Sprachbehinderte
  Hörstumme (Aphatiker)
  Stotterer und Polterer
  Stammler
  Dysgrammatiker
  Stimmstörungen
  Verzögerte Sprachentwicklung
  Kehlkopflose

Verhaltensgestörte
  Neurotiker
  Sozial Vernachlässigte und Verwahrloste
  Autisten

## 1.2. Mehrfachbehinderung als Regelfall

Die Schwierigkeiten einer einheitlichen Einteilung liegt nicht nur in den verschiedenen Zuständigkeiten, wie z.b. Medizin, Pädagogik, Versicherungs- und Arbeitsrecht usw., sondern auch in der Tatsache der Behinderung selbst: Kaum eine Behinderung ist eine einfache, sondern in der Regel eine Mehrfachbehinderung.

„Von Mehrfachbehinderten ist immer dann die Rede, wenn zwei oder mehrere Behinderungen zusammentreffen. Dies ist keineswegs die Ausnahme, sondern die Regel. Es gibt, vereinfacht rubriziert:

– zusammentreffende Behinderungen, die zwangsläufig in einem Kausalzusammenhang (Verursachungszusammenhang, Verf.) stehen: Aus einer Behinderung (der Primärbehinderung) folgt eine zweite (die Sekundär- und Folgebehinderung), z.b. Gehörlosigkeit hat Sprachbehinderung zur Folge;
– Behinderungen, die nicht in einem Kausalverhältnis zueinander stehen; keine der zusammentreffenden Behinderungen ist Folge der anderen; z.b. Blindheit und Gehörlosigkeit (Taubblindheit);
– Behinderungen, die nicht zwangsläufig in einem Kausalverhältnis zueinander stehen: Eine Behinderung kann Folge einer anderen sein, muß es aber nicht; häufig sind die Kausalverhältnisse nicht klar ersichtlich, z.b. wenn Lernbehinderung und Verhaltensstörung sich wechselseitig bedingen."[4]

15

Pechstein fand in seinen Untersuchungen vor, daß 70% des Mainzer Krankengutes (Kinderneurologisches Zentrum Rheinld.-Pfalz, Mainz) mehrfachbehinderte Kinder sind[5], so daß eine eindeutige Zuordnung zu einer bestimmten Behinderung wie Körperbehinderte oder Lernbehinderte usw. nicht immer möglich ist. In fast allen Behindertenarten sind Mehrfachbehinderungen die Regel, d.h. eine Behinderung ist immer ein komplexes, mehrere Funktionsbereiche wie Sprache, Intelligenz, Lernverhalten usw. erfassendes und beeinträchtigendes Phänomen.

Dazu ein Beispiel:

---

**Mehrfachbehinderungen bei zerebraler Bewegungsstörung[6]**

Ein weiteres Beispiel für die Art der Mehrfachbehinderungen ergibt eine Übersicht von 444 Kindern mit zerebraler Bewegungsstörung, die 1972 im Kinderzentrum München betreut wurden. Von diesen CP-Kindern hatten:

| | | | |
|---|---|---|---|
| 194 | = | 43,7 % | spastische Lähmungen, |
| 28 | = | 6,3 % | Athetosen, |
| 26 | = | 5,9 % | Ataxien, |
| 17 | = | 3,8 % | Hypotonie-Syndrom bzw. Morbus Förster, |
| 112 | = | 25,22% | minimale zerebrale Bewegungsstörungen, |
| 32 | = | 7,2 % | charakteristische Mischtypen, |
| 35 | = | 7,8 % | nicht näher differenzierte zerebrale Bewegungsstörungen. |

9,2% der CP-Kinder waren nur einfach, 22% zweifach, 32,2% dreifach, 27,9% vierfach, 7,4% fünffach, 1% sechs- bis siebenfach behindert.

An Häufigkeiten einzelner Behinderungen waren festzustellen:

9,2% „nur" zerebrale Bewegungsstörung,
17,8% Anfallsleiden,
43,4% Sehbehinderung,
5,2% Hörbehinderung,
44,5% Sprachstörungen,
29,0% schwere Verhaltensstörungen,
65,7% Entwicklungsverzögerung und Intelligenzdefekte.

---

## 1.3. Behinderung als pädagogischer Begriff

Eine Behinderung wird eine pädagogische bzw. heilpädagogische Aufgabe dann, wenn die Erziehung mit ihren Maßnahmen behindert wird, die Erziehbarkeit des Kindes und seine Lernfähigkeit so beeinträchtigt sind, daß die für das Leben in der jeweiligen Gesellschaft notwendigen humanen Kompetenzen (Sprache, Denken,

Sozialverhalten, Schrift, Selbstversorgung usw.) nicht in dem Maße hinreichend entwickelt werden können, daß eine von Erwachsenen relativ unabhängige und selbstverantwortliche Lebensführung (Autonomie) möglich ist.

Heute gibt es neben dem Begriff der Heilpädagogik noch die Begriffe Pädagogik der Behinderten, Sonderpädagogik, Sondererziehung und Rehabilitation, die häufig synonym verwendet werden.[7]

Die Unterschiede in diesen Begriffen liegen neben historischen Gründen (Heilpädagogik ist der älteste Begriff) in den wissenschaftlichen Begründungen und Sichtweisen (Paradigma, Paradigmen) der Behinderungen und Behindertenpädagogik. Bleidick unterscheidet:

1. „das personorientierte Paradigma. Behinderung ist eine individuelle, meist medizinisch faßbare Kategorie", d.h., „Behindertsein erscheint ... als ein absolut feststehender Defekt, als persönliches, weitgehend unabänderliches und hinzunehmendes Schicksal", das alle sozialen und umweltbedingten Ursachen und Bedingtheiten usw. weitgehend ausblendet.[8] In diesem medizinisch-organologischen Ansatz werden der Pädagogik und Früherziehung nachgeordnete Bedeutungen und Wirkungsmöglichkeiten zugeschrieben.

2. „Das interaktionistische Paradigma. Behinderung ist ein sozialer Zuschreibungsprozeß", d.h., „Behinderung ist vom soziologischen Definitionsansatz her kein vorgegebener Zustand, sondern ein Zuschreibungsprozeß von den Erwartungshaltungen der Gesellschaft"[9]. Danach werden Behinderungen bzw. Behinderte z.B. administrativ ‚gemacht' oder durch die gesellschaftlichen Umstände, Benachteiligungen usw. ‚bedingt'. Aus dieser Sicht gewinnt die Pädagogik und Früherziehung große Einflußmöglichkeiten, indem sie durch ihre Maßnahmen und politische Aktionen Behinderungen als Zuschreibungsprozesse (Etikettierung, Stigma, siehe unter Soziolog. Teil) weitgehend verhindert oder abbaut.

3. „Das systemtheoretische Paradigma. Behinderung ist organisationssoziologisch faßbar ein Resultat von Ausdifferenzierung und Entlastung des allgemeinen Schulwesens", d.h., „Behinderung ist eine vom komplexen Verwaltungsstatus der Großorganisation Bildungs- und Ausbildungswesen erzwungene Folge der Ausdifferenzierung. Behinderte Schüler sind jene Schüler, die mit den Mitteln der allgemeinen Schule nicht hinreichend gefördert werden können"[10] und folglich zu Behinderten erklärt und in Sonderschulen etc. eingewiesen werden oder nicht zu bestimmten Ausbildun-

gen zugelassen werden. Dieser Ansatz trifft vor allem die lernbehinderten Kinder und Jugendlichen, Ausländer u.a. sozial Benachteiligte. Hier haben z.b. Frühförderung, Schule und Lehrerschaft
die Möglichkeit und Aufgabe, Aussonderung zu vermeiden
(Prävention).

4. „Das politökonomische Paradigma. Behinderung ist ein Pro-
dukt der Klassengesellschaft", d.h., „Behinderung ist aus den Pro-
duktions- und Klassenverhältnissen der Gesellschaft zu begreifen.
Sie ist insbesondere ein Resultat kapitalistischer Ausbeutung insofern, weil die Schule für Behinderte als eine dem Arbeitsmarkt
vorgelagerte Institution ein Element im Reproduktionsprozeß der
Gesellschaft darstellt"[11], die „Behinderte" als billige Arbeitskräfte
braucht und deshalb bestimmte Gruppen aussondert. Auch hier
hätten Pädagogik, Frühförderung und Schule neben ihren pädagogischen Möglichkeiten vor allem eine politisch-schulsystemverän-
dernde und gesellschaftskritische Funktion.

*Was bedeuten diese Sichtweisen für die Praxis?*
Bleidick sieht als das „einigende Band" dieser Sichtweisen das
„Handlungsinteresse":
- der erste, medizinische Ansatz „will Defekte heilen oder bestenfalls Vorsorge treffen";
- der zweite Ansatz will Stigmata verhindern und abbauen bzw.
  das Kind „normalisieren";
- der dritte Ansatz „sucht die Schule als Organisation zu verbessern" und die Behinderten zu integrieren, und
- der vierte Ansatz „muß notwendigerweise die Gesellschaft verändern wollen, von der er annimmt, daß sie Behinderte produziert."[12]

Zweifelsohne ist für die Verbesserung der Lebens- und Entwicklungsbedingungen eine Synthese dieser Ansätze notwendig, aber
gleichzeitig kann die Pädagogik als die dem einzelnen Kind ver-
pflichtete Praxis nicht auf diese Synthese warten oder gar zuerst
auf die Veränderung der Gesellschaft bauen, sondern sie muß unter den gegebenen Umständen jetzt und effektiv handeln. Diese
Paradigmen sind für die pädagogische Praxis insofern wichtig, wie
sie ihre Ansatzpunkte und Grenzen klar erkennen kann und wo
sie politisch-konstruktiv sich für die Behinderten einsetzen muß.

## 1.4. Dimensionen der Behinderung

### 1.4.1. Behinderung – ein relativer Begriff

So kann z.b. eine Schädigung des Auges graduell vom totalen Funktionsausfall – Blindheit – bis zu Funktionsminderungen in Form von Kurzsichtigkeit usw. reichen. Dementsprechend unterschiedlich ist der Grad der visuellen Beeinträchtigung, Selbständigkeit bzw. Abhängigkeit nach Maßgabe gesellschaftlicher bzw. beruflicher Standards, Anforderungen und Normen, je nachdem, auf welche Tätigkeit (z.b. schulisches Lernen, Beruf) oder Lebensvollzugsform (z.b. selbständige Fortbewegung, Selbstversorgung) diese Funktionsminderung bezogen wird.

Behinderung ist also ein relativer Begriff, der das Verhältnis der Behinderung zu den Anforderungen umschreibt, die das „Leben" in seiner gesellschaftlichen Situation an den Behinderten stellt, bzw. wie die Gesellschaft (Staat, Wirtschaft, Schule, Wissenschaft, insbesondere Medizin usw.) Behinderung definiert oder normiert.

**Beispiel:**
Blindheit kann daher sehr unterschiedlich funktionsmindernd und individuell wie gesellschaftlich wirksam werden:

● in bezug auf die *selbständige Lebensführung* und Selbstversorgung, wie Waschen, An- und Ausziehen usw. kann es durch eine frühzeitige Erziehung nur geringe Probleme geben;
● in bezug auf den Besuch von *Kindergarten und Schule* werden die Probleme schon größer, weil es nicht überall entsprechende Einrichtungen gibt, also: für Behinderte gibt es weniger *Bildungsmöglichkeiten* als für Nichtbehinderte, d.h., hier sind ggf. die gesellschaftlichen Schulangebote niedriger;
● in bezug auf die *Lernmöglichkeiten* ergeben sich diverse technische Abhängigkeiten, spezielle Förderbedürfnisse und inhaltliche Einschränkungen;
● in bezug auf die *Berufsausbildung* und Ausübung sind enge Ausbildungs- und Zulassungsgrenzen gesetzt, wenngleich es Beispiele genug gibt, daß bestimmte Berufe voll ausgeübt werden können (so gibt es z.b. blinde Juristen, Hochschullehrer);
● in bezug auf die *Freizeit*, wo die Teilhabe im Sport, beim Besuch eines Konzertes, beim Reisen usw. i.d.R. Begleitpersonen erforderlich sind oder sich z.b. Sportvereine gegenüber Behinderten mehr oder weniger öffnen, also gesellschaftliche Normen, Vorurteile und Wertvorstellungen hier wirksam werden.

Die Behinderung und Funktionsminderung ist also in Relation zu den individuell möglichen Lebensvollzugsformen und den jeweiligen gesellschaftlichen Realitäten, ihren Bildungs- und Berufsanforderungen bzw. Normen, Wertvorstellungen, den Lebensstandards usw. zu sehen. Behinderung hat also auch einen gesellschaftlichen Bezug.

Demgegenüber hat Behinderung auch einen subjektiven Bezug.

## 1.4.2. Behinderung und subjektives Erleben

Behindertsein als Lebenszustand und Erlebnisweise umschreibt die Formen von Aktion und Reaktion des Menschen auf die persönlichen Einschränkungen und Funktionsminderungen – wie er mit seiner Behinderung umgehen und wie er mit den psychosozialen Reaktionen aus der Familie, der Schule und der Gesellschaft auf sein Behindertsein reagieren lernt. Erlebt er sich z.b. als minderwertig, verzweifelt, verlassen, oder entwickelt er ein individuelles Wohlbefinden, ein selbst- und lebensbejahendes tragfähiges Selbstkonzept, eben trotz seiner Behinderung eine individuelle und stabile Identität als eine immer wieder neu zu gestaltende Balance zwischen Ich und Umwelt?[13]

## 1.4.3. Behinderung – ein Prozeß

Behinderungen können sich verschlimmern, ausweiten, gemildert werden oder sogar ganz verschwinden.

Bleidick spricht daher von Behinderung als „Prozeßbegriff"[14], wenn Behinderungen z.b. mit der Geburt auftreten und zu Folgebehinderungen (konsekutive Behinderungen) führen können. So kann eine Gehörlosigkeit konsekutiv (Folgewirkung einer Schädigung) Sprachbehinderungen, intellektuelle oder auch soziale Behinderungen verursachen.

Behinderungen können aber auch durch frühe und systematische pädagogische oder medizinische Maßnahmen abgebaut und geheilt werden (z.B. Bewegungsbehinderungen, Lernbehinderungen, Gaumenspalte).

Schließlich können Behinderungen präventiv (vorbeugend) beseitigt werden, wenn z.B. bei angeborenen Stoffwechselstörungen eine Diät u.a. medizinische Maßnahmen erfolgen und somit Intelligenzminderung und andere Schäden vermieden werden.

## 1.4.4. Wandel des individuellen Behinderungsbildes

Behinderungen können ihr Erscheinungsbild im Verlauf der Entwicklung verändern. Behinderungen können

1. sich negativ verändern durch unabwendbare Verschlimmerungen (z.b. progressiver Muskelschwund, Erblindung), oder
2. sich positiv verändern bis zur völligen Aufhebung der Behinderung durch medizinische oder z.b. heilpädagogische Maßnahmen, oder
3. vorübergehender Art sein, wenn z.b. nach einem Unfall oder einer Krankheit Funktionsausfälle bzw. -minderungen eintreten, wie z.b. bei komplizierten Knochenbrüchen, oder
4. sich verfestigen, wenn z.b. eine komplizierte Meniskusoperation nicht gelingt und eine dauerhafte Versteifung des Knies eintritt.

### 1.4.5. Behinderung und Lebensalter

Behinderung steht auch in einer Relation zum Lebensalter. Wir erwerben nicht nur mit zunehmendem Alter Behinderungen aufgrund der Alterungsprozesse (z.b. Gedächtnis- und Bewegungsschwächen usw.), sondern bestimmte Behinderungen treten nur in bestimmten Altersstufen auf, wie z.b. Lernbehinderungen, bestimmte Sprachbehinderungen (z.b. Sprachentwicklungsverzögerungen) oder Verhaltensauffälligkeiten. Lernbehindert ist man i.d.R. nur in Bezug auf die mehr oder weniger angemessenen Anforderungen der Schule, oder bestimmte Sprachbehinderungen treten nur in der Kindheit auf.

### 1.4.6. Behinderung und Krankheit

Krankheiten sind i.d.R. vorübergehender Art, die aber zu einer Behinderung werden können, wenn sie ärztlich als solche festgestellt werden und dann Rehabilitationsmaßnahmen und Heilpädagogik erforderlich machen.[15]

### 1.4.7. Behinderung und soziale Ausgrenzung

Ein besonderes Problem stellen soziale Auslese- und Selektionsmaßnahmen dar, die Kinder oder Erwachsene mit bestimmten Funktions- oder Leistungsschwächen zu Behinderten „machen", indem z.b. die Schul- oder Arbeitsnormen so gestaltet werden, daß eine Gruppe mit bestimmten Leistungs- oder Persönlichkeitsmerkmalen (etwa im Lernvermögen oder im Sozialverhalten) zu Behinderten gemacht wird. Man spricht hier vom „systemtheoretischen" bzw. „gesellschaftstheoretischen" Modell, wonach ein bestimmtes Schul- oder Gesellschaftssystem seine „Behinderten" mehr oder weniger absichtlich verursacht und aussondert, weil sie z.B. in der Schule oder im Arbeitsleben den Leistungsanforderungen nicht genügen oder systematisch benachteiligt werden, damit man billige und anspruchslose Arbeitskräfte verfügbar hat.[16]

### 1.4.8. Behinderung als pädagogische Aufgabe

Nicht jede Behinderung wird zu einer pädagogischen Aufgabe. Behinderungen, die erst im Erwachsenenalter auftreten, können, müssen aber nicht in den Bereich der Pädagogik fallen. Eine Beinamputation im Erwachsenenalter kann z.B. ohne Pädagogik „bewältigt" werden. Eine unfallbedingte Sprachbehinderung wird dagegen im Erwachsenenalter durchaus die Sprachheilpädagogik erfordern.

Danach ist es auch eine Frage der behinderungspolitischen Zuordnung, d.h., ob eine Behinderung überhaupt der Pädagogik oder ob sie z.B. allein der Medizin oder anderen helfenden bzw. heilenden Instanzen als Aufgabe zugewiesen wird oder überhaupt keiner. Geistig schwerbehinderte Kinder z.B. wurden bis vor wenigen Jahrzehnten als „nicht schulfähig" zumindest von der Schulpädagogik ausgeschlossen und in der Nazi-Diktatur als „lebensunwertes Leben" vernichtet. Die grauenhaften Bilder z.B. aus den rumänischen Kinderlagern zeigen, daß soziale Ausgrenzung und Ausschlüsse jeglichen Rechts auf humane Hilfen sowie Erziehung durchaus noch zur heutigen Realität gehören.

# 2. Behinderung aus medizinischer Sicht

Für die Heilpädagogik bzw. Frühförderung ist die Medizin mit ihren diagnostischen und therapeutischen Möglichkeiten einschließlich der ihr nachgeordneten Heilberufe (z.B. Physiotherapeuten, Logopäden) unerläßlich.

Die Medizin gibt der Frühförderung Aufschluß über
- die organischen Ursachen;
- Art, Schwere und Wirkung der Schädigung (Noxe bzw. Noxen),
- die Reiz- und Informationsverarbeitung des Nervensystems (sie ist grundlegend für Lern-, Lehr- und Erziehungsprozesse);
- die Dauer und den Umfang bzw. Grad der schädigenden Einwirkung (Noxe, Noxen);
- den Zeitpunkt, zu dem diese Noxe einwirkt, weil man „annehmen darf, daß, je früher eine Schädigung eintritt, sie sich desto diffuser und schwerwiegender auswirkt; so auch, ob das betroffene Gehirn noch unreif ist oder ob es schon eine differenzierte Entwicklungsstufe erreicht hat;
- die im Bereich des ZNS (Zentrales Nervensystem) meist sehr unregelmäßig und ganz verschiedenartig lokalisierten Schädigungen (Defekte);
- die individuellen, vor allem konstitutionellen Bedingungen der Betroffenen selbst und ihrer Familie,
- die Häufigkeit des Vorkommens bestimmter Formen von Behinderungen;
- die Kombinationen mehrerer Behinderungen miteinander;
- die Notwendigkeit, das Störungsbild differentialdiagnostisch aufzuklären bzw. verbindlich einzuordnen";[17]
- die pädagogischen Möglichkeiten, Grenzen und Belastbarkeiten des behinderten Kindes;
- die Diagnose der Normalentwicklung und ihre Abweichungen, was wiederum für Fördermaßnahmen von unerläßlicher Bedeutung ist;[18]
- die Belastbarkeit der Familie mit dem behinderten Kind, d.h., ob und wie eine Familie mit dem behinderten Kind umgehen kann, welche Therapien, Behandlungs- und Förder- bzw. Hilfsmaßnahmen angebracht und zumutbar sind, um auch die Familie vor Überlastung zu schützen. Überforderte Familien, insbesondere Mütter, können für das behinderte Kind, die ggf. vorhandenen Geschwister und die Ehe schließlich zu einem unkalkulierbaren Risiko werden.

Außerdem ist die Medizin durch medizinische Gutachten eine wichtige Instanz (in Verbindung mit dem Gesundheits-, Versorgungs- und Sozialamt) bei der Initiierung, Genehmigung, Durch- und Fortführung der Frühfördermaßnahmen.

## 2.1. Der Behinderungsbegriff aus medizinischer Sicht

Die Medizin sieht Behinderung vor allem von den Ursachen und ihren Folgen her. Dabei unterscheidet sie: *Schädigung, Behinderung* und *Benachteiligung.*

Die Medizin unterscheidet zwischen „Schädigung", „Behinderung" und „Benachteiligung" als eine Ursachen-Folgen-Kette mit unterschiedlichen Auswirkungen auf den Menschen:
- hinsichtlich der Komplexität,
- der Dauer und
- der Funktionen, wie z.b. Sprache, Bewegung, Intelligenz, Sozialverhalten usw.

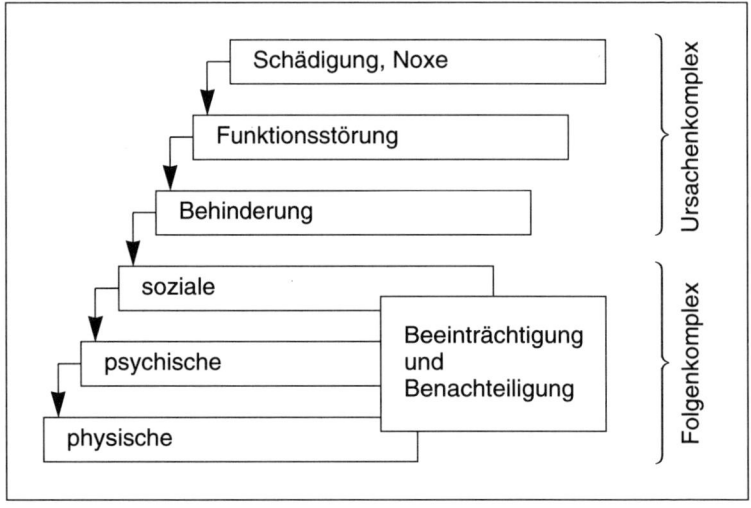

Ursachen- und Folgenkette bei einer Behinderung.[19] (Hellbrügge, 1981, S. 17)

Nach dieser Ursachen-Folgen-Kette definiert *Paul*[20] im Anschluß an *Riviere* diese medizinische Begriffe wie folgt:
    „Wir unterscheiden: ‚Einfachbehinderungen' von ‚Mehrfachbehinderungen' ohne eine verbindliche Abgrenzung zwischen diesen Begriffen zu haben außer der, daß *eine* Funktion im Gegensatz zu *mehreren* Funktionen des Menschen nicht oder nicht vollständig ausgeübt werden können. Selbst der Terminus ‚Behinderung' ist nicht eindeutig definiert. Ich möchte Ihnen deshalb drei Definitio-

nen von *M. Riviere* aus den ‚Rehabilitation Codes' in deutscher
Übersetzung vorstellen:

a) *Schädigung* (impaiement) ist jede Abweichung von der Norm,
   die sich in einer fehlerhaften Funktion, Struktur, Organisation
   oder Entwicklung des Ganzen oder einer seiner Anlagen, Systeme, Organe, Glieder oder von Teilen hiervon auswirkt.

b) *Behinderung* (disability) ist jede Beeinträchtigung, die das geschädigte Individuum erfährt, wenn man es mit einem nicht geschädigten Individuum des gleichen Alters, Geschlechts und
   gleichem kulturellen Hintergrund vergleicht.

c) *Benachteiligung* (handicap) ist die ungünstige Situation, die ein
   bestimmter Mensch infolge der Schädigung oder Behinderung
   in den ihm adäquaten psychosozialen, körperlichen, beruflichen und gesellschaftlichen Aktivitäten erfährt.

Das heißt zusammengefaßt: Schädigung ist die gestaltliche Veränderung, die Behinderung ist die funktionale Auswirkung hiervon,
während sich die Benachteiligung als mögliche soziale Folge der
Behinderung einstellen kann."

## 2.2. Probleme der Diagnose und Prognose

Nach dem obigen Schema von Paul erfolgt aus einer primären
Schädigung oder Funktionsstörung nicht zwangsläufig eine Behinderung. Sie kann es werden, wenn aus einer Wechselwirkung
zwischen Individuum und Umwelt oder aus einer primären Schädigung funktionelle Ausfälle oder Minderungen entstehen.

So kann z.B. aufgrund einer minimalen Hirnstörung in einem pädagogisch ungünstigen Milieu durchaus eine Behinderung in Lese-Recht-
schreibfähigkeit oder eine Schulschwierigkeit oder Benachteiligung
(z.B. Einschränkung der Berufswahl) entstehen.

Das Zusammenwirken von Schädigungen und Folgeschäden sowie
der damit möglicherweise entstehenden Behinderungen ist medizinisch nicht sofort und eindeutig oder gar endgültig abklärbar,
weil es „eine scharfe Grenze zwischen Normalem und Pathologi-
schem ... nicht gibt, zumal die Grenzwerte immer noch gleichzeitig von vielen anderen Faktoren abhängen, die sie beeinflussen, die
nicht immer leicht erfaßbar sind."[21] Zwar gelingt es heute „zu jedem Zeitpunkt der kindlichen Entwicklung, aus anamnestischen

und momentanen Umständen, statistisch die aktuellen Entwicklungsrisiken zu erfassen", aber „für das einzelne Kind ist eine sichere prognostische Aussage nicht möglich", und „im 1. Lebensjahr können wegen der noch im Fluß befindlichen Hinreifung definitive Diagnosen nicht gestellt werden."[22] Aus dieser diagnostischen und damit auch prognostischen Unsicherheit heraus erfolgt die Notwendigkeit einer fortlaufenden Kontrolle der Kinder.

## 2.3. Ursachenfelder von Behinderungen (Ätiologie)

Die Ursachen von Behinderungen und Entwicklungsabweichungen sind – wie die nachstehende Übersicht zeigt – im wesentlichen nicht erblicher oder genetischer Art, sondern exogene Schädigungen, also Einflüsse aus den Lebensumständen der Schwangeren, ihrer sozialen, ökonomischen und psychischen Situation und damit der des Kindes.

Wahrscheinliche Entstehungsbedingungen kindlicher Behinderungen. Bei der Auswertung ausführlicher, standardisierter Anamnesebögen von 602 zentralnervös geschädigten, behinderten Kindern unter Berücksichtigung des klinischen Befundes betrug der Anteil an prä- u./o. perinatalen Belastungsfaktoren mehr als 50% (nach *Kuntze* und *Eckart* 1973).[23]

Diese Ursachen-Felder beeinflussen den Schwangerschaftsverlauf und damit die prä-, peri- und postnatale (vor, während der Geburt und nachgeburtlich) Entwicklung des Kindes.

Weil nicht aus jeder Schädigung eine Behinderung entsteht, aber entstehen kann, ist die Erfassung und Beobachtung der sog. Risikokinder von entscheidender Bedeutung.

## 2.4. Was sind Risikokinder?

Die Ursachenforschung hat in den beiden letzten Jahrzehnten zunehmend auch die vorgeburtliche Entwicklung und die sozialen Bedingungen der Schwangerschaft einbezogen.

Mit Risikokindern bezeichnet *Göllnitz* solche Kinder, die „als potentiell gefährdet in ihrer körperlichen und geistigen Entwicklung gelten und einer besonderen Kontrolle, Fürsorge, Therapie und Förderung bedürfen."[24] Er nennt als „Schwerpunkte der Erfassung (von Risikokindern) genetische Erkrankungen in der Aszendenz (Verwandtschaftsverhältnis in aufsteigender Linie, Verf.), pathologische Schwangerschaftsverläufe, komplizierte Geburtssituationen, Auffälligkeiten in der Neugeborenenperiode, zerebrale Krampfanfälle" usw.[25]

Es ist mit immer größerer Sicherheit erkannt worden, daß der Zeitpunkt der Schädigung entscheidend ist für den Ort, das Ausmaß und den Grad einer Schädigung. Das hängt mit den sog. kritischen Phasen der pränatalen Entwicklung zusammen, in denen Fehlbildungen (Teratogenwirkungen) entstehen können.[26] Aus dem Schema S. 28 wird ersichtlich, daß die embryonale Phase als risikoreichste Entwicklungszeit anzusehen ist.

## 2.5. Zahlen über Risikokinder

Die Zahlen schwanken erheblich. Nach *Göllnitz* müßte man, würden alle bekannten prä-, peri- und postnatalen Risikofaktoren zugrundegelegt, 60% aller Neugeborenen erfaßt werden[27]. *Flehmig* zitiert Autoren, nach denen in 20–30% aller Schwangerschaften für Feten Risikofaktoren bestehen und 10–15% aller Neugeborenen nicht unter „optimalen Bedingungen" zur Welt kommen.[28]

Pechstein[29] nennt wiederum andere Zahlen:

Überschlägige Regel für die regionale Schätzung von medizinisch-pädago-gisch-sozialem Betreuungsbedarf im Bundesgebiet aufgrund der Gebur-tenzahlen von 1972/73.

In Regionen mit 1 Million Einwohnern *werden geboren:*
ca. 12000 Kinder je Jahrgang, darunter
a) 20% = 2400  *Risikokinder:*
Belastung meist schon nach der Geburt erfaßbar, spätere Entwicklung jedoch überwiegend ohne Behinderung
b) 10% = 1200  *Überwachungskinder:*
zumeist unter a) enthalten; in den ersten beiden Lebens-jahren entwicklungsneurologisch auffällig; Beobachtung erforderlich, häufig jedoch ‚Spontanremission' der Sym-ptome ohne spätere Behinderung
c) 5% = 600  *behinderte Kinder:*
zumeist unter a) oder auch b) enthalten. Nur ein geringer Teil von ihnen – schwergeschädigte bzw. dysplastische Kinder – ist schon in den ersten Lebensmonaten diagno-stizierbar. Mit dem Alter zunehmender Anteil postnataler Behinderungsursachen (psychosoziale Deprivation, Un-fälle etc.)

*leben im Kindesalter – 15 Jahrgänge –:*
ca. 9000 behinderte Kinder.

## 2.6. Schwangerschaft, Behinderungsrisiko und -Prävention

Schon vor der Zeugung sind einige insbesondere erbliche Risiko-faktoren zu beachten, die erkennbar sind und durch das Aufsu-chen einer genetischen Beratungsstelle abgeklärt werden können.
Die Bundesregierung gibt folgende Hinweise für das Aufsu-chen einer Beratungsstelle[30]:

*„Werden unsere Kinder gesund sein?*
Diese Frage sollte immer gestellt werden, wenn Einzelpersonen und Paare ein Risiko für ihre Kinder befürchten, weil

● ein oder beide Partner an einer Erbkrankheit leiden oder als Überträger von Erbkrankheiten in Betracht kommen;
● in der Verwandtschaft mehrmals gleiche Behinderungen aufgetreten sind;

- bereits ein behindertes Kind geboren wurde;
- eine Ehe unter Blutsverwandten geplant ist, oder
- ältere Paare sich ein eigenes Kind wünschen.

Fachleute empfehlen besondere Aufmerksamkeit bei folgenden Krankheitsgruppen:

- Mißbildungen und Mißbildungssyndrome;
- Stoffwechselerkrankungen,
- Nerven- und Geisteskrankheiten,
- Muskelerkrankungen,
- Blindheit und Sehbehinderung ohne erkennbare äußere Ursache,
- Taubheit oder Schwerhörigkeit
- Hauterkrankungen,
- Störungen der Geschlechtsentwicklung (auch gehäufte Fehlgeburten),
- Bluterkrankheit."

## 2.7. Erbschäden und Chromosomenabnormalitäten

Obwohl diese Ursachengruppe zu den kleineren zählt, führen Schädigungen des Erbgutes zu den schwersten Fehlentwicklungen und organischen Schäden bzw. Mißbildungen beim Kind.

Verantwortlich sind dafür u.a.

- Mutationen (Veränderungen im Erbgut);
- Strahlenschäden (man denke an Hiroshima, Tschernobyl);
- Medikamente (z.B. Contergan, Hormonbehandlungen), insbesondere ärztlich unkontrollierte Medikamenteneinnahme, und
- chemische Einflüsse (Pflanzenschutzmittel);
- dioxinhaltige Umweltgifte, Blei, Cadmium, Quecksilber, Dieselruß, Schwefeldioyid, Kupfer, Chlororganische Verbindungen, PCB, Benzol, Tuluol.

Chromosomenveränderungen sollen bei ca. 0,5% aller Lebendgeborenen vorkommen.[31]

### 2.7.1. Chromosomenabnormalitäten oder -aberrationen

Chromosomen sind die Träger der Erbanlagen bzw. der Gene. Chromosomen bestimmen u.a. die Blutgruppe, Körpergröße und -form, beeinflussen die Intelligenz und auch bestimmte Krankheiten. Chromosomen des Menschen wurden nach ihrer Größe, Form und Anordnung gruppiert und numeriert von 1–46 und zu 23 Paaren geordnet.

In der Verbindung von männlichem Samen und weiblicher Eizelle werden die Erbanlagen an das Kind weitergegeben. In beiden Zellarten ist je ein Zellkern mit den Chromosomen enthalten. Angeborene Schädigungen einer Zelle, Störungen in dem Prozeß der Zellvereinigung und der darauffolgenden Zellteilungen des werdenden Kindes nennt man Chromosomenabnormalitäten oder -aberrationen.

Chromosomenschädigungen führen u.a. zu Minderwuchs, Fehlbildungen innerer Organe, wie z.B. Nieren, Herz- und Gefäßanomalien, Fehlbildungen der Geschlechtsorgane, schwacher Sexualität, Immunschwächen, Bluterkrankungen (Leukämie) usw., aber auch zu psychisch-geistigen Schwächen und Verhaltensstörungen, Passivität, Bewegungsarmut und vielen anderen Störungen.

Zu den häufigeren Formen von Chromosomenschäden gehört das Ulrich-Turner-Syndrom (Organische Schäden wie z. B. Skelettmißbildungen, Minderwuchs, Sinnesschäden, Intelligenzschwäche usw.; 1:2500 weibl. Neugeborenen) und das Klinefelter-Syndrom (1:600 überwiegend männl. Neugeborenen, s. S. 214, Lernbehinderte).

Zu den bekannteren Behinderungen aufgrund von Chromosomenabnormalitäten gehört das Down-Landonsche Syndrom (Mongolismus) oder Trisomie 21.

Auf ca. 600 Geburten entfällt ein Fall von Trisomie 21, und die Fälle steigen an, insbesondere bei Müttern ab ca. 35 Jahre. Bei den 46 paarweise angeordneten Chromosomen der menschlichen Zelle ist es bei der Trisomie 21 zu einer Störung beim Chromosom 21 gekommen, d.h., statt der zwei sind an diesem Paar drei Chromosomen, also eine Trisomie angeordnet. Das führt beim Kind zu einem komplexen Schädigungsbild mit körperlichen Merkmalen (z.B. geburtliches Untermaß und -gewicht, Zurückbleiben des Längenwachstums, häufig angeborene Herzfehler, Deformationen der Finger, überdurchschnittlich häufig Leukämieerkrankungen, vermindertes Gehirngewicht, Mongolenfalte beim Auge), Intelligenzmängel, sensorische Schäden u.v.a. ... Dieses Insgesamt von Schwächen und Schädigungen führt trotz moderner medizinischer Hilfen zu einer stark verminderter Lebenserwartung: Bis zum Ende des 1. Lebensjahres sterben 40% der Geburten und nur 40% erreichen das 6. Lebensjahr.[32]

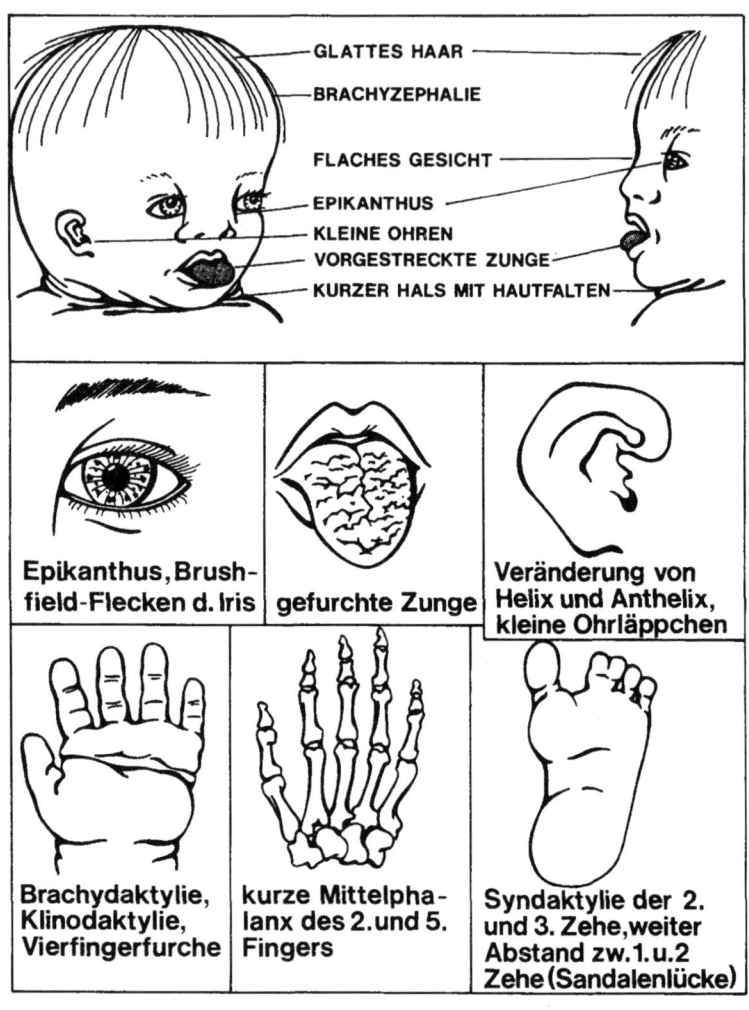

Verschiedene Symptome bei Down-Syndrom (Trisomie 21) am Gesicht, an Augen, Ohren, Zunge, Händen und Füßen.[33]

## 2.7.2. Stoffwechsel- und Drüsenerkrankungen

Auf Erbschäden sind vielfältige Stoffwechselerkrankungen und Ernährungsstörungen zurückzuführen, die zu Schwachsinn (z.b. Lernbehinderung), zu geistiger Behinderung und beträchtlichen Lebenserschwerungen führen können. Bekannte Schädigungen sind die verschiedenen Muskeldystrophien (Muskelschwund).

In den alten Bundesländern wurden 500 Jungen mit diesen Erbschäden jährlich geboren. Dieses Leiden hat – besonders vom Typ Duchenne – z.Zt. wenig Chancen auf Heilung, sondern eher auf Linderung.[34]

Zu den angeborenen Stoffwechselerkrankungen zählt auch die Phenylketonurie (Fehlen eines Leberenzyms), die aber durch zuverlässige Frühdiagnose und Diät gut behandelbar ist.[35]
Auch die Mucoviscidose (Cystische Fibrose) ist nicht selten. Es ist eine Erkrankung der schleim- und schweißproduzierenden Drüsen, führt zu Entwicklungsverzögerungen, chronischem Husten, weil die Schleimdrüsen ihr Sekret in die Luftwege abgeben, und außerdem zu schweren Verdauungsstörungen im Darm.

Ohne Frühdiagnose und -behandlung – das zeigen amerikanische Studien – sterben 60% dieser Kinder im 1. und 90% bis zum 4. Lebensjahr. Man rechnet 1 Kind auf 1000–2000 Geburten. Diese Kinder können, bei rechtzeitiger Diagnose, medizinischer Behandlung und pädagogischer Förderung sogar Spitzenleistungen in der Schule erreichen.[36]

## 2.8. Pränatale Risiken

*Pechstein* hat diese Risiken zusammengestellt.[37] Auf einige soll hier eingegangen werden.

*„Pränatale Gefährdung in der Schwangerschaft*

1. Schlechte soziale Stellung der Mutter und mangelhafte medizinisch-soziale Schwangerschaftsfürsorge.
2. Sehr junge oder alte Mütter (unter 18 und über 35 Jahren).
3. Infektionskrankheiten während der Schwangerschaft.
4. Andere Krankheiten der Mutter, insbesondere Diabetes, Hyperthyreose, Nephropathie, cardiopulmonale Insuffizienz.

5. Chemotherapeutica und andere differente Medikamente, Nikotinabusus, radioaktive Bestrahlung und große Chirurgie während der Schwangerschaft.
6. Blutgruppenunverträglichkeit.
7. Uterusblutungen während der Schwangerschaft.
8. Hydramnion (Fruchtwasserstörung).
9. Anhalt für rezidivierende Gestationsstörungen (reproductive failure).
10. Mehrlingsschwangerschaft.
11. Abnorm kurze (unter 37 Wochen) und abnorm lange (über 42 Wochen) Schwangerschaft.
12. Intrauterine Mangelernährung und Placenta-Insuffizienz (Hypotrophie oder ‚small for dates infants' = untermaßige Kinder trotz normaler Schwangerschaftsdauer)."

## 2.9. Infektionen (Beispiele)

### 2.9.1. Röteln

Röteln (Rubeola) sind eine Vireninfektion in der Schwangerschaft, und sie führt zum embryonalen Stadium des Kindes zu Schädigungen der Augen bis zur Erblindung, des Innenohres (angeborene Taubheit), des Herzens, der Zähne, Wachstumsrückständen, Myokardschäden (Herzschäden), Gefäßmißbildungen und Gehirnmißbildungen einschließlich Schwachsinn.

Die Art und das Schwangerschaftsrisiko hängt ab vom embryonalen Entwicklungsstadium, in dem die Infektion stattfindet.[38] Röteln lassen sich verhindern durch Vorsorgeuntersuchungen und medizinische Prophylaxe. Doch trotz vielfältiger Aufklärung gab es 1981 noch 75000 schwangere Frauen, die keinen Rötelschutz hatten und 1981 wurden 300 rötelgeschädigte Kinder geboren.[39]

### 2.9.2. Geschlechtskrankheiten

Infektionen durch Geschlechtskrankheiten wie Herpes oder Syphilis entstehen während der Schwangerschaft oder Geburt. Die Folgen sind u.a. Mikrozephalie (zu kleines Gehirn), Hepasplenomegalie (Leber- und Milzvergrößerungen), Schwachsinn, Lippen- und Gaumenspalte, Spina bifida (angeborene Spaltbildung der Wirbelsäule) und Taubheit.[40]

## 2.10. Mangelernährung und Gifte in der Schwangerschaft

Zu nennen sind hier insbesondere Jod- und Protein-Kalorienmangel. Sie führen zu schweren geistigen Behinderungen, Mutismus (Sprachlosigkeit), Kleinwuchs, spastischer Diplegie (s. S. 160) sowie motorischen Abnormitäten.[41]

Am häufigsten sind Kombinationen von geistiger Behinderung und schweren Beeinträchtigungen des Gehörs und der Sprache.[42]

Zu den bekannten Giften in der Schwangerschaft zählen Alkohol und Nikotin mit umfänglichen Auswirkungen (Frühgeburten, Mißbildungen, Mikrozephalie, Lippen-, Kiefer-Gaumenspalte usw.). Dennoch können kleinere funktionelle Schädigungen bis zum 6. Lebensjahr kompensiert werden.[43] A. Janov[44] hat die amerikanischen Forschungen zu diesem Problem in folgende Tabelle gebracht:

---

Nachgewiesene oder korrelierte Wirkungen von mangelhafter Ernährung, Trinken und Drogengebrauch auf den sich entwickelnden Fetus und das Neugeborene:

| | |
|---|---|
| 1. Alkohol | Fetales Alkohol-Syndrom |
| | Geburtsfehler |
| | Faziale Dysmorphologie |
| | Intrauterine Wachstumsverzögerung |
| | Verringertes Geburtsgewicht |
| | Geistige Retardation |
| | Schäden des Nervensystems |
| | Krebs im Säuglingsalter |
| | Spontaner Abortus |
| 2. Koffein | Geburtsfehler |
| | Erhöhter Hormonausstoß |
| 3. Drogen | Anoxie (Sauerstoffmangel) |
| | Gehirnschäden |
| | Pränatale Süchtigkeit |
| | Postnatale chronische Lethargie |
| 4. Mangelernährung | Adrenalinüberschuß |
| | Glukosemangel |
| | Verringertes Geburtsgewicht |
| | Geistige Retardation |
| | Prädisposition für Anorexia nervosa (Magersucht) |
| | Frühgeburt |
| | Reduzierte Anzahl von Gehirnzellen |

| 5. Nikotin | Anoxie |
|---|---|
| | Verengung der Blutgefäße |
| | Intrauterine Wachstumsverzögerung |
| | Verringertes Geburtsgewicht |
| | Prädisposition für Nikotin |
| | Frühgeburt |
| | Totgeburt |
| | Intoxikation |

## 2.11. Psychosoziale Belastungen

Der Schweizer Arzt *Herzka* spricht von „normalen" Belastungen der Schwangeren. Dazu zählen z.b. depressive Symptome: „schwermütige Stimmung, Verlangsamung vitaler Funktionen, oft auch der Körperbewegung, Lustlosigkeit und Inaktivität, Unmöglichkeit, sich zu freuen, erschwertes Denken, Gefühl der Kraftlosigkeit und Entschlußunfähigkeit" usw., die sich in weiteren Symptomen äußern wie z.b. „Schlaflosigkeit, Verstopfung, Herzrhythmusstörungen", aber auch Aggressionen, Vorwürfe gegenüber der Umwelt usw.[45] Daneben gibt es aber beträchtliche psychosoziale Belastungen, die Folgen für das werdende Kind haben können.

### 2.11.1. Ergebnisse der prä- und perinatalen Psychosymatik

Die pränatale und perinatale Psychosomatik hat in den letzten Jahren bemerkenswerte Forschungsergebnisse über Schwangerschaftsbelastungen und Entwicklungsprobleme bei Kindern hervorgebracht.[46]

#### 2.11.1.1. Frühgeburten und psychosoziale Belastungen

Frühgeburten sind sowohl für das Kind als auch für die Mutter ein erhebliches Risiko. Bei den Kindern wurden überdurchschnittlich viel zerebrale Schäden (Gehirn) ermittelt.

Auch die psychosozialen Ursachen werden in folgendem Schema anschaulich.[47]

Frühgeburten-Risiken haben insbesondere Mütter, „die oberhalb der 30. Schwangerschaftswoche noch voll arbeiten, wobei heute die gehetzte Lebensweise, vermeidbare körperliche und seelische Belastungen, aber auch größere Reisen und Klimawechsel in einem hohen Maße zur Frühgeburt führen können".[48]

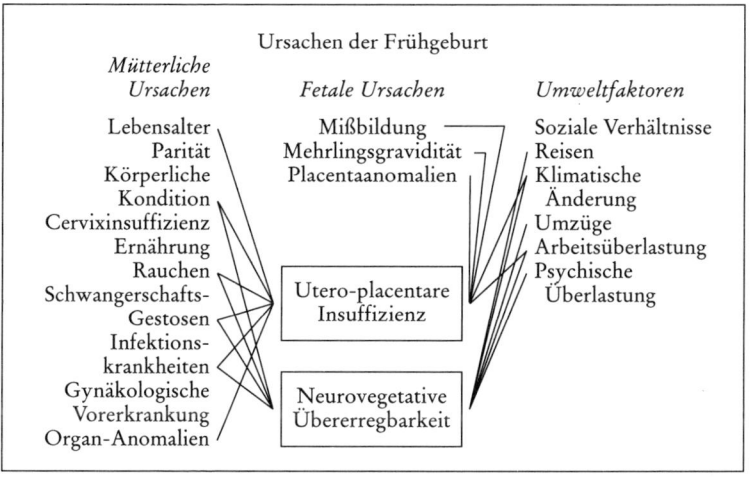

Ursachen der Frühgeburt

*Mütterliche*
*Ursachen*          *Fetale Ursachen*          *Umweltfaktoren*

Lebensalter          Mißbildung          Soziale Verhältnisse
Parität          Mehrlingsgravidität          Reisen
Körperliche          Placentaanomalien          Klimatische
Kondition                    Änderung
Cervixinsuffizienz                    Umzüge
Ernährung                    Arbeitsüberlastung
Rauchen                    Psychische
Schwangerschafts-          Utero-placentare          Überlastung
Gestosen          Insuffizienz
Infektions-
krankheiten
Gynäkologische          Neurovegetative
Vorerkrankung          Übererregbarkeit
Organ-Anomalien

Die postnatalen Folgen einer frühen Geburt werden heute aufgrund verbesserter medizinischer Versorgung günstiger eingeschätzt: Es gibt zwar Unterschiede in der Intelligenzentwicklung, d.h. ein „signifikant niedriger, aber nicht so gravierender Unterschied, auffallend sind aber die spastischen Diplegien (doppelseitige, zentrale Lähmung) und zerebralen Bewegungsstörungen sowie verzögerte Sprachentwicklung.[49]

### 2.11.1.2. Angst, Streß, Schwangerschaft und Entwicklungsprobleme

Auch hier scheint es einen Zusammenhang mit postnatalen Entwicklungsproblemen bei den Kindern zu geben. Welche Folgen Angst, Streß, streßbedingter pränataler Sauerstoffmangel auf den Fetus und das Neugeborene haben können, zeigt nachstehende Übersicht auf der Basis amerikanischer Forschungen.[50]

Nachgewiesene oder korrelierte Wirkungen von streßbedingten emotionalen und psychologischen Störungen der Schwangeren auf den sich entwickelnden Fetus und das Neugeborene:
1. Anoxie (streßbedingt)          Gehirnschäden
                    Gehirnlähmung
                    Krippentod
                    Epilepsie
                    Lern- und Verhaltensprobleme
                    Geistige Störungen
                    Geistige Retardation
                    Psychogener Abortus

| | |
|---|---|
| 2. Angst | Autismus |
| | Emotionale Störungen in der Kindheit |
| | Verminderter Widerstand gegen Infektionen |
| | Erhöhte Streß- und Adrenalinspiegel |
| | Übererregbarkeit im Säuglingsalter |
| 3. Blutdruck und Herzschlag | Übererregbarkeit |
| | Abnormale Herzfrequenz |
| | Verringertes Geburtsgewicht |
| | Nahrungsmangel |
| | Sauerstoffmangel |
| 4. Hormonale Störungen | Wachstumsstörungen |
| | Schilddrüsenüberfunktion |
| | Schilddrüsenunterfunktion |
| | Niedrige-Streß-Schwelle |
| | Neurologische Schäden |
| | Frühgeburt |
| | Sexuelle und Geschlechtsanomalien |
| | verhaltensmäßige |
| | strukturelle Totgeburt |
| 5. Unerwünschte Schwangerschaft | Mißbildungen |
| | Spontaner Abortus |
| | Totgeburt |

Die Schwangerschaft ist offensichtlich für das Kind ein Entwicklungsabschnitt, in dem das Wohlbefinden der werdenden Mutter, ihre psychosoziale Stabilität und ihre Lebensgewohnheiten sowie ihre wirtschaftlichen wie familiären Bedingungen Auswirkungen auf die gesunde leibliche und psychische Entwicklung des Kindes haben.

## 2.12. Geburtsrisiken

Die Geburtsreife tritt ein, wenn die Dauer der Schwangerschaft 280 Tage, das Geburtsgewicht des Kindes mehr als 2500 Gramm und die Länge mehr als 48 cm beträgt.

Das optimale Geburtsgewicht liegt zwischen 3001 und 4500 g. Der Anteil von Totgeburten, Säuglingssterblichkeit und frühkindlichen Hirnschäden nimmt in dem Maße zu, wie das Geburtsgewicht sich unter 3000 g verringert. Aber das Risiko steigt auch bei Kindern über 4500 g.[51]

*Pechstein* hat die wesentlichen Risiken der Geburt zusammengestellt.[52]

> „*Perinatale'* Gefährdung vor, unter oder nach der Geburt
>
> 1. Früh- oder Mangelgeburt (Geburtsgewicht unter 2500 g).
> 2. Zwillings- (bzw. Mehrlings-)geburt.
> 3. Lageanomalien des Kindes (Steißlage-Entbindung etc.).
> 4. Instrumentelle und operative Entbindungen, evtl. mit Ausnahme der unkomplizierten Beckenausgangszange (Kaiserschnitt; Zange; Wendung; Saugglocke etc.).
> 5. Mangelhafte Geburtsleitung; unsachgemäße Anaesthesie; Hypo- und Hyperventilation der Mutter.
> 6. Placenta- und Nabelschnuranomalien (‚Placenta praevia', ‚vorzeitige Lösung', feste Nabelschnurumschlingung, Nabelschnurvorfall, Knoten und Tumoren der Nabelschnur).
> 7. Abnorme Wehentätigkeit.
> 8. Wehenschwäche und Verlängerung der Geburt, insbesondere der Austreibungsperiode; Sturzgeburt.
> 9. Verengungen des Geburtskanals, insbesondere des Beckens.
> 10. Asphyxie von mehr als 2 min Dauer bis zum ersten Atemzug mit künstlicher Beatmung oder mehr als 10 min Dauer bis zur normalen Atemtätigkeit; niedrige ‚Apgar-Noten' (unter 7).
> 11. Schwere Gelbsucht (Ikterus gravis), Hypoglykämie, schwere oder chronische Acidose in der Neugeborenenperiode.
> 12. Jede ernsthafte Erkrankung oder Infektion in der Neugeborenenperiode, insbesondere Meningoencephalitiden."

### 2.12.1. Risiken geburtshilflicher Maßnahmen

Nach *Göllnitz* ist keine der verschiedenen geburtshilflichen Maßnahmen ohne Risiko. Als besonders gefährlich gelten Zangengeburten, aber auch die Sektio (Kaiserschnitt) und die Saugmethode sind nicht ohne Probleme.[53]

Zu den Geburtsrisiken gehören auch die Beckenlage-Kinder. Hier liegt der Anteil der Frühgeborenen unter 1500 g bei 10–15% mit Folgen primärer Entwicklungsstörungen von 4–5% gegenüber 1,5–2% im Durchschnitt.[54]

Durch operative Maßnahmen (Kaiserschnitt, Vakuumextraktion, Zangengeburten) geborene Kinder treten häufig auf bei berufstätigen, älteren und bis zur 34. Schwangerschaftswoche tätigen Frauen. Die Kinder zeigten bei Vacuumextraktion anfängliche, aber nicht signifikante (bedeutende) Verzögerungen der Greifentwicklung.[55] Bei Zangengeburten zeigten sich durch Nachuntersuchungen bis zum 6. Lebensjahr ebenfalls Verzögerungen der Motorik (Greifentwicklung), Rechts-Links-Unterscheidung; sowohl bei Kaiserschnitt als auch bei Vacuum-Kindern wurden höhere Zahlen von Strabismus (Schielen) u.a. augenärztlich relevanten Befunden entdeckt.[56]

Im Vergleich zu normalentwickelten Schulkindern zeigten sich bei 348 verhaltensgestörten Kindern durch eine Befragung der Mütter zum Geburtsverlauf folgende Symptome.[57]

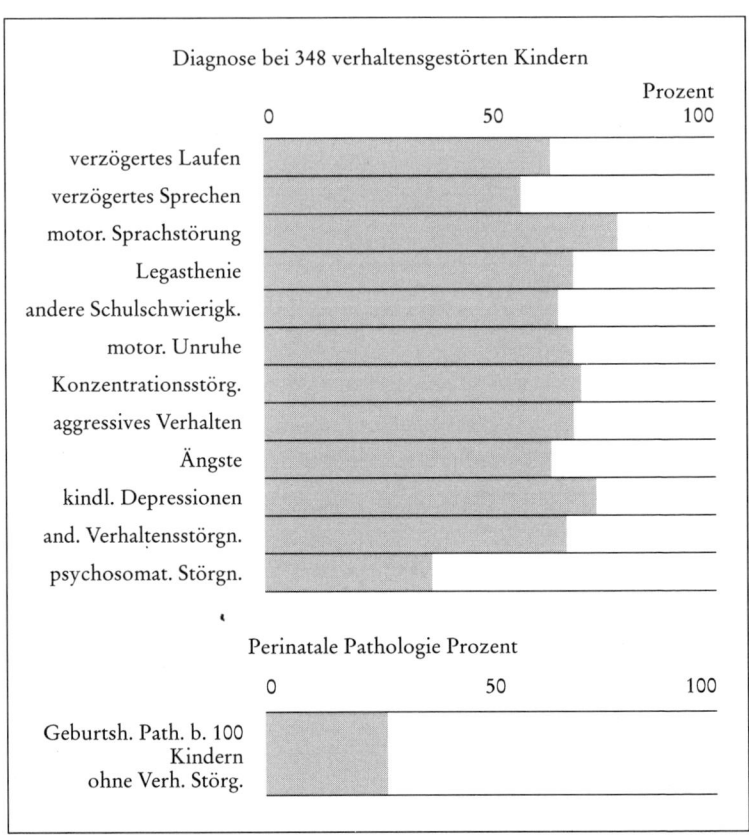

*Dringend geboten: Geburtsvorbereitung:*
Durchweg wird von Fachleuten eine moderne Geburtsvorbereitung unter Einschluß des Vaters gefordert. Bekannte Verfahren der „Schule des Gebärens" sind die Methoden von Dick-Read, Lamaze und Leboyer.[58]

## 2.12.2. Andere Einflüsse auf den Geburtsverlauf

Einfluß auf den Geburtsverlauf und die postnatale Entwicklung haben auch die schlechte soziale Situation der nicht selten ledigen Mutter, eine ablehnende Haltung des Vaters bzw. der Familie gegenüber der Schwangerschaft. Die eigene Ablehnung des Kindes bzw. eine unerwünschte Schwangerschaft können zu kindlichen Entwicklungsstörungen, wie Magen-Darmerkrankungen, Schlaf- und Eßstörungen, viel Schreien u.a. Verhaltensstörungen führen.[59]

# 2.13. Geburtsbedingte Schädigungen und Verhaltensstörungen

Die perinatale Pathologie führt als Ursache von mentalen Retardierungen, zerebralen Lähmungen und sog. minimalen kindlichen Hirnschäden den pränatalen Sauerstoffmangel an, der für mentale Retardierungen zu 85% und für zerebrale Lähmungen zu 55% verantwortlich gemacht wird.[60]

In den Untersuchungen zeigte sich, daß Sauerstoffmangel besonders in der Embryonalzeit zwar die stärksten Schäden anrichtet, aber zum Geburtszeitraum bzw. während der Geburt noch eine beachtliche Größe darstellt.[61]

Nach *Manzke* ist die Qualität der Geburtshilfe ein entscheidender Faktor über die Gesundheit oder Behinderung: „Über das Schicksal der Kinder entscheidet wesentlich die Güte der Reanimation. Gelingt es innerhalb kurzer Zeit, Atmung und Herzkreislauffunktionen zu normalisieren, sind die Entwicklungschancen gut. Die Mehrzahl der überlebenden Kinder weist keine bleibenden Schäden auf.“[62]

*Göllnitz* stellt allerdings fest, daß, wenn der Atemstillstand (Apnoe) bzw. der Sauerstoffmangel (Asphyxie) „nicht nach 5–10 Minuten behoben ist, kann, wenn das Kind überhaupt am Leben bleibt, mit Sicherheit ein schwerer Entwicklungsschaden erwartet werden. Aber auch kurzzeitige Asphyxie vermag, je nach Reifegrad des Kindes und nach verursachender Schädigung, spätere neurologische und psychische Dauerschäden unterschiedlicher Ausprägung nach sich ziehen. Auf jeden Fall handelt es sich um ‚Problemkinder‘, die bis zum Schulalter vom Pädiater und vom Kinderneuropsychiater kontrolliert und betreut werden sollten.“[63]

## 2.14. Postnatale Risiken

Die ersten drei postnatalen Monate sind eine Phase der aktiven Umstellung des Säuglings auf den „sozialen Mutterschoß", d.h. vor allem der Aufbau der Mutter-Kind-Beziehung und die Entwicklung der „sozialen Mütterlichkeit" und natürlich auch der Vater-Kind-Beziehung oder auch -Bindung. Jetzt und in den nachfolgenden ersten drei bis sechs Lebensjahren können hier für die spätere Entwicklung erhebliche Risiken entstehen, wenn diese Beziehungen bzw. Bindungen nicht oder nur sehr unvollkommen gelingen.

Es hat sich in den letzten Jahren immer deutlicher erwiesen, daß sich nicht nur das Kind an die Mutter bzw. an den Vater anpaßt, sondern es vollziehen sich auch umgekehrte interaktionale Prozesse der Anpassung der Eltern an das Kind. Diese wechselseitige Anpassungs- und Interaktionsprozesse sind für das Kind von außerordentlicher Bedeutung, insbesondere für die Gefühlsentwicklung und damit sein psychosomatisches Wohlbefinden. Weil die Gehirnentwicklung noch im vollen Gange ist und in den ersten drei Lebensjahren die Sensomotorik, fast alle Lernformen (Habituations-, Reiz-Reaktionslernen usw.) und die grundlegenden Formen der Intelligenz[64], die Sprache, die Bewegung und somit alle humanen Kompetenzen entwickelt werden, sind die postnatalen Risiken nach *Pechstein* ebenfalls von beachtlicher Bedeutung[65]:

---

„*Postnatale* ‚ Gefährdung jenseits der Neugeborenenperiode

1. Gehirn- und Hirnhautentzündungen.
2. Schwere Unfälle, insbesondere Kopfunfälle mit Hirnverletzungen im Straßenverkehr.
3. Cerebrale Impfschäden, z.B. nach Pockenimpfung.
4. Schwerwiegende, langdauernde Ernährungsstörungen und stoffwechselbedingte, komatöse Zustände vor allem im Säuglingsalter.
5. Ungenügende und ständig wechselnde mütterliche (elterliche) Zuwendung in den ersten drei Lebensjahren (weniger als täglich 4 Stunden in der Wachzeit; bei Aufenthalt in Heimen, Krippen oder Tagespflegenestern; bei doppelter Berufstätigkeit der Eltern oder bereits bei Betreuung von Zwillingskindern oder Geschwistern mit Geburtenabstand von weniger als 1 Jahr).
6. Physische Kindesmißhandlung.
7. Erzieherisch-soziale Vernachlässigung bei Erziehungsunfähigkeit der Angehörigen.
8. Überprotektives, verwöhnende Erziehungshaltung der Sozialumwelt jenseits des 3. Lebensjahres (Großmutter-Erziehung; Einzelkind-Situation).

9. Unphysiologische, nicht entwicklungsgerechte psychophysische Leistungsanforderungen in den verschiedenen Altersstufen, z.B. durch Ganztagsunterbringung in Kindergärten und Schulen vor dem 12. Lebensjahr; durch überstrenge, überfordernde, starre Erziehungshaltung der Eltern; durch überzogene Schulanforderungen mit ständigen, demotivierenden Mißerfolgserlebnissen; durch familiäre Krisen, insbesondere bei Ehescheidung der Eltern.“

### 2.14.1. Beispiele für postnatale Risiken

*Hirnhauterkrankungen*

Besonders zu beachten sind die entzündlichen Erkrankungen, wie z.B. der Hirnhaut (Meningitis), die sich zur Erkrankung des Gehirns ausweiten kann. Kinder zeigen Symptome, wie z.B. Bewußtseinsstörungen, Koma, Fieber, Krämpfe, Lähmungen usw.

*Schädel-Hirn-Trauma*

Nicht wenige Kinder erleiden beim Spielen, durch häusliche oder außerhäusliche Unfälle – insbesondere durch Verkehrsunfälle – schwere Hirnverletzungen. Aber auch Kindesmißhandlungen sind nicht auszuschließen. Folgen davon sind: Lähmungen, Sprach- und komplexe Funktionsstörungen, wie z.B. geistige Behinderung.[66]

*Mangel- und Fehlernährung des Kindes*

Die Frühentwicklung des Kindes und sein sich im Aufbau befindliches Nervensystem ist besonders anfällig für Mangel- und Fehlernährung, die zu Hyperaktivität und Verhaltensstörungen, Lustlosigkeit, allgemeiner Lebensschwäche, Minderung der Gehirnfunktionen, Kleinwüchsigkeit, niedriger Toleranzschwelle für Streß usw. führen.[67]

## 2.15. Aspekte medizinischer Frühdiagnose und -erfassung

Die Frühdiagnostik einschließlich der pränatalen Diagnostik hat sich in den letzten Jahren erheblich und so verbessert, daß es bedeutend weniger Behinderungen geben könnte, denn „Behinderungen sind in der Mehrzahl nicht schicksalhaft bedingt, sondern vielmehr weitgehend vermeidbar“[68].

## 2.15.1. Vorsorgeuntersuchungen der Mutter

Mutterpaß und Vorsorgeschein berechtigen nach ärztlichem Attest zu kostenlosen Vorsorgeuntersuchungen.

Viele Risiken können erkannt und früh behandelt werden. Das zeigen die „Zehn Beispiele für Schwangerschaftsrisiken, die durch Früherkennung zu meistern sind"[69]:

---

*Schwangerschaftsrisiken*

**1. Schwangerschaftsvergiftungen**
Der Arzt nennt sie Schwangerschaftstoxikosen. Sie sind an erhöhtem Blutdruck, Ödemen, Eiweiß im Urin usw. zu erkennen.

**2. Rhesus-Unverträglichkeit**
Eine Blutuntersuchung der Mutter kann schon früh klären, ob sich ihr Blut mit dem ihres Kindes verträgt.

**3. Zuckerkrankheit**
Die Urin- und Blutuntersuchung gibt Klarheit darüber, ob die Schwangere Diabetes hat oder nicht.

**4. Schwere Blutarmut**
Eine behandlungsbedürftige Blutarmut wird bei den routinemäßigen Blutuntersuchungen der Schwangerenvorsorge sicher erkannt.

**5. Infektionskrankheiten**
Treten ansteckende Krankheiten (Röteln, Virusinfektionen, Toxoplasmose, Listeriose usw.) während der Schwangerschaft auf, kommt es bei der Beurteilung des möglichen Risikos vor allem auf die Art, die Schwere und auch den Zeitpunkt der Erkrankung an.

**6. Innere Krankheiten**
Bei Störungen des Herz- und Gefäßsystems, der Lunge, der Leber oder der Nieren kann der Arzt schon frühzeitig eventuellen Risiken für Mutter und Kind begegnen.

**7. Übergewicht**
Weil sich Übergewicht nachteilig auf Schwangerschaft und Geburt auswirken kann, wird der Arzt möglicherweise eine Diät verordnen.

**8. Rauchen und Mißbrauch von Drogen**
Nikotin beeinträchtigt die Entwicklung des Babys im Mutterleib. Alkohol, Medikamente, die nicht ausdrücklich vom Arzt verordnet wurden, oder Rauschgift können zu erheblichen Gesundheitsstörungen des Kindes führen. Hier hilft nicht Früherkennung, sondern Früherkenntnis: Verzicht auf alles, was dem Baby schaden könnte.

**9. Störungen bei früheren Schwangerschaften**
Hatte die Schwangere bereits früher einmal eine Fehl- oder Frühgeburt, können wirksame Maßnahmen für einen normalen Verlauf der Schwangerschaft ergriffen werden.

**10. Komplikationen bei der Geburt**
Es gibt eine Reihe von Anzeichen, die auf Schwierigkeiten während des Geburtsvorgangs hinweisen können. Zum Beispiel eine falsche Lage des

---

Kindes, ein zu enges Becken der Mutter, Mehrlingsschwangerschaften usw. In diesen Fällen wird durch Spezialuntersuchungen dafür gesorgt, das Risiko bei der Entbindung so gering wie möglich zu halten.

### 2.15.2. Vorsorgeuntersuchungen des Kindes

Zu den Hauptaufgaben der Eltern gehört, daß das Kind zu den Vorsorgeuntersuchungen gebracht wird. Leider ist es aber so, daß zu den letzten Untersuchungen nur noch 58% der Kinder gebracht werden. Dies ist ein schweres Versäumnis, weil die Aufdeckungswahrscheinlichkeit von Behinderungen oder Entwicklungsstörungen mit dem zunehmenden Alter des Kindes deutlich zunimmt bzw. zuverlässiger wird. Werden durch mangelnde regelmäßige Kontrolle Schäden und Funktionsschwächen nicht rechtzeitig entdeckt, so kommt es zu Verhaltensschwierigkeiten und Lernverzögerungen besonders im Sprach- und Bewegungsbereich, wenn nicht gar zu Behinderungen.[70]

### 2.15.3. Hinweise für Eltern

Eltern sollten mit ihrem Kind den Arzt aufsuchen, wenn folgende Symptome erkennbar sind.[71]

**Hinweise für das Vorliegen eines Entwicklungsrückstandes**
Solange der Entwicklungstest noch nicht standardisiert, objektiviert und validiert ist, muß seine Beurteilung dem erfahrenen Arzt überlassen bleiben. Immerhin geben bestimmte Entwicklungsstörungen in den verschiedenen Monaten des ersten Lebensjahres den Eltern auch einen Hinweis darauf, daß bei ihrem Kind möglicherweise ein Entwicklungsrückstand vorliegt. Die nachfolgenden Tabellen sollen den Eltern zeigen, wann sie ihr Kind unbedingt zu einer eingehenden kinderärztlichen Untersuchung bringen müssen, damit der vorhandene Entwicklungsrückstand in einer bestimmten Funktion so früh wie möglich genauer diagnostiziert und einer entsprechenden Behandlung zugeführt werden kann.
Für die Beurteilung der Kriechentwicklung ist es wichtig, das Kind auf den Bauch zu legen; die Prüfung der Entwicklung des Sitzens erfolgt in Rückenlage. Bei der Entwicklung des Stehens und Gehens wird das Kind in den Achselhöhlen gehalten. Die Prüfung der Entwicklung des Greifens und der Handbeherrschung erfolgt in den ersten 5 Monaten in Rückenlage, vom 6. Monat an beim Sitzen auf dem Schoß an einem Tisch. Bei der Prüfung der Sozialentwicklung sollten sich die Eltern so weit wie möglich mit dem Gesicht dem Kind nähern.

## Tabelle 1
### Mögliche Störungen der Entwicklung des Kriechens
Suche den Arzt auf,

wenn Dein Kind am Ende des 1. Monats den Kopf noch nicht für einen Augenblick heben kann,

wenn am Ende des 2. Monats Dein Kind den Kopf noch nicht 5 cm hoch halten kann,

wenn es am Ende des 3. Monats den Kopf noch nicht eine Minute lang so hoch halten kann, daß das Gesicht senkrecht zur Unterlage gehalten wird,

wenn am Ende des 4. Monats Dein Kind noch nicht aus der Bauchlage in die Rückenlage rollen kann,

wenn es am Ende des 5. Monats sich noch nicht aktiv aus der Bauch- oder Rückenlage zur Seite dreht,

wenn es am Ende des 6. Monats in Bauchlage noch nicht mit einer Hand zum Spielzeug greift,

wenn es am Ende des 8. Monats noch nicht rückwärts kriechen kann,

wenn es sich am Ende des 9. Monats noch nicht um die eigene Achse dreht und vorwärts kriecht,

wenn es am Ende des 11. Monats noch nicht auf allen Vieren kriechen kann.

## Tabelle 2
### Mögliche Störungen der Entwicklung des Sitzens
Suche den Arzt auf,

wenn Dein Kind am Ende des 2. Monats nicht symmetrisch heftig strampelt,

wenn Dein Kind am Ende des 3. Monats den Kopf nicht wenigstens 1/2 Minute aufrecht hält, wenn es beim Sitzen festgehalten wird,

wenn es am Ende des 4. Monats bei Heranziehen aus der Rückenlage den Kopf noch nach hinten kippen läßt,

wenn am Ende des 5. Monats der Kopf nicht sicher gehalten wird und beim Heranziehen an den Händchen aus Rückenlage nicht zwischen den Schultern gehalten wird,

wenn am Ende des 7. Monats das Kind sich an den angebotenen Fingern nicht selbst zum Sitzen hochzieht,

wenn es am Ende des 9. Monats noch nicht längere Zeit mit gutem Gleichgewicht sitzen kann oder sich um die eigene Achse dreht,

wenn es am Ende des 11. Monats noch nicht mit ausgestreckten Beinen sitzen kann.

## Tabelle 3
### Mögliche Störungen der Entwicklung des Stehens und Gehens
Suche den Arzt auf,

wenn Dein Kind am Ende des 4. Monats sich beim Aufrechthalten unter den Achseln noch nicht auf Zehenspitzen stützt, wenn es am Ende des 6. Monats beim Aufrechthalten noch nicht auf den Zehenspitzen tanzt,

wenn es am Ende des 8. Monats noch nicht kurz stehen kann, wenn es mit den Händen gehalten wird,

wenn es am Ende des 10. Monats sich noch nicht am Laufstall oder an Möbeln zum Stehen hochzieht,

wenn es am Ende des 11. Monats noch nicht an Möbeln und anderen Gegenständen seitwärts geht,

wenn es am Ende des 12. Monats an der Hand noch nicht einige Schritte gehen kan.

**Tabelle 4**
**Störungen der Greif-Entwicklung**
Suche den Arzt auf,

wenn Dein Kind am Ende des 2. Monats die Rassel noch nicht eine kurze Zeit festhält,

wenn es am Ende des 3. Monats seine Hände nicht anschaut,

wenn es am Ende des 5. Monats die Hand noch nicht sicher zum Spielzeug führen kann,

wenn es am Ende des 6. Monats noch nicht einen Würfel greift,

wenn es am Ende des 8. Monats noch keinen Knopf zwischen Daumen und Zeigefinger halten kann,

wenn es am Ende des 9. Monats noch nicht aus der Tasse zu trinken versucht oder ein Tuch vom Kopf nimmt,

wenn es am Ende des 12. Monats mit einer Hand noch nicht zwei kleine Würfel festhalten und das Spielzeug dem Erwachsenen hinreichen kann.

**Tabelle 5**
**Störungen des Gesichts- und Gehörsinnes**
Suche den Arzt auf,

wenn Dein Kind am Ende des 1. Monats das Licht einer Taschenlampe nicht mit seinen Augen ein wenig nach rechts und links verfolgt,

wenn es am Ende des 2. Monats nicht auf eine Glocke hört oder eine Rassel von einer bis zur anderen Gesichtsseite verfolgt,

wenn es am Ende des 3. Monats nicht mit seinen Augen nach dem Ton einer Glocke sucht,

wenn es am Ende des 4. Monats die Rassel in der Hand nicht anschaut,

wenn es am Ende des 5. Monats nicht aufhört zu weinen, wenn die Mutter singt oder wenn es Musik hört,

wenn es am Ende des 6. Monats nicht mit Sicherheit das Rascheln von Seidenpapier außerhalb seines Gesichtsfeldes hört,

wenn es am Ende des 7. Monats nicht mit dem Würfel auf den Tisch schlagen kann,

wenn es am Ende des 8. Monats nicht bei einer Unterhaltung zuhört, wenn es am Ende des 9. Monats nicht 2 Würfel aneinander schlagen kann,

wenn es am Ende des 10. Monats ein kleines Spielzeug nicht vom Tisch werfen kann,

wenn es sich am Ende des 12. Monats nicht für Autos interessiert.

**Tabelle 6**
**Störungen der Sprachentwicklung**
Suche den Arzt auf,

wenn Dein Kind am Ende des 1. Monats nie vor der Mahlzeit schreit,

wenn es am Ende des 4. Monats nicht beim Ansprechen lacht,

wenn es am Ende des 5. Monats noch nicht kleine Silben bildet (ga – ga – ga–), auf dem Arm der Mutter nicht nach Gegenständen sucht, die die Mutter benennen kann („Wo ist der Papa?"),

wenn es am Ende des 7. Monats sich noch nicht durch bestimmte Silbenruflaute bemerkbar macht,

wenn es am Ende des 9. Monats noch nicht 8 verschiedene Silben nachplappert (patsch, patsch),

wenn es am Ende des 10. Monats noch nicht den Kopf schüttelt, „nein-nein" und noch nicht spontan winke-winke macht,

wenn es am Ende des 12. Monats noch nicht wenigstens 2 Worte in Kindersprache spricht oder auf Musik hört oder bei Aufforderung „Bring mir den Ball!" den Ball sucht und ihn holt.

**Tabelle 7**
**Sozialentwicklung**
Suche den Arzt auf,

wenn Dein Kind am Ende des 1. Monats sich durch Hautkontakt oder Stillen nicht beruhigt,

wenn es am Ende des 2. Monats beim Ansprechen durch die Mutter nicht mit den Augen hinschaut,

wenn es am Ende des 3. Monats nicht lacht, wenn ein Erwachsener ganz nah hinsieht, mit dem Kind spricht und das Gesicht bewegt,

wenn es am Ende des 4. Monats sich nicht freut, wenn mit ihm gespielt wird,

wenn es am Ende des 5. Monats nicht aufhört zu weinen, wenn man mit ihm spricht bzw. wenn es Freundlich und Böse in Mimik und Sprache nicht unterscheiden kann,

wenn es am Ende des 6. Monats die Ärmchen nicht ausstrecken will, um hochgenommen zu werden,

wenn es am Ende des 7. Monats nicht „eia" machen kann (Gesicht an die Wange anschmiegen),

wenn es am Ende des 8. Monats nicht gegenüber fremden Personen „fremdelt",

wenn es am Ende des 9. Monats sich nicht hinter Möbeln verstecken will oder sich nicht ärgert, wenn ihm das Spielzeug weggenommen wird, wenn es am Ende des 10. Monats etwas nicht nachmacht, über das gelacht wurde,

wenn es am Ende des 11. Monats noch nicht beim Trinken aus der Tasse hilft und Zwieback allein essen kann,

wenn es am Ende des 12. Monats noch nicht selbständig mit dem Löffel essen will und mit seinem Spiegelbild spielt.

## Motoskopische Untersuchungen

Der Begriff der motoskopischen Untersuchung (aus dem Lateinischen movere = bewegen und aus dem Griechischen skopein = betrachten) wurde erst kürzlich von *Milani* in die ärztliche Diagnostik eingeführt. Er bedeutet so viel wie genaue Diagnostik bestimmter Bewegungen und Bewegungsstörungen, um cerebrale Bewegungsstörungen im Hinblick auf eine neurophysiologische Behandlung so früh wie möglich erkennen zu können.

Der Säugling muß völlig entkleidet sein; ohne daß er angefaßt wird, betrachtet man zunächst seine spontanen Bewegungen in Bauch- und Rückenlage. Der Untersucher bringt anschließend den Säugling in verschiedene horizontale und vertikale Positionen und betrachtet, ob dieser in der Lage ist, den Kopf hochzuhalten, bestimmte Stützreaktionen vorzunehmen usw. Wichtig ist dabei die Beachtung des Alters des Kindes, denn die entscheidende Beurteilung bei der Motoskopie stellt die Fähigkeit des Säuglings dar, sich entgegen der Schwerkraft aus der Horizontalen in die Vertikale aufzurichten und dabei in verschiedenen Altersstadien typische Bewegungsmuster zu zeigen.

**Primitive frühe Nahrungsreflexe.** In den ersten Wochen und Monaten nach der Geburt bestehen noch primitive Reflexe, die nach und nach abgebaut werden müssen, damit eine Entwicklung zum aufrechten Gang sich vollziehen kann. So ist der Schluckreflex, mit dessen Hilfe der junge Säugling automatisch bei Nahrungsaufnahme schluckt, etwa bis zum 5. Lebensmonat vorhanden. Der Saugreflex, durch den schon das Neugeborene bei der Berührung der Lippen zu saugen anfängt, ist etwa bis zum 4. Monat nachprüfbar. Beim Suchreflex wendet sich das Kind, wenn es hungrig ist, bei Berühren des Mundwinkels mit dem Kopf in eine bestimmte Richtung. Diese Reflexe müssen sicher abgebaut sein, wenn das Kind mit Hilfe seiner Mundmuskulatur Sprachbewegungen machen soll.

**Primitive Körperreflexe.** Beim Rückgratsreflex streicht man am Rücken des Kindes neben der Wirbelsäule von oben nach unten auf einer Seite, dadurch wird das Becken des Kindes auf der gleichen Seite nach oben gezogen. Dieser Reflex besteht nur in den ersten 2 Monaten.

Um den sogenannten asymmetrisch-tonischen Nackenreflex zu prüfen, wird der Kopf des Kindes in Rückenlage auf eine Seite gedreht. Daraufhin streckt sich der Arm, auf den das Gesicht nunmehr schaut, horizontal vom Körper weg, während der andere Arm gewinkelt zum Hinterkopf des Kindes zeigt. Dieser Reflex wird vom 4. Monat an allmählich abgebaut und muß im 7. Monat verschwunden sein.

Der Hals-Stellreflex läßt sich dadurch auslösen, daß der Säugling aus der Rückenlage schnell zur Seite gelegt wird. Es folgt dann die Schulter wegen der noch fehlenden Fähigkeit der selbständigen Drehung zum Kopf und Körper nach. Das Kind dreht sich gewissermaßen total. Dieser Hals-Stellreflex sollte bereits im 3. Monat verschwunden sein.

**Stell- und Gleichgewichtsreaktionen.** Etwa zwischen dem 4. und 6. Monat müssen die meisten primitiven Reflexmuster nach und nach abgebaut sein. Sie werden durch Muster ersetzt, welche die Stell- und Gleichgewichtsreaktionen ermöglichen. Beides ist aber Voraussetzung für normales Sitzen, erst recht für das Stehen und Gehen.

Eine Gleichgewichtsreaktion im Sitzen mit Abstützen nach vorne sollte vom 6. Monat an, mit Abstützen zur Seite vom 8. Monat an und mit Abstützen nach hinten vom 10. Monat an vorhanden sein. Das Stehen ohne Gleichgewicht sollte sich allmählich vom 10., mit Gleichgewicht vom 11. Monat an entwickeln. Ein normaler Säugling sollte vom 11. Monat an krabbeln, vom 12. Monat an mit Gleichgewicht gehen können.

## 2.16. Frühtestverfahren für Eltern und Erzieherberufe

Schon der Begründer des deutschen Kindergartens, Friedrich Fröbel, forderte Mitte des letzten Jahrhunderts eine regelmäßige Beobachtung und Tagebuchführung über die Kindesentwicklung. Heute gibt es einfache Verfahren, wie z.B. den Entwicklungskalender[72] oder die bilderreiche Darstellung über „Die ersten 365 Tage im Leben eines Kindes".[73]

*Kiphards* Buch: „Wie weit ist ein Kind entwickelt?"[74] richtet sich auch an Eltern und Erzieherinnen und ermöglicht es, ihr Kind zu beobachten und grobe Entwicklungsrückstände aufzudecken.

Von diesen einfachen Beobachtungs- und Siebverfahren sind nachfolgende Verfahren zu unterscheiden:
- Statistisch teilweise abgesichert, d.h. mit größerer Zuverlässigkeit und Genauigkeit arbeitet man mit der von *Hellbrügge* u.a. entwickelten „Münchener Funktionellen Entwicklungsdiagnostik", die angewendet werden kann von Kinderärzten, Psychologen und für das Testen ausgebildeten Pädagogen. Sie reicht vom 1.–3. Lebensjahr.
- Zu den bekannten und teststatistisch zuverlässigeren Verfahren zählen auch die Denver-Entwicklungsskalen, die 85–100% der

Säuglinge und Keinkinder von 0–6 Jahren mit Entwicklungsverzögerungen herausfinden können[75].

Davon gibt es verschiedene (lang-kurz) Versionen, die wenig Zeit
beanspruchen (15–20 Min.). In einem jüngeren ärztlichen Fachbuch
heißt es: „Die DES sind ein verläßliches, kostengünstiges Screening,
um Kinder mit einer Entwicklungsverzögerung mit hoher Wahrscheinlichkeit zu identifizieren. Sie sind sehr geeignet, um symptomlose Kinder mit möglichen Entwicklungsproblemen zu testen und einen intuiti-
ven Verdacht auf Verzögerungen festzustellen. Sehr effektiv sind die
DES bei der Beobachtung von Kindern mit hohem Risiko, z.B. solchen
mit perinatalen Problemen.“[76]

## 2.17. Chancen der Frühtherapie aus medizinischer Sicht

Eine Früherkennung solcher Störungen und ihre Behandlung ist
nicht nur für die Gesamtentwicklung entscheidend, sondern auch
aussichtsreich, sofern sie mit anderen Frühfördermaßnahmen zur
sensorischen und sprachlichen Entwicklung und intensiver Elternberatung bzw. -Anleitung kombiniert werden. Mit neurophysiologischen Behandlungsmethoden, z.B. nach *Vojta, Bobath, Castillo-Morales* ist es „möglich, bei leicht betroffenen Kindern eine
vorhandene zerebrale Bewegungsstörung weitgehend zu bessern,
so daß sie auch durch differenzierte neurologische Untersuchungen kaum noch nachweisbar sind. Schwerer geschädigte Kinder
werden durch eine frühzeitig eingeleitete Behandlung in die Lage
versetzt, mit den kleineren Anforderungen des Alltags – wie Waschen, Kleiden, Essen und Trinken – selbständig fertig zu werden
und damit ein einigermaßen sinnvoll erfülltes Leben zu führen.
Sehr schwer geschädigte Kinder können auf diese Weise pflege-
fähig gemacht und vor stärkeren Deformitäten oder Kontrakturen
bewahrt werden“, schreibt die Hamburger Spezialistin *I.
Flehmig*.[77]

### 2.17.1. Bewertung von Behinderungen und Frühtherapie aus ärztlicher Sicht

Die amerikanischen Ärzte *Frankenburg* u.a. kommen zu folgenden Positionen:

1. „Frühe Erlebnisse beeinflussen alle Entwicklungsbereiche. Tatsächlich lassen alle
derzeitigen Forschungsergebnisse den Schluß zu, daß die Entwicklung jeder

menschlichen Fähigkeit aus einer komplexen dynamischen Interaktion zwischen genetischen Faktoren und Umwelteinflüssen beruht ... und daß Ärzte eine gewisse Möglichkeit haben, die Umweltkomponente zu beeinflussen."[78]

2. „Verschiedene Langzeituntersuchungen nach pränatalen und perinatalen Komplikationen konnten keinen anderen stärker wirksamen Einzelfaktor als die familiären und sozioökonomischen Charakteristiken der Umwelt des Kindes nachweisen. Der Einfluß der jeweiligen sozialen Schicht kann das intellektuelle Defizit verstärken oder abschwächen. In bevorzugten Familien zeigten Kinder, die perinatale Komplikationen, Anoxie oder symptomlose intrauterine Infektionen durchmachten, im allgemeinen keine signifikanten oder nur geringe Restzustände in Nachuntersuchungen", d.h., falls sie Behandlung erfuhren.

3. Man kann sog. „kritische Perioden" in der Entwicklung annehmen, in der bestimmte Fähigkeiten entwickelt werden, wie z.b. die Intelligenz in den ersten 4 Lebensjahren, wo die „Wachstumsrate von Gehirn und Nervensystem am größten ist".[79]

4. „Das Fehlen von frühen Umweltreizen führt nicht allein zu einem Stillstand der Entwicklung, sondern auch zu einer echten Atrophie (allgemeine bzw. Zellrückbildung) von sensorischen Fähigkeiten und Entwicklungsrückbildung ... Daher ist es eine wichtige Aufgabe der Frühtherapie, die Entwicklungsgeschwindigkeit eines Kindes zu maximieren und nicht zu normalisieren ...".[80]

5. „Gelingt es nicht, eine Behinderung zu bessern, so kann sich die Wirkung in anderen Entwicklungsbereichen vervielfältigen oder zu weiteren sekundären Behinderungen sozialer oder emotionaler Natur führen. Man hat erkannt, daß eine Beeinträchtigung im sensorischen System oft zu Behinderungen in einem anderen System führt. Fällt so der ‚sensorische Synergismus', den jedes System für ein anderes besitzt, aus, so multipliziert sich der Effekt der ursprünglichen Behinderung", d.h., aus einem Hörschaden kann es zu visuellen Perzeptionsstörungen und umgekehrt kommen.

6. „Wird die Diagnose einer intellektuellen oder kognitiven Behinderung verzögert, so verschlechtert sich mit der Zeit die Entwicklung des Kindes gegenüber anderen", weil das „Vorhandensein einer Behinderung die Reaktionen der Eltern, Lehrer und Betreuer in der Umgebung beeinflußt oder steuert."[81]

7. Aus ärztlicher Sicht kann die „Frühförderung ... die Wirkungen einer Behinderung verringern und verbessern und dies vielmehr als eine spätere Förderung ... Mehrere Langzeituntersuchungen weisen darauf hin, daß bis zu einem Drittel dieser Kinder normale Schulklassen besuchen, daß sie mit ihren gleichaltrigen Genossen mithalten können und Klassen nicht wiederholen müssen" (a.a.O. 15).

8. „Eltern benötigen Modelle für gutes Erziehungsverhalten mit einem behinderten Kind und spezielle Instruktionen, wie sie mit ihm in einer natürlichen stimulierenden Weise arbeiten sollten", und sie brauchen die Unterstützung in ihrem Schock, Kummer und reinen körperlichen Erschöpfung, Hilflosigkeit.[82]

Bei aller notwendigen Spezialisierung der ärztlichen Dienste zeigt sich hier eine Gesamtverantwortung für das behinderte Kind und seine Familie sowie für ihre sozio-ökonomischen Umfeldbedingungen.

# 3. Behinderung aus soziologischer Sicht

Viele behinderte Kinder und Jugendliche kommen aus der sozialen Unterschicht, wie z.b. Lernbehinderte (bis zu 80%) und Geistigbehinderte. Soziologische Sicht heißt, zu fragen: Wie wirken sich soziale Bedingungen, wie z.b. Schichtzugehörigkeit, soziale Beziehungen in der Familie, Armut, Unwissenheit usw. und die Institutionen, wie Schule und ihre organisatorischen Strukturen und Normen, ihr Handeln zum Vor- oder Nachteil der Behinderten aus? Unter welchen sozialen Bedingungen entstehen Behinderungen? Welche Rechte und Pflichten, Vergünstigungen oder Benachteiligungen bestehen für die Behinderten z.b. beim Kindergarten- oder Schulbesuch, bei der Aufnahme oder evtl. dem Ausschluß, bei der Mittel- und Stellenplanausstattung einer Frühförderstelle, im Mutterschutz usw.?

Nachdem bei Behinderungen diese sozialen Abhängigkeiten, Bedingtheiten und Folgen von Schichtzugehörigkeit, Sozial- und Bildungsstatus immer deutlicher erkannt wurden, ist es die Aufgabe einer Soziologie der Behinderten, insbesondere solche Zusammenhänge umfassender und differenzierter aufzuklären und der Öffentlichkeit zugänglich zu machen.[83]

## 3.1. Behinderung in ihren sozialen Abhängigkeiten

Es zeigte sich schon aus medizinischer Betrachtungsweise, daß Behindertsein mehr als zufällig mit der sozialen Wirklichkeit zu tun hat, wenn z.b. Mütter eines bestimmten Sozialstatus bzw. Schicht (Unterschicht) eher behinderte Kinder oder risikobeladene Frühgeburten haben als Mütter anderer höherer sozialer Schichten. Es erwies sich immer deutlicher, daß es für Behinderung soziale bzw. psychosoziale Determinanten gibt, die Behinderungen bei der Entstehung und in ihrem weiteren Verlauf beeinflussen.

## 3.2. Beispiel: Frühgeburten, Unterschicht, Alter und Bildungsgrad

„Ein zunehmendes Gewicht erhalten (bei Frühgeburten und biologischen Anfangsproblemen, Verf.) ... psychosoziale Risikofaktoren. Die soziale Schicht, der Bildungsgrad und die Intelligenz der Mutter erwiesen sich für den Entwicklungsstand mit fünf und mehr Jahren – und zuvor vor allem für die Entwicklung des aktiven Sprechens – als die bedeutsamsten Prognoseindikatoren aus der Neugeborenenzeit; nur bei Kindern mit eindeutigen neurologischen Schäden standen die biologischen Risikofaktoren an erster Stelle ... sie wirken sich mit zunehmendem Alter des Kindes immer stärker aus."[84]

Besonders Mütter unter 18 Jahren und aus der Unterschicht mit wenig Erziehungswissen, ohne Unterstützung durch ein soziales Beziehungsnetz und „ohne positiv erlebte Beziehung zum Partner" können zu einem erheblichen Risikofaktor für das entwicklungsgefährdete Kind werden"[85].

## 3.3. Beispiel: Geistige Behinderung und Unterschicht

In einer Untersuchung *(M. Liepmann)* heißt es: „Die Befunde zur sozialen Schichtzugehörigkeit weisen darauf hin, daß nicht nur – wie inzwischen bekannt – die leichteren Grade der geistigen Behinderung (IQ>60), also die Lernbehinderung, vorwiegend ein Problem der sozial unterprivilegierten Schichten sind, sondern auch schwere geistige Behinderung (IQ<50). Dieses Ergebnis ist unerwartet."[86] Die Autorin sieht die Ursachen des Zusammenhanges zwischen geistiger Behinderung und Schichtzugehörigkeit z.B. in der „Quantität medizinischer Versorgung ... sowie unzureichende Mutterschutzregelungen und schichtspezifisches Verhalten der schwangeren Frauen (nicht zuletzt bedingt durch die ihnen angebotenen Arbeitsplätze, auf deren Gestaltung sie kaum einen Einfluß haben und die sie als typische ‚Hinzuverdiener' akzeptieren müssen"[87].

Die primär soziale Bedingtheit vieler Behinderungen und insbesondere der größten Gruppe – Lernbehinderungen – darf heute als feste Erkenntnis gelten: Die wirtschaftlich sozialen Daten der Eltern (keine oder niedrige berufliche Qualifikation, Arbeitslosigkeit, Gelegenheitsarbeit), ihr i.d.R. niedriger Bildungsstand, schlechte bis katastrophale Wohnverhältnisse (Obdachlosengebiete), keine kindgemäßen Erziehungsmethoden, fehlende Kindergartenplätze u.v.a. Bedingungen sind als soziale Hauptursachen für Lernbehinderung anzusehen.[88]

## 3.4. Historischer Abriß der gesellschaftlichen Lage und Rechte Behinderter

Für den Behinderten positive Veränderungen der gesellschaftlichen, insbesondere der finanziellen, ausbildungsbezogenen bzw. beruflichen Situation, der sozialen Einstellungen oder Wertungen gegenüber Behinderten zu bewirken, ist außerordentlich schwierig, langwierig und komplex.

Das liegt z.B. an historisch-sozial bestimmten Denkhaltungen. Das generelle Denken in Nützlichkeitskategorien, aber auch vorrationale und oft religiös begründete Einstellungen bzw. Wertungen haben den Behinderten überwiegend in eine soziale Randstellung gebracht, wenn er nicht gleich nach der Geburt getötet wurde.[89]

Krüppel wurden im griechischen Altertum (600 v.Chr.) zu Bettlern gemacht oder noch stärker verunstaltet, um ein erhöhtes Mitleid zu erregen.[90]

Mit dem Aufkommen des Christentums veränderte sich nur langsam die Situation des Behinderten: „Zweifelsohne erlebte das Behindertenbetreuungswesen vom Ausgang des römischen Reiches bis zum Mittelalter einen enormen Ausbau, gemessen an den Leistungen vorheriger Zeiten. Insbesondere das Existenzrecht und der Pflegeanspruch wurden theologisch begründet."[91]

Aber auch danach gab es Rückfälle, die Verteufelung, Ausgrenzung und Vernichtung von Behinderten.[92]

Mit der Industrialisierung und einer enormen Verstärkung des Brauchbarkeitsdenkens veränderte sich auch die Stellung und die Lebenschancen Behinderter.

Für die Zeit bis zum Ende des 18. Jhdts. schreibt *Borel* über die Lage der Geistigbehinderten: „Geistigbehinderte Menschen wurden hinsichtlich ihres Daseins diesem Rentabilitätsaspekt subsumiert. Die Lage von geistigbehinderten Menschen im ausgehenden Feudalismus … kann als eine sich schrittweise verschlechternde Lage bezeichnet werden mit der Tendenz zur Hoffnungslosigkeit angesichts der Beurteilung ihrer Lebens- und Daseinsberechtigung unter dem Gesichtspunkt der wirtschaftlichen Verwertbarkeit. Langfristig gesehen bedeutete die Betrachtung des Lebens geistigbehinderter Menschen unter dem Gesichtspunkt der Wirtschaftlichkeit immerhin die Überwindung der Ausgrenzungsideologie: Geistigbehinderte Menschen werden zum Gegenstand wissenschaftlicher und wirtschaftlicher Interessen. An der aktuellen und hoffnungslosen Lage der unmittelbar Betroffenen hat dies nichts geändert."[93]

## 3.5. Behinderung und Sozialrecht

Man könnte glauben, daß diese Denkweisen auch noch heute dominieren, wenn *Thimm* über die Situation in den 70iger–80iger Jahren schreibt: „Die Behinderung wird sozialrechtlich vor allem als Erwerbsminderung gefaßt. Viele Leistungen der Behindertenhilfe – keineswegs nur die berufsbezogenen – setzen voraus, daß ein physischer bzw. psychischer Schaden in die Kategorie ‚Minderung der Erwerbsfähigkeit' überführt wurde – selbst für Kinder! Die vordergründige Orientierung von Rehabilitation an den Normen der Erwerbstätigkeit, die den einzelnen vor allem unter dem Gesichtspunkt seiner ökonomischen Verwertbarkeit einstuft, schlägt sich in verschiedenen Bereichen durch ..." wie z.B. in den sozial- und schulrechtlichen Definitionen, bei den Rehabilitationsmaßnahmen und durch den Ausschluß beachtlicher Gruppen, wie z.B. Kinder, Hausfrauen, alte Menschen und Familien mit behinderten Kindern.[94]

Auch die gesonderte Heraushebung mancher Verursachungen wie z.B. Kriegsleiden, Berufskrankheiten und -unfälle macht Unterschiede, die für den nicht in diese Kategorien fallenden Behinderten zu nicht nachvollziehbaren Ungerechtigkeiten führte. Auch die neue Definition „Grad der Behinderung" hat diese Unterschiede in der Praxis nicht vollständig beseitigt.

## 3.6. Was ist Rehabilitation?

Rehabilitation oder Eingliederung „ist die Hilfe, die notwendig ist, um Behinderungen abzuwenden, zu beseitigen, zu bessern, ihre Verschlimmerungen zu verhüten oder ihre Folgen zu mildern und dem behinderten und von Behinderung Bedrohten einen seinen Neigungen und Fähigkeiten entsprechenden Platz in der Gemeinschaft, insbesondere im Arbeitsleben zu sichern ... (bzw.) Behinderte möglichst auf Dauer in Arbeit, Beruf und Gesellschaft einzugliedern."[95]

### 3.6.1. Eingliederungshilfen

Eingliederungshilfen sind weiter als der Rehabilitationsbegriff gefaßt und enthalten einen größeren Bereich von sog. „Kann-Leistungen", die auch die Frühförderung behinderter und von Behinderung bedrohter Kinder betreffen, wenn das „Vorliegen einer wesentlichen Behinderung, durch die die Fähigkeit zur Eingliederung in die Gesellschaft in erheblichem Umfang beeinträchtigt ist"[96], gegeben ist.

Diese offene Formulierung erschwert die Eingliederung einer großen Gruppe von Kindern, die man als potentiell lernbehindert bezeichnen kann. Es sind Kinder, die aus ungünstigen sozialen Verhältnissen kommen (z.B. Obdachlosensiedlungen), Entwicklungsverzögerungen insbesondere im psychischen, kognitiven, sensomotorischen, sprachlichen Bereich usw. aufweisen, aber eben nur schwache, medizinisch kaum nachweisbare und ‚wesentliche' Behinderungen haben. Ihnen droht dann der bekannte Teufelskreis: Sie kommen aus entwicklungshemmendem Milieu, gehen in die Primarstufe, ggf. in den Schulkindergarten, bleiben in der Schule 1–2mal sitzen, gehen dann in die Sonderschule für Lernbehinderte, bekommen keinen Berufsausbildungsplatz, werden arbeitslos oder nur Gelegenheitsarbeiter und fallen so wieder in das sozial- und entwicklungsbehindernde Milieu zurück, aus dem sie gekommen sind.

### 3.6.2. Sozialhilfe-Prinzipien

Die Frühförderung z.B. wird u.a. nach den Prinzipien der Eingliederungshilfen finanziert.[97] Dementsprechend sind die Sozialhilfe-Prinzipien aufgebaut:

- das *Nachrangigkeitsprinzip*, d.h., wenn nicht Selbsthilfe möglich ist, unterhaltspflichtige und -fähige Angehörige 1. Grades oder Ehegatten und Hilfe von anderen Leistungsträgern zuständig sind;
- das *Individualisierungsprinzip*, d.h., hier entscheidet sich die Hilfe „nach der Besonderheit des Einzelfalles" und
- das *Bedarfsdeckungsprinzip*, d.h., „Sozialhilfe wird nur bei gegenwärtig vorliegendem Bedarf geleistet"[98].

Gerade diese Bedarfsermittlung eröffnet den Trägern der Sozialhilfe bei der Einrichtung von Frühförderstellen oder Sonderkindergärten und ihrer personellen, finanziellen und materiellen Ausstattung Spielräume, die überwiegend zu Lasten der Behinderten und von Behinderung bedrohten Kindern gehen.

## 3.7. Stigmatisierung von Behinderten

Die soziale Aus- und Abgrenzung Behinderter ist ein oft subtiler Prozeß, der mit Stigmatisierung bezeichnet werden kann. Stigma (griech. = Gebrandmarkter) bedeutet, daß eine Eigenschaft, wie z.B. geistige oder körperliche Schwäche, ein „Anderssein" oder eine Behinderung in eine Relation zur sog. „Normalität" gebracht wird und die sich zu einem diskreditierenden Stereotyp ausbildet, wie z.B. Spasti, Krüppel. Oft wird sie mit diversen Zuschreibungen (Etikettierung, Labeling) wie Faulheit, Bösartigkeit usw. ausgestattet, d.h., so wird ein unerwünschtes, abgelehntes Anderssein bezeichnet und bewertet. Stigmatisierungen sind „ein allgemeiner Bestandteil von Gesellschaft"[99].

### 3.7.1. Ursachen und Folgen der Stigmatisierung

Aus der Begegnung mit den „Normalen" und sog. „Gesunden" können durch das Anderssein des Behinderten Stigmatisierungen und zusätzliche sozialbedingte seelische Beschädigungen entstehen. Die Stigmatisierung hängt erheblich ab von der Sichtbarkeit (Visibilität) einer Behinderung, dem Wissen von ihren Ursachen und wie sie mehr oder weniger abstoßend auf die „Normalen"[100] wirkt. Sie hängt aber auch ab von epochalen Wertskalen, wie z.B. der aktuellen Hochschätzung des Leistungsprinzips und der kognitiven Kompetenzen, der Jugendlichkeit und Schönheit, Anpassungsfähigkeit, dem gesellschaftlichen Rang von Mitleid, Hilfsbereitschaft und Dienst am Schwachen usw.

### 3.7.2. Soziale Diskriminierung

Der solchen Wertungen entspringenden Vorurteilen ausgesetzte Behinderte wird sozial diskriminiert: „Dabei reicht die Skala ... von der physischen Ausstoßung aus der Gesellschaft bis zur Zuweisung eines transzendenten Status, wie dies in einigen Gesellschaften mit Blinden oder Epileptikern geschieht", d.h. ihnen werden besondere Kräfte oder göttliches Wirken zugesprochen.[101] Auswirkungen von Stigmatisierungen sind auf gesellschaftlicher Ebene Verdrängung, Verharmlosung, Schuldzuweisungen an den Behinderten selbst oder die Eltern, Ausgrenzung aus den Bildungseinrichtungen, Vermeidung des Anschauens Behinderter usw.; immerhin gibt es auch positiv anerkanntes Spenden-Mitleid, aber auch wertende Skalierungen der verschiedenen Behinderungsformen.

*Rückwirkungen auf Behinderte und ihre Angehörigen*

Bei den Behinderten und ihren Eltern wiederum kommt es zu verschiedenartigen Kompensationsversuchen durch Überforderung, wie z. b. kosmetische Operationen des Kindes, um es möglichst „unauffällig" zu machen, und familiäre Selbstüberforderung, Rückzug aus der Gesellschaft und soziale Selbstisolierung. Daneben gibt es aber auch bewußte Selbstorganisationen, wie z.b. die „Krüppelbewegung", bis zu Attacken und Agressionen gegenüber den sog. „Gesunden" und „Normalen".

### 3.7.3. Überwindung der Stigma-Probleme

Einen Ausweg aus diesem Dilemma zwischen Nichtbehinderten und Behinderten sieht *Thimm* u.a. darin, daß der Behinderte über diese Vorurteile und die Mechanismen ihrer Entstehung aufgeklärt wird und lernt, mit dem Stigma umzugehen (Stigma-Management). Umgekehrt muß die Gesellschaft über Behinderungen, ihre Entstehung usw. über die Massenmedien aufgeklärt werden. Schließlich kann die direkte Begegnung zwischen Behinderten und Nichtbehinderten vorurteilsmindernd und entstigmatisierend wirken.[102]

Hierzu sind die neuen Ansätze gemeinsamer – integrativer – Erziehung und das Normalisierungsprinzip entscheidende Voraussetzungen.

#### 3.7.3.1. Normalisation und Integration

Die Geschichte zur sozialen Lage Behinderter hat gezeigt, daß sie vielfach abgewertet, stigmatisiert, ausgesondert (segregiert), oft von Eltern über Jahre aus Angst und Scham versteckt und in verschiedener Weise benachteiligt wurden: In pädagogischer Hinsicht wurde ihnen Bildung vorenthalten (z.B. Ausschluß vom Schulbesuch), oder sie wurde verkürzt; sie wurden als medizinisch aussichtslose Fälle behandelt, soziale Rechte beschnitten u.v.a.

Diesem Zustand ein Ende zu bereiten sind die Ziele dieser beiden für die Behindertenarbeit, das Behindertenrecht und für die Verbesserung seiner gesellschaftlichen Stellung *programmatischen* Begriffe: Normalisation und Integration.

*Normalisation:* Der Begriff Normalisierung hat seinen Ursprung in der Montessori-Pädagogik, und er meint einmal die Beseitigung

59

aller Entwicklungshemmnisse für das Kind und gleichzeitig die Optimierung seiner Entwicklung und Lernfähigkeiten bzw. Kompetenzen, damit es zur Unabhängigkeit vom Erwachsenen, d.h. zu Selbständigkeit und Mündigkeit gelangen kann.

In die Behinderten-Pädagogik wurde der Begriff erst in den 50iger Jahren und in Deutschland noch später heimisch durch den Dänen *Bank-Mikkelsen*, der Normalisierung wie folgt definiert: „Unter Normalisierung vesteht man: Anerkennung des geistig behinderten Menschen und seiner Behinderung; Gleichstellung des Behinderten mit anderen Bürgern des Landes; das Recht der Behinderten auf Behandlung, Unterricht und Ausbildung, die dem jeweiligen Bildungsgrad anzupassen sind, damit sie sich optimal entwickeln können."[103]

Es geht also hier schlicht um die allgemeinen sozialen Rechte für alle Bürger, eben auch des behinderten Bürgers, die ihm bisher vorenthalten oder eingeschränkt wurden.

Diese Definition ist jedoch sehr bescheiden insofern, als es ja zunächst um das Nachholen der generellen Gleichstellung geht und noch nicht um das aufgrund der Behinderung, also seiner i.d.R. nicht selbstverschuldeten Schwäche, notwendige Mehr an Hilfen. Aber gerade dieses Mehr an lebensnotwendiger und vor allem früher Hilfe ist der Punkt, an dem sich das Schicksal des Behinderten entscheidet.

*Die Umsetzung von Normalisation und Integration:* Die Umsetzung dieser Programmatik erfaßt viele Institutionen, Normen und Handlungsformen der Gesellschaft, die nach *Wolfensberger* für den Behinderten verändert werden müssen. Nach ihm ist Normalisation „die Anwendung von Mitteln, die der kulturellen Norm soweit wie möglich entsprechen mit der Absicht, persönliches Verhalten ... und Charakteristika zu entwickeln bzw. zu erhalten, die den kulturellen Normen soweit wie möglich entsprechen."[104]

Normalisation als Anpassungstechnik an die Kulturnormen der jeweiligen Gesellschaft vollzieht sich praktisch nach Maßgabe eines Rollen- bzw. interaktionstheoretischen Schemas.

**Wolfensberger** unterscheidet dabei drei soziale Handlungsebenen und zwei Aktionsformen (Interaktion und Interpretation).

*1. Person-Ebene:* Hier entwickelt das Kind interaktiv (z.B. mit Eltern) kulturspezifische Grundverhaltensmuster bzw. -formen wie Sprache, Hygiene, selbständiges An- und Ausziehen usw.

Auf dieser Ebene werden durch die Aktionsform „Interpretation" Konzepte sozialen Ausdrucks und sozialer Wahrnehmung gelernt: Anrede, Höflichkeitsformen, situationsspezifische Deutung und Anwendung, soziale Verhaltensformen.

*2. Ebene: primäre und mittlere soziale Systeme:* Dazu zählen Familie, Spielgruppen, Kindergarten, Schule usw. Durch die Aktionsform „Interaktion" wird das Kind fähig, sich hier „systemadäquat" zu verhalten.

In der Aktionsform „Interpretation" lernt es z.B. die institutionsspezifischen Bedingungen, Verhaltensformen, Sitten usw. wahrzunehmen, zu deuten, zu nutzen und nach Maßgabe eigener Interessen anzuwenden oder zu beeinflussen.

*3. Ebene: Gesellschaftssysteme:* Hier sind die sozialen Gestaltungen wie Bildungssystem, Parteien, oberregionale Verwaltungen, Verbände usw. gemeint, in denen sich Aktionformen vollziehen und die die Lebensbedingungen des Behinderten beeinflussen. Hier werden z.B. Interpretationsmuster entworfen, wie z.b. Behinderte gesehen, beurteilt, begünstigt oder benachteiligt werden durch Gesetze, Vorschriften, Erlasse usw.

Dieses Schema zeigt die sozialen Lebensräume auf, in denen sich das Leben des Behinderten vollzieht, von denen aus es bestimmt, geleitet und auch geprägt wird durch Aktionsfreiräume, Lebenschancen, wechselseitige Interpretationsmuster zwischen Behinderten und Nichtbehinderten. In diesen sozialen Räumen bzw. Sozialisations- und folglich auch Normalisationsinstanzen konkretisieren sich die kulturellen Normen, d.h. Vorschriften und Regeln darüber, was erlaubt, verboten, erwünscht bzw. „normal" oder „nicht normal" ist. Hier vollzieht sich auch das soziale Handeln in Form von Mittelanwendungen (z.B. Erziehung, finanzieller oder materieller Hilfen) gegenüber den Behinderten.

Normalisation ist bei *Wolfensberger* vor allem Sozialisation durch Anpassung an kulturelle Normen und Rollen der jeweiligen Institutionen wie Kindergarten, Schule usw. Umgekehrt heißt Normalisation gegenüber den Behinderten, die Institution und ihre Aktionsformen so zu gestalten, daß Normalisation als Aufnahme des Behinderten möglich wird.

Diese soziologisch-formale, technizistische Mittelanwendung ist ergänzungsbedürftig, weil hier ein entscheidendes Moment, die Interaktionspraxis auf personaler Ebene zwischen Behinderten und Nichtbehinderten wesentlich zu kurz kommt.[105]

### 3.7.3.2. Integration – ein sozialer und personaler Akt

Innerhalb dieses Normalisierungsansatzes ist die soziale Integration ein programmatisches Handlungsprinzip, das die Normalisierung ermöglichen soll. Dabei geht es nicht nur um das räumliche, physische bzw. soziale Integriertsein in den sozialen Institutionen wie Kindergarten, Schule, Beruf, Vereine usw., sondern um die sozialisierende, erziehende Wirkung des Sozialen im alltäglichen Miteinander, d.h. um das Erlernen der in der jeweiligen Gruppe, Klasse bzw. Gesellschaft üblichen Kompetenzen, Einstellungen, Lebensvollzugs- und Umgangsformen usw. Erst durch dieses gemeinsame Leben und Lernen erwartet man eine entstigmatisierende, die Beziehungen zwischen Behinderten und Nichtbehinderten „normalisierende" Wirkung. Insofern vollzieht sich Normalisation durch soziale Integration, d.h., Behinderte lernen trotz ihrer

Behinderung ihr Optimum an Unabhängigkeit und sozialer Teilhabe zu entwickeln, umgekehrt lernen Nichtbehinderte mit den Behinderten unbefangener, vorurteilsfreier und solidarischer zu leben und ihn in seiner personalen Würde, in seinem „So-sein" anzuerkennen. Dies ist eine zentrale Voraussetzung dafür, daß auch der Behinderte sich mit seinen Stärken und Schwächen selbsterkennen, selbstachten und sich in seinem „So-sein" annehmen, also personale Integration und Identität entwickeln kann. Normalisation und Integration können in diesem Sinne auch als Weg und Ziel zur Verbesserung der psychisch-sozialen Situation und Befindlichkeit Behinderter begriffen werden.

*Bedingungen der Integration:* Die bisherigen Integrationsversuche orientierten sich vielfach an den Normalisierungsprinzipien des Schweden *Nirje*.[106]

Nach Maßgabe seiner programmatischen Definition bestimmt *Nirje* 8 Zielbereiche für die Normalisationspraxis:

1. Normaler Tagesrhythmus nach familienähnlichen Abläufen wie Schlafen, Aufstehen, Frühstücken, Schule oder Arbeit, Freizeit usw.
2. Normaler Wochenrhythmus wie alle anderen Gleichaltrigen, d.h. 5–6 Arbeitstage, Wochenende, Ausflüge usw.
3. Normaler Jahresrhythmus wie z.B. Urlaub, Feste, Feiertage.
4. Normaler Lebenslauf wie Familie, Kindergartenbesuch, Schule, Beruf, Ablösung vom Elternhaus.
5. Normale Anerkennung des Behinderten wie z.B. Anerkennung seiner Rechte, Wünsche, Eigenheiten, Entscheidungen usw.
6. Normale heterosexuelle Beziehungen pflegen dürfen und Anerkennung des Behinderten als Sexualwesen.
7. Normale ökonomische Standards durch Sicherung der wirtschaftlichen Existenz auf Grund eigener Arbeit, eigenen Geldes usw.
8. Normale Einrichtungsstandards, wie z.B. eigenes Kinderzimmer, altersentsprechende Wohnung, so wie es beim Bevölkerungsdurchschnitt üblich ist.

Die Voraussetzungen für die Realisierung dieser Prinzipien stoßen noch immer auf vielfache Widerstände und Probleme:

● Personelle Probleme, d.h., in Kindergärten und Schulen sind die wenigsten auf Arbeit mit Behinderten beruflich vorbereitet, die Einrichtungen personell quantitativ zu schwach ausgestattet.

● Auf sozial-kommunikativer Ebene muß ein entsprechendes „Klima" gegeben sein, d.h., die „integrativen Bereitschaften, soziale Annäherungs- und Solidarbedürfnisse oder -regeln" müssen für alle gültig sein, insbesondere „Einstellungen, die auf die Überwindung sozialer Verfremdungen hinauslaufen"[107].

- Zu beachten ist die Tatsache, daß nicht alle Eltern und nicht alle Erzieher für Integration sind.[108]
- Technische und bauliche Voraussetzungen sind zu schaffen, Rampen, Fahrstühle, große Türen für Rollstühle usw.
- Zusätzliche didaktisch-mediale Mittel zur Individualisierung und entsprechende Erziehungs- und Unterrichtskonzepte müssen vielfach erst noch entwickelt werden, um sowohl die behinderten als auch die nichtbehinderten Kinder zu ihrem vollen Recht auf Bildung und Erziehung zu verhelfen; hier wäre an die Montessori-Pädagogik anzuknüpfen, die sowohl individualisierende Methoden als auch entsprechende didaktische Materialien entwickelte.
- Sicherung der notwendigen Therapien muß gewährleistet sein, und dies unter allen Umständen, wenn das Kind diese benötigt, u.v.a.
- Die notwendige Kooperation mit Logopäden, Frühförderzentren, Kinderärzten, Physiotherapeuten usw. muß ermöglicht werden, um dem behinderten Kind nicht nur die gleichen Förderchancen wie dem nichtbehinderten, sondern eben das absolut notwendige Mehr an Entwicklungs-, Erziehungs- und Lebenshilfe zu gewährleisten.

Die bisherigen Integrationsversuche im westeuropäischen Raum haben gezeigt, daß unter Berücksichtigung der genannten Bedingungen Integration durchaus Chancen hat, wenn die Gesellschaft entschlossen ist, Integration als Weg und Ziel ausdrücklich zu realisieren und den dafür nötigen pädagogisch-personellen, finanziellen und materiellen Mehrbedarf gesetzlich gesichert bereitzustellen.

Mit den bisher in der Sozialhilfe oft üblichen Kann- oder Sollvorschriften ist die Integration bereits im Vorschulalter nur schwer zu realisieren.[109]

# 4. Behinderung
## aus psychologischer Sicht

Das behinderte und von Behinderung bedrohte Kind und seine Familie ist mit folgenden psychologischen Problemen belastet oder durch sie gefährdet:

- Entwicklungs-, lern-, denk- und sozialpsychologischen bzw. emotionalen Schwierigkeiten, die sich mit den Schwierigkeiten der Eltern, sich auf ihr behindertes Kind einzustellen, mit ihrem behinderten Kind zu leben, es zu lieben und annehmen zu lernen, oft zu einem entwicklungsgefährdenden Gemenge an Problemen entwickeln.

Hinzu kommen Probleme, die manche Eltern ohnehin haben:

- Wirtschaftliche Sorgen, wie Arbeitslosigkeit und zu kleine Wohnungen.
- Alkohol- oder Drogenabhängigkeit.
- Mängel oder Unsicherheiten in der Erziehungskompetenz, oder sie selbst sind behindert.

Zu den größeren Schwierigkeiten zählt:

- Der elterliche Schock auf die Tatsache, daß sie ein behindertes Kind haben, und die daraus resultierenden Folgen für das behinderte Kind beim Aufbau einer angemessenen entwicklungsfördernden Eltern-Kind-Beziehung.
- Schließlich hat die Tatsache, ein behindertes Kind und damit ungewöhnliche psychische und physische Belastungen zu haben, Rückwirkungen auf die eheliche Partnerschaft, auf die ggf. vorhandenen Geschwister, auf die weitere Familie, wie Großeltern und den engeren sozialen Umkreis wie Nachbarschaft usw.

Dieses Problemgemenge in der Eltern-Kind-Beziehung, im Verhältnis der Ehepartner, zwischen behindertem Kind und den nichtbehinderten Geschwistern, im Verhältnis von Familie und sozialem Umfeld erfordert auch die Einbeziehung der Psychologie in die Behindertenpädagogik und besonders in die Frühförderung.

## 4.1. Spezielle Aufgaben der Psychologie sind:

1. *Diagnostik d.h.*, die Erfassung der individuellen Entwicklungs-
   fortschritte, die Aufdeckung der psychofunktionellen Defizite
   besonders in den Bereichen Sprache, Intelligenz bzw. kognitiven Funktionen, Sozialverhalten, Emotionalität, Wahrnehmung, sensomotorische Fertigkeiten, Spiel usw., die wiederum
   entscheidend sind für die Erstellung des in der Frühförderung
   notwendigen Gutachtens („Entwicklungsüberprüfung"), aber
   auch diagnostische Aufdeckung der Stärken des Kindes, um
   diese zu fördern und ggf. unbehebbare Schwächen zu kompensieren.
2. In der Zusammenarbeit mit den Pädagogen die Erstellung und
   regelmäßige Überprüfung von *Förderplänen* (s.u.).
3. Einsatz *psychologischer Methoden* (z.B. Verhaltensmodifikation) zur Beseitigung von Lernhemmungen, Ängsten, Störungen
   der Kontaktaufnahme, Verhaltensstörungen, Aggressionen
   bzw. Autoaggressionen, Eßstörungen usw., aber auch beim
   Aufbau von Selbständigkeit und Sauberkeit usw.
4. *Psychologische Beratung* der Familie und ggf. psychotherapeutische Hilfen, Elterntraining usw.

## 4.2. Elternreaktionen auf ihr behindertes Kind

Eine Schlüsselfrage für die Kindesentwicklung ist die leibliche und
seelische Annahme des Kindes durch die Eltern. Sie setzt ein bei
der bejahten Zeugung und Schwangerschaft. Hier vollziehen sich
bei der Mutter innere Auseinandersetzungen mit Ängsten und Erwartungen, Hoffnungen und Wünschen auf ein gesundes Kind. In
der Bereitschaft der Frau, das noch ungeborene Kind als eigene
Person anzunehmen und anzuerkennen, liegt die spezifische An-
passungsleistung der Mutter in der Schwangerschaft. Jetzt entstehen die Fundamente für den Aufbau einer optimalen Beziehung
zum Kinde, auch für das nachgeburtliche Leben. Das Kind ist für
die Mutter bzw. Eltern der Projektionspunkt ihrer Liebe, aber
auch der jeweiligen Hoffnungen und Wünsche – *Richter* spricht
vom „Substitut des idealen Selbst", dem Ich-Ideal – von Mutter
und Vater, d.h., es soll in ihren Erwartungen die Person werden,
die sie selbst gerne geworden wären.[110] Nicht selten gibt es mütter-

liche Erwartungen, das Kind möge ein idealisiertes Abbild einer von ihr geliebten Person, z.B. des Vaters, der eigenen Mutter zu werden. Solche Hoffnungen auf sog. „Idealqualitäten" des Kindes sind nach Richter durchaus normales Verhalten, weil dies „der persönliche Ausdruck des Menschheitsstrebens nach einem besseren Leben für die zukünftige Generation" bedeutet.[111]

Nach der Geburt wird es zur Aufgabe, die Differenz zwischen erhofftem und realem Kind zu erkennen und auszugleichen, indem sich die Eltern auf die physische und seelische Annahme konstruktiv einstellen lernen. Diese Unterscheidung ist deswegen notwendig, weil eine rein physische Annahme, konkretisiert in Pflege und Ernährung, nicht ausreicht, sondern, daß die innere Bejahung entwickelt wird, die Liebe zum Kind mit seinen positiven und negativen Seiten, den Belastungen und Freuden, die ein Kind bringt. Erst wenn die Mutter das Kind als unentbehrlichen Teil ihres Lebens bejaht und dessen Nichtvorhandensein als bedrohlichen Verlust erlebt, hat sich die seelische Annahme vollzogen.

Für das Kind bedeutet diese seelische Annahme die Basis für die Entfaltung seiner Persönlichkeit, denn die „ursprüngliche Mutter-Kind-Bindung ist die Keimzelle aller späteren emotionalen Bindungen des Kleinkindes; sie ist die formende Beziehung, in deren Verlauf das Kind seine Selbstgefühle entwickelt"[112], das „Urvertrauen" als Grundlage der Lebenssicherheit dafür, daß es sich der Welt zuwenden und diese sich zueigen machen kann, also lernt, Fähigkeiten und Kenntnisse erwirbt und somit personale Unabhängigkeit entwickelt.

Dieser Prozeß wird durch das Erleben, ein behindertes Kind zu haben, fundamental beeinträchtigt oder gar beschädigt.

### 4.2.1. Stufen seelischer Annahme

Die Forschung hat sich in den letzten Jahrzehnten dieser für die Frühförderung zentralen Schlüsselfrage zugewandt und einen prozeßhaften Verlauf herausgefunden, der folgende Stufen aufweist:

Diese Phasen der elterlich/mütterlichen Reaktionen treten individuell und unterschiedlich auf, je nachdem, wie schon Erfahrungen in der Krisenbewältigung gemacht wurden, und dies hängt wiederum auch von religiös-weltanschaulichen Grundeinstellungen ab.[113]

| Stufen der Annahme | Erlebnis und Aktivitätsformen |
|---|---|
| Aktive seelische Annahme | – Akzeptieren und Gestalen der Lebenssituation<br>– Wertverwirklichung<br>– Solidarität<br>– Handeln im konkret Möglichen |
| Trauer | – Depression<br>– Gram<br>– Gefühl des Verlustes |
| Verhandeln mit dem Schicksal | – Suche nach Heilungswegen<br>– Hoffen auf Wunder |
| Auflehnung | – Aggression/Protest<br>– Ursachen- und Schuldsuche<br>– Isolation |
| Gewißheit | – Annäherung an die Wahrheit<br>– Ablehnung der Wahrheit<br>– Vermittlung der Wahrheit<br>– Schock |
| Ungewißheit | – Noch-Nicht-Wissen bzw. Wissen<br>– Verdacht<br>– Unannehmbarkeit<br>– Leugnung, Selbstbeschwichtigung<br>– Verdrängung |
| Geburt | |

## 4.2.2. Das behinderte Kind verändert die Familie

Erfahrungstatsache ist, daß sich mit der Geburt eines behinderten Kindes bzw. der Erkenntnis der Behinderung das Leben der Mutter und Familie grundlegend ändert.

Wie Eltern und das familiäre Umfeld das behinderte Kind aufnehmen, welche Reaktionen hieraus entstehen, wurde in Untersuchungen zur psychischen und ökonomischen Lage von Familien mit geistigbehinderten Kindern ermittelt:

- Gefühle der „Verzweiflung, Hilflosigkeit, dumpfer Leere"
- „Gedanken an Strafe, Vererbung, Alkohol", an den Tod des behinderten Kindes und Zukunftsängste.
- Gefühl, von der Gesellschaft verlassen zu sein.
- Die Verwandtschaft reagiert teils mit „Mitleid und Verwöhnung", teils mit „Hilfsbereitschaft und Entlastung", „Ekel und Abneigung und Abbruch der Beziehungen".

67

● Mangelnder „Mut, die Öffentlichkeit mit dem behinderten Kind zu konfrontieren"[114].

### 4.2.2.1. Wie Mütter ihr behindertes Kind erleben

Für die Praxis ist wichtig zu wissen, wie die Mütter für sich die Tatsache eines behinderten Kindes erleben, z.B.

● als starke Einschränkung der Freizeit und Realisierung eigener Interessen,
● als Reduzierung der Erwartungshaltung gegenüber dem behinderten Kind und Umorientierung in der eigenen Lebensplanung;
● als Veränderung grundsätzlicher Lebenseinstellungen und Wertvorstellungen, z.B. zu Urlaubsreisen mit dem behinderten Kind;
● als Anpassung aller Familienmitglieder an die Situation mit einem behinderten Kind auf jeweils unterschiedliche Weise;
● als permanente Auseinandersetzung mit dem sozialen Umfeld (Familie, Nachbarschaft usw.);
● als konstruktive Integration der familiären Problemlage mit den außerfamiliären Hilfssystemen, wie z.B. Ärzte, Therapeuten, Pädagogen usw.

### 4.2.2.2. Wachsender Realismus und die Rolle des Vaters

In der Regel entwickeln die Eltern und besonders die Mütter sehr schnell eine realistische Sichtweise, um die anfallenden organisatorischen Probleme, die physischen Belastungen und den erhöhten Pflegeaufwand mit allen möglichen Therapieverpflichtungen zu bewältigen.

Eine Mutter umschrieb ihren lebenslangen Prozeß mit dem behinderten Kind wie folgt:

„Es ist ein Schicksal, das man nie annehmen kann, mit dem man sich aber abfinden und arrangieren kann. Eine Familie mit einem behinderten Kind lebt immer anders als eine sogenannte ‚normale' Familie."[115]

Daher ist es von größter Bedeutung, wie im Prozeß der seelischen Annahme vor allem der Ehepartner mitarbeitet. Es zeigte sich bei allen Müttern übereinstimmend, daß die „Zusammenarbeit und die gegenseitige Unterstützung beider Ehepartner eine wichtige Rolle" spielt und „die ‚beste' und wirksamste Hilfestellung (ist). Die Sicherheit und das Gefühl der Mutter, mit dieser speziellen Problematik nicht alleine gelassen zu werden, hat wesentlich dazu beigetragen, mit der Tatsache einer Behinderung des Kindes leben zu lernen"[116].

### 4.2.2.3. Was bringt die Hilfe von außen?

Als besonders nützliche Hilfen von außen bewerten die Mütter „Eltern-Kind-Spielkreise" und „Elterngesprächskreise", wo sie ihre persönlichen Erfahrungen und Ratschläge austauschen können. Auch eine begleitende psychologische Beratung in den Institutionen der Frühförderung, im Kindergarten und in der Schule werden durchweg begrüßt, aber – wie die o.g. Untersuchung zeigte – wurde von „keiner Mutter die Notwendigkeit gesehen, eine über einen längeren Zeitraum andauernde Beratung für den Konfliktlösungsprozeß in Anspruch zu nehmen; sie waren sich sicher, diesen ohne fachliche Hilfe durchleben zu können und zu wollen"[117].

Ausnahmen – besonders bei alleinerziehenden Müttern – machen allerdings solche Hilfen längerfristig notwendig. Im Vordergrund steht die Lösung der praktischen Alltagsprobleme im Bereich der Organisation, der Erziehung und Pflege. Hier kann die pädagogische ganzheitliche Frühförderung besonders wirksam werden.

## 4.3. Psychologische Einflüsse auf Behinderungen und Ursachen

### 4.3.1. Fehlentwicklungen in der Beziehung zum Kind

Zu beobachten ist gelegentlich eine extreme Mutter-Kind-Bindung über die Jahrzehnte hinaus und der Verzicht auf alle Eigeninteressen der Mutter. Andere Fehlentwicklungen der Mutter-Kind-Beziehung sind z.B. das Mitschlafen des erwachsenen behinderten ‚Kindes' im Ehebett, Schwierigkeiten im wechselseitigen Ablösungsprozeß u.v.a. Probleme der Selbständigwerdung, weil sich die Mutter nicht ablösen kann, oder durch Verwöhnung, Vernachlässigung, Überbemutterung (Overprotecting) bzw. diverse Fehlerziehungshaltungen, z.B. als Über- und Unterforderung.

### 4.3.2. Kindesmißhandlung: Was heißt Mißhandlung?

Der Begriff der Mißhandlung bzw. Vernachlässigung ist wissenschaftlich nicht eindeutig definiert, obwohl das Phänomen sehr alt ist und heute endlich offen diskutiert wird.[118]

Nach *Frank*[119] gibt es folgende Beschreibungen:

„Es gibt verschiedene Formen von Kindesmißhandlung und -vernachlässigung, die bei einem Kind auch gleichzeitig vorliegen können:

● *Körperliche Mißhandlung* liegt vor, wenn durch körperliche Gewaltanwendung Kindern ernsthafte, vorübergehende oder bleibende Verletzungen zugefügt werden. Von Kindesmißhandlung spricht man, wenn gewalttätiges Verhalten der Eltern oder Erzieher ein Grundelement der Kindererziehung ist.

● *Körperliche Vernachlässigung* liegt vor, wenn Eltern oder Erzieher ein Kind nicht gut versorgen. Formen körperlicher Vernachlässigung können sein: ein Kind mangelhaft ernähren, unzureichend bekleiden, hygienisch schlecht versorgen, die notwendige medizinische Versorgung vorenthalten.

● *Emotionale Mißhandlung* meint eine feindliche oder abweisende Haltung von Eltern oder Erziehern gegenüber einem Kind. Von Mißhandlung wird nur dann gesprochen, wenn ein solches Verhalten der Eltern oder Erzieher einen festen Bestandteil der Erziehung ausmacht.

● *Emotionale Vernachlässigung* bedeutet, daß Eltern oder Erzieher ihren Kindern durch Unterlassung das für eine gesunde emotionale Entwicklung notwendige Familienklima vorenthalten. Beispiele emotionaler Vernachlässigung sind: Ein Kind erhält keine oder zu wenige Aufmerksamkeit, Liebe und Wärme. Das Kind wird nicht in den Arm genommen, liebkost oder gelobt, wenn es etwas Gutes getan hat. Es wird nicht zum Spielen ermuntert. Es wird keine Sicherheit und Geborgenheit geboten.

● *Sexueller Mißbrauch* heißt, ein Kind einer sexuellen Stimulation aussetzen, die nicht zu seinem Alter, seiner psychosexuellen Entwicklung und seiner Rolle innerhalb der Familie paßt. Beispiele für sexuellen Mißbrauch sind: Sexuelle Beziehungen zwischen Eltern und Kindern, zwischen Geschwistern oder zwischen Kindern und anderen Erziehern, Familienmitgliedern oder Bekannten. Sexueller Mißbrauch kann von Berührungen bis zur Vergewaltigung gehen und unter Zwang, Gewalt und Erpressung stattfinden.

Diesen Formen von Mißhandlungen können folgende Begriffe zugeordnet werden, die in der Literatur als eigenständige Zustandsbilder beschrieben werden:

● *Psychosozialer Minderwuchs*, d.h. eine Entwicklungsstörung eines Kindes aufgrund von körperlicher und emotionaler Vernachlässigung (englischer Begriff: Failure to thrive).

● *Münchhausen-Stellvertreter-Syndrom:* Eltern täuschen bei ihren Kindern Krankheitssymptome vor, so daß die Kinder häufigen und langwierigen Krankenhausaufenthalten mit zum Teil schwerwiegenden Untersuchungen und Behandlungen unterzogen werden.

### Mißhandlung und soziale Behinderung

In der sozialpädiatrischen Diskussion – insbesondere durch *Pechstein* und *Hellbrügge* angeführt – wird auch der Begriff „soziale Behinderung" gebraucht. Er deckt sich in mancher Hinsicht mit der Mißhandlung und sozialen Benachteiligung und Ausgrenzung. Er wurde von Hellbrügge eingeführt, um „positive Emotionen der Hilfe" in der Bevölkerung bzw. Behindertenhilfe und die „notwendige ärztliche, psychologische und pädagogische Aufmerksamkeit" zu erreichen[120].

### Soziale Behinderung – Soziose

„Soziale Behinderung" wurde gewählt, „um die umweltabhängige Psychogenese einer Gruppe schwerwiegender Entwicklungsstörungen besonders zu kennzeichnen, bei der die ‚Gemeinschaftsfähigkeit' des Kindes bzw. des späteren Erwachsenen z.T. schwerwiegend beeinträchtigt ist und die sich aus einer unzureichenden sozialen Umwelt während der ‚sensiblen Entwicklungsperiode' der ersten 3 Lebensjahre herleitet"[121]. Dieser Begriffsrahmen sollte eine Präzisierung des landläufigen Begriffs der „Verhaltensstörung" sein und durch den Begriff der „Soziose" ersetzt werden. Dieser Ausdruck soll deutlich machen, „daß es sich um eine soziale Krankheit handelt, welche die kindliche Sozialisation und Sozialentwicklung betrifft, die sich in Symptomen abweichenden Sozialverhaltens äußert und die daneben auch eine soziale Ätiologie hat"[122].

Hauptmerkmale der Soziose sind: Aggressionen, Provokationen, soziale Apathie; Vorstadien sind Distanzlosigkeit, soziale Überängstlichkeit, pathologische Trotzigkeit.[123]

### Soziose und Deprivation

Begründet wird dieses nach *Hellbrügge* „Krankheitsbild" mit den Erkenntnissen aus der Deprivationsforschung, d.h. Forschungen, die sich mit milieubedingten Mängeln an sensorischer, emotionaler und sozialer Stimulation für das Kind befassen, insbesondere sind hier folgende Namen zu nennen: *R. Spitz* 1967, *Meierhofer u. Keller* 1970, *Langmeier* und *Matejcek* 1977, *Bowlby* 1951, *Schmalohr* 1980[124].

### Deprivation

*Moog/Moog* definieren Deprivation als „das Vorenthalten von Reizen und Erfahrungen, die für die psychische und/oder körperliche Entwicklung förderlich sind"[125]. Betrachtet man diese Definition in Verbindung mit „Soziose" und „Mißhandlung", kommt man nicht um die Frage nach dem Grad der Absichtlichkeit bzw. Bösartigkeit herum, mit der den Kindern die entwicklungsnotwendigen Lernanreize und Erfahrungen vorenthalten bzw. nach der sie mißhandelt werden.

## Hospitalismus – Mutterentbehrung

Damit bezeichnet man seit *R. Spitz* entwicklungsdeprivierende Schädigungen von Säuglingen und Kleinkindern durch die Trennung von der Mutter und fehlender „mütterlicher" Zuwendung nach Maßgabe der basalen Bedürfnisse des Kindes: Liebe und Geborgenheit, Körperkontakt, Wärme und Zärtlichkeit, sprachliche, spielerische und sensomotorische Anregungen, regelmäßige Ernährung und Pflege als Dauererfahrung.[126] Besonders das angeborene Kontaktbedürfnis und die Kontaktsuche des Säuglings wird durch die Mutterentbehrung schwer beeinträchtigt (vgl. S. 223).

„Fortgesetztes, immer erfolgloses Kontaktsuch-Weinen nimmt zunächst über Wochen an Intensität zu, um sich aber später wieder abzuschwächen und einem depressiven Zustand Platz zu machen, in dem das Kind nicht mehr laut schreit, sondern nur noch wimmert (anaklitische Depression) ... dieser Zustand beim ein- bis zweijährigen Kind leitet – falls sich die Lebensumstände nicht drastisch ändern – über zum psychischen Hospitalismus (Deprivationssyndrom).

Diese psychische Erkrankung bildet sich aus, wenn es in seinem ersten und zweiten Lebensjahr keine individuelle Bindung (an eine feste Bezugsperson, Verf.) knüpfen kann und womöglich noch weiteren schädigenden Einflüssen ausgesetzt ist wie Anregungsarmut und häufigem Umgebungswechsel" bzw. Wechsel der Bezugsperson wie in Heimen usw.[127]

Hospitalisierte Kinder zeigen nach *B. Hassenstein* folgende Symptome:

● die normale Lächelreaktion verschwindet;
● die Kinder vermeiden Blickkontakte und entwickeln Bindungslosigkeit und -unfähigkeit;
● sie zeigen eine „wahllose Zutraulichkeit", ohne feste Bindungen zu entwickeln.[128]

In Kindergärten und Schulen fallen diese Kinder auf, weil sie sich einem zuerst in den Arm werfen und bald darauf sich plötzlich abwenden oder für pädagogische Maßnahmen und Zuwendungen unansprechlich wirken. Die Folgen sind umfassend: Die Entwicklung von „Urvertrauen" und der emotionalen Grundlagen der kognitiven Entwicklung ist beschädigt oder eingeschränkt; die emotionale Entwicklung ist durch Unsicherheit, Mißtrauen und Ag-

gressivität, geringe Leistungsmotivation und mangelnde Willens-
steuerung gekennzeichnet.[129] Das natürliche kindliche Lernen aus
Wißbegierde und Erkunden, Spielen und Nachahmen zeigt sich
bei diesen Kindern eingeschränkt, als erschiene ihnen jede Eigen-
aktivität, jedes Spiel oder Spielzeug sinnlos.[130] Hospitalismus ist
nicht auf Heime beschränkt, wo dieses Phänomen von *Spitz* erforscht wurde, sondern auch in Familien durch Überlastung und
Lieblosigkeit, bei unerwünschten und abgelehnten Kindern, durch
physische und psychische Vernachlässigung.[131]

Nicht wenige Eltern, insbesondere aus sozial schwachen Verhältnissen, mit Drogen- und Alkoholabhängigkeit usw., sind mit
der Erziehung ihrer Kinder überfordert, besonders dann, wenn
diese behindert sind.

Es ist aber auch eine Frage nach der sozialen Rechtsstellung und
dem Schutz des Kindes in der jeweiligen Gesellschaft, seinem
Recht auf Gesundheit, Erziehung und Bildung, das mit der sozialen Situation, der Bildung – insbesondere Erziehungskompetenz –
der Eltern und Familie korrespondiert. Die Ärztin und Pädagogin
*Maria Montessori* betrachtete Anfang dieses Jahrhunderts das
Kind als einen „vergessenen Bürger", dem viele dieser Rechte nach
wie vor vorenthalten werden.

Die Begriffe und Phänomene Mißhandlung, Soziose und Deprivation fußen zum überwiegenden Teil auf sozialen Tatbeständen
und dementsprechend behinderten oder geschädigten Lernprozessen des Kindes, schweren Erziehungsfehlern der Eltern[132] und sind
somit weniger ein medizinisches als ein soziales, psychologisches
und pädagogisches Problem, das selbstverständlich die medizinische Diagnose, Unterstützung und Beratung erfordert.

## 4.4. Lern-, entwicklungs- und persönlichkeitspsychologische Besonderheiten

Einleitend muß festgehalten werden, daß sich das Lernen Behinderter grundsätzlich nicht von dem der Nichtbehinderten unterscheidet, sondern eben durch die Schädigungen oder Deprivationen verzögert, erschwert bzw. auf bestimmte Sinnesaktivitäten,
z.B. bei blinden Kindern das Tasten oder Hören, konzentriert
wird; außerdem stehen dem behinderten Kind – je nach Schädigung eingeschränkt – die bei jedem Menschenkind vorhandenen
Lernformen zur Verfügung wie sie z.B. von *Gagné* dargestellt

wurden.[133] Von diesen Lernformen werden die meisten bereits in den ersten drei Lebensjahren wirksam (Nachahmungs-, Reiz-Reaktions-, Verstärkungs-, Versuch-Irrtumslernen usw.), ja manche werden – wie z.B. Habituation bzw. Orientierungsreaktion auf einen neuen Gegenstand bzw. Zustand, und der bedingte Reflex – schon pränatal aktiv.

### 4.4.1. Geistige Entwicklungsstufen nach Piaget

Zu den Besonderheiten des Lernens Behinderter gehört auch die Tatsache, daß sie bestimmte Stufen der intellektuellen Entwicklung nicht überschreiten bzw. in ihnen verharren.

Viele Fachleute der Lern- und Geistigbehindertenpädagogik beziehen sich hier auf *Jean Piaget* und seine Mitarbeiter, insbesondere *Bärbel Inhelders* Untersuchung über debile Kinder. Danach kommen z.B. Geistigbehinderte über die zwei ersten Entwicklungsstufen *Piagets* nicht hinaus:

1. die sensomotorische Stufe, die bis ca. zwei und
2. die voroperationale Stufe, die bis ca. sieben Jahre beim normalen Kind reicht.

*Zu 1.:* Diese Stufe ist gekennzeichnet durch die Entwicklung von Vorstellungen und ein Vorverständnis von Raum, Zeit, Kausalität (Ursache-Wirkungsdenken) und durch das Fehlen von Symbolprozessen. Dies ist die Fähigkeit, Personen oder Gegenstände zu bezeichnen oder mit ihnen geistig als Vorstellung zu operieren, wenn die realen Objekte abwesend sind.

*Sensomotorisches Lernen:* Das sensomotorische Lernen ist gekennzeichnet durch sensorische und motorische Aktionen, also im handelnden Umgang mit konkreten Dingen, wie z.B. Spielzeuge anschauen, bewegen usw.

*Zu 2.:* Diese Stufe ist gekennzeichnet durch die Bildung von Vorstellungen und Symbolen und das Operieren mit diesen Symbolen. Diese Fähigkeiten zeigen sich nach *Piaget/Inhelder* durch folgende Aktionen des Kindes:

● Die „*aufgeschobene Nachahmung*", also die Nachahmung von Beobachtungen oder Tätigkeiten, die sich vorher ereigneten;
● das „*symbolische Spiel oder Fiktionsspiel*", z.B., wenn die Puppe nun schlafen gehen muß oder wenn das Kind „tut als ob" es schliefe usw. Hier wird die „nachahmende Geste" zum Symbol;
● die „*Zeichnung* oder das *Zeichenbild*" mit 2 bis 2 1/2 Jahren;

● Das „*innere Bild*" als verinnerlichte Nachahmung und
● die „*verbale Erwähnung* von nicht-aktuellen Ereignissen",
wenn z.B. das Kind miau sagt, wenn die Katze jetzt nicht da
ist.[134]

*Konkrete Operationen:* Mit „konkreten Operationen" meint Piaget nicht das praktische Handeln mit Gegenständen, sondern das verinnerlichte Handeln mit Vorstellungen bzw. Anschauungen von Aktionen und Dingen.

Eine besondere Leistung auf dieser Entwicklungsstufe ist die „*Reversibilität*" als die Fähigkeit,

1. zwischen zwei und mehr Bezugspunkten geistig eine Beziehung herzustellen, wie z.B. seine eigene Bewegung mit der eines herannahenden Fahrrades und danach sein eigenes Verhalten zu steuern,
2. eine logische Operation, einen Denk- oder Handlungsvorgang vor- und rückwärts zu denken, wie z.B. eine Umkehrung von Addition in Subtraktion, der Multiplikation in Division usw.;
3. daß das Kind jetzt zwischen reversiblen und irreversiblen Vorgängen zu unterscheiden und sich durch sein Denken von Raum und Zeit unabhängig zu machen lernt, d.h., es ist nicht mehr auf das konkrete Vorhandensein von Gegenständen oder konkrete Handlungen angewiesen, um sich eine Vorstellung vom Gegenstand oder der Handlung zu bilden. Wenn ein Kind auf dieser Stufe einen Gegenstand sucht, wird es sich zu erinnern versuchen, wo es überall war, also „geistig" suchen, bis es ihn findet. Das Kind auf der sensomotorischen Stufe wird losgehen und eben überall suchen.
4. den *Invarianzbegriff* zu entwickeln; das ist die Erkenntnis, daß z.B. die gleiche Wassermenge in verschiedenen Gefäßen dieselbe Menge bleibt oder die Menge einer Knetekugel dieselbe bleibt, wenn man sie zur Wurst umformt.

Diese ersten Stufen nach *Piaget* sind – kurz gesagt – die entscheidenden Entwicklungsabschnitte, in denen der Mensch die grundlegenden geistigen logischen Operationen und Begriffe bzw. Kategorien wie Substanz (Materialeigenschaften), Raum, Zeit, Zahl usw. entwickelt.[135]

## 4.4.2. Lernen läßt sich früh stimulieren

In den von *Papousek* durchgeführten Untersuchungen beantworteten Neugeborene einen akustischen Reiz mit Bewegungsreaktionen, die dann durch geschmackliche Stimulation verstärkt wurde.

Statistisch signifikante Lerneffekte ließen sich bereits am 7. Tag feststellen. Besonders zwischen dem 3. und dem 5. Lebensmonat wird das Lernen immer schneller und wichtiger und kann durch eine entsprechende Interaktion zwischen Mutter und Kind erheblich beeinflußt werden. In Interaktionen befindet sich der Säugling insofern in einer Lernsituation, wie er durch sein eigenes Verhalten Veränderungen bei der Mutter auslöst und über ihre Reaktionen etwas über sein eigenes Agieren erfährt. Diese wiederum stimuliert das Kind zu neuen Aktivitäten. „Kontinuität und Konsistenz" im Verhalten der Mutter sind für das Kind wichtige Lernbedingungen.[136]

Zu den „natürlichen" stimulativen mütterlichen Verhaltensweisen schreibt Papousek:

- Sie stellt sich in das visuelle Feld ihres Säuglings,
- sie wählt spontan die richtige Entfernung,
- sie paßt sich in der Stimme und im Verhalten an,
- sie „stimuliert über mehrere Wahrnehmungskanäle gleichzeitig", und
- „sie belohnt wirksam, und sie läßt sich manipulieren, und
- sie ermöglicht dadurch ihrem Kind, sehr früh die Konsequenzen seiner eigenen Aktivität kennenzulernen"[137].

### 4.4.3. Wesen und Funktion der Lernprozesse

Lernprozesse sind aktive Verhaltensänderungen durch die Begegnung bzw. Interaktion zwischen Personen und durch die Auseinandersetzung mit der Sachwelt (z.B. Spielzeuge, Entwicklungsmaterialien, der dinglichen Umgebung) bzw. den kulturellen Objektivationen (Sprache, Literatur, Technik, Wissenschaft usw.). Obwohl die Lernfähigkeit bzw. Bildbarkeit angeboren ist, ist das Lernen angewiesen auf planmäßige Erziehung und die unverzichtbare didaktisch geplante Vermittlung von Kind und Welt. Dies geschieht i.d.R. zuerst durch die Mutter, die dem Kinde ihre Sprache gibt, es lehrt, richtig zu sprechen, mit ihm Zärtlichkeiten austauscht und spielt und es an ihren alltäglichen Verrichtungen teilhaben läßt.

#### 4.4.3.1. Spielen – ein komplexes Lernen

Im Spiel sind viele Lernformen miteinander verbunden, d.h., in ihm vollziehen sich selbständige Auseinandersetzungen und Problemlösungen mit Personen und Dingen. Spiel als komplexe Vollzugsform kindlichen Lernens ist zwar auch wie Lernen ein angeborenes Phänomen, aber eben auch und vor allem auf Erziehung und Förderung angewiesen, also ein Erziehungs- und Kulturphänomen. Ohne die systematische Anleitung, Förderung und Erziehung verharrt das Spiel auf den einfacheren Stufen (z.b. Funktionsspiel), und das Lernen im Spiel bleibt zufällig, d.h., die individuelle Spielentwicklung und damit menschliche Entwicklung bleibt hinter ihren Möglichkeiten zurück. Das gilt insbesondere für die behinderten Kinder.

Daher ist systematische Spielförderung eine Hauptform der Früherziehung.[138]

### 4.4.3.2. Lernvorgang und Lernauswirkungen

Lernen ist ein aktiver Selbstgestaltungsprozeß auf der Basis der angeborenen Lernfähigkeiten bzw. -formen, wie z.B. Reiz-Reaktions-, Nachahmungslernen usw. Der Lernprozeß selbst ist kaum beobachtbar, sondern lediglich an seinen Auswirkungen im Verhalten, in den Leistungsformen und -graden erkennbar.

Die Lernauswirkungen zeigen sich nach *Kanter*[139] als

- „Kenntnis- und Wissenszuwachs", z.B. in der Sprache, Sachwissen;
- „Beherrschen von Fertigkeiten und Könnensformen", z.B. schreiben, rechnen, lesen, sich an- und ausziehen können;
- „Verfügen über formale Fertigkeiten", z.B. denken, methodisch arbeiten können;
- „Verwirklichen sozialer Verhaltensweisen", z.B. Tischsitten, soziale Regeln einhalten können;
- „Vollzug von Einstellungen und Werthaltungen", z.B. Bejahung oder Ablehnung der Frauenarbeit, Leben nach religiösen Werten usw.

### 4.4.4. Lernen und Reifung in der Entwicklung – Chancen und Risiken

Besonders für die Entwicklung der ersten Lebensjahre gilt es zu beachten, daß bereits das Neugeborene nicht nur über mehrere Lern- und Verhaltensformen verfügt, sondern sich endogene Reifeprozesse von Lern- und Erziehungsprozessen nur sehr schwer trennen lassen. Fest steht: „Der Säugling wird mit einem bereits umfangreichen Verhaltensrepertoire geboren, dessen Erwerb nicht auf Erfahrung zurückgeführt werden kann. Wir beobachten selbständiges Gehen meist gegen Ende des ersten Lebensjahres, sinnvolle Zwei-Wort-Sätze nicht vor dem 18. Lebensmonat, logi-

sche Operationen, die ein Verständnis der Mengenmathematik ermöglichen, selten vor dem sechsten Lebensjahr. Wenn auch eine
besonders förderliche Entwicklungsumwelt eine gewisse Be-
schleunigung zu bewirken scheint, so kennen wir doch heute noch
keinen Weg, den Erwerb dieser Merkmale oder Kompetenzen vor-
zuverlegen."[140] Es scheint also besonders für die ersten 6–8 Lebensjahre zu gelten: Lernen kann das Reifen stimulieren und Reifeprozesse können neue Lernmöglichkeiten eröffnen.

### 4.4.4.1. Lernen und Gehirnentwicklung

Diese wechselseitige Abhängigkeit liegt offensichtlich an der Ausreifung des Gehirns, die sich unter dem Einfluß von Umweltbedingungen (Erziehung, Lernmöglichkeiten, soziokulturelle Bedingungen, wie z.B. das Vorhandensein von Spielzeug usw.) bis zum
ca. 15. Lebensjahr hin erstreckt. *Heese* beschreibt die Stufen der
Gehirnentwicklung wie folgt[141]:

„Man kann die Hirnentwicklung in vier Hauptzeiträume einteilen, von denen einige sich zeitlich überlagern:

1. Die Zeit, in der die Nervenzellen (Neuronen) gebildet werden und sich
   vermehren. Das ist ein Zeitraum, der etwa mit der 15. bis 25. Schwangerschaftswoche angegeben werden kann.

2. Die Zeit, in der die Gliazellen gebildet werden. Diese Zellen bestimmen
   die Umgebung der Neuronen und sind deshalb wichtig für deren normale Funktion. Die Bildung solcher Gliazellen geschieht zwischen der
   28. Schwangerschaftswoche und dem Ende des 1. Lebensjahres.

3. Ungefähr zur gleichen Zeit, in der die Bildung der Gliazellen beginnt,
   kommt ein weiterer Prozeß in Gang, die Differenzierung der Neuronen. Dieser Vorgang ist vielleicht der entscheidende für die spätere Leistungsfähigkeit des Gehirns. Er beginnt etwa in der Zeit der Geburt,
   und er ist mit dem Beginn des 4. Lebensjahres im wesentlichen beendet.
   Zum ‚Pensum‘ gehört folgendes: Die Nerven wach-
   sen zu ihren Endorganen aus. Die Nervenzellen bilden Synapsen aus;
   d.h., sie schaffen sich die Möglichkeit für Kontakte. Eine enorm hohe
   Zahl von Synapsen von Nervenzellen untereinander gestattet es dem
   Nervensystem, seiner Aufgabe gerecht zu werden: Informationen aufzunehmen, zu verarbeiten, sie gespeichert verfügbar zu halten und auf
   Abruf herauszugeben.

4. Die vierte Phase macht die Nervenfasern funktionsfähig: sie erhalten
   Isolierscheiden; man nennt diesen Vorgang Myelinisation. Erregungs-
   impulse können jetzt ohne die Gefahr von ‚Kurzschlüssen‘ nerval
   transportiert werden. Das beginnt mit der Geburt und dauert intensiv
   bis zum 6. Lebensjahr, und es klingt etwa im 15. Lebensjahr aus.

*Vier Hauptphasen der Hirnentwicklung* (nach *N. Herschkowitz*, leicht modifiziert):

Eine „gesteigerte Reiz-Reaktionsbereitschaft" in der frühen, postnatalen Gehirnentwicklung und ein „Mehr oder Weniger an Sinnesreizzufuhr in diesem Zeitraum höchster Entwicklungsge-

Gehirnstruktur: Die Dendriten-Aussprossung beim Menschenkind[143]
A: im Alter von 3 Monaten
B: im Alter von 15 Monaten
C: im Alter von 24 Monaten

79

schwindigkeit" sind nach *Pechstein* entscheidend dafür, daß „nicht nur funktionelle, sondern auch morphologisch-strukturelle Veränderungen im interneuronalen Dendritenapparat der Hirnrinde bewirken kann und damit das Ausmaß der späteren Funktionskapazität des Gehirns maßgeblich bestimmt"[142].

Die Entwicklung bestimmter grundlegender Fähigkeiten, wie z.B. Wahrnehmung, Sprache, Bewegung, Intelligenz und Sozialverhalten, scheinen besonders in den ersten Lebensjahren an die Gehirnentwicklung gebunden zu sein, wenngleich das Lernen in der Auffassung vieler Fachleute in dem Maße wichtiger wird, wie Reifeprozesse in ihrem Umfang und Einfluß abnehmen.

*Beispiel:* Exemplarisch für die Abnahme der Bedeutung von Reifeprozessen kann der Spracherwerb sein: In den ersten 10–12 Monaten ist der Ausreifungsprozeß aller für die Sprache notwendigen Organe (Muskulatur des Atmungssystems und Sprechapparates, Kehlkopf, Stimmbänder, Sinne, Lautbedeutungsverständnis usw.) noch im vollen Gange, aber kaum, daß das Kind seine ersten Worte spricht, wird das von Reifungsprozessen unabhängige Sprachlernen, das Sprachmilieu und die Sprachaktivierung immer entscheidender für die Entwicklung des Wortschatzes und der gesamten Sprachkompetenz.

### 4.4.4.2. Interaktion von Lernen, Reifen und Persönlichkeitsentwicklung

Beim konkreten individuellen Fall greifen diese Bereiche immer interaktional ineinander.

*Beispiel:* Ein spastisch mehrfachgeschädigtes Kind mit einer Sehschwäche (z.B. unerkannten Kurzsichtigkeit) und einschließenden, also ungesteuerten Reflexbewegungen, will in einem Alter, wo es greifen und die Auge-Hand-Koordination lernt, ein Spielzeug greifen. Die Sehbehinderung und der einschießende Reflex behindern das greifenwollende Kind. So wird nicht nur das Greifenlernen, sondern auch seine Motivation bzw. Spielfreude, seine sensomotorische Intelligenz und so auch sein gesamtes Verhalten verschiedenartig beeinflußt, d.h., es wird womöglich aggressiv oder apathisch, wenn ihm sein Spiel auf Dauer nicht gelingt. Eine so anwachsende Verhaltensstörung kann wiederum rückwirken auf die Motivation und Handlungsbereitschaft, d.h., die Hoffnung auf Erfolg oder die Furcht vor Mißerfolg stärken oder schwächen. Kommen nun noch deprivierende Umweltbedingungen, also fehlende Spielmittel, unangemessene Spielanregungen und eine Fehl- bzw. Mangelerziehung hinzu, dann ergeben sich komplizierte Wechselwirkungen zwischen Kind und Umwelt, die seine angeborene spontan-aktive Auseinandersetzungs-, Lern- und Entwicklungsbereitschaft zusätzlich beeinträchtigen.

Die biologisch-organische Schädigung (Spastik und Sehschwäche) steht also in einer bio-sozialen Interaktion mit den sozialen und kulturellen ggf. deprivierenden und hemmenden Umweltbedingungen (z.b. fehlendes Spielzeug, Fehl- und Mangelerziehung).
Dieser bio-soziale Interaktionsprozeß produziert u.U. neue, sich anhäufende oder kumulierende Beeinträchtigungen des Lernens.

### 4.4.5. Entwicklungspsychologische Besonderheiten der ersten Lebensjahre

Die ersten 6–8 Lebensjahre unterscheiden sich qualitativ von den späteren dadurch, daß hier die grundlegenden humanen Kompetenzen wie Wahrnehmung, Sprache, Intelligenz, Sozialverhalten usw., aufgebaut und danach vollendet oder perfektioniert werden. Hier also entscheidet es sich, ob Schädigungen notwendigerweise zu Behinderungen führen oder diese vermindert bzw. vermieden werden. Dies geschieht durch medizinisch-therapeutische Maßnahmen, aber auch durch pädagogisch-psychologische Maßnahmen der Beeinflussung der

#### 4.4.5.1. *Bedingungsgruppen fördernder oder hemmender Faktoren des Lernens*

Lernbeeinträchtigungen werden durch folgende Gruppen entwicklungspsychologischer Besonderheiten der ersten Lebensjahre mitbedingt:

1. Die Ausbildung der motorischen und sensorischen Vermittlungsprozesse und
2. die sensiblen Phasen, die man zusammen als primäres oder frühes Lernen bezeichnen kann.

„Mit dem Begriff *Primäres Lernen* sind spezifische Lernabläufe in frühester Kindheit gemeint, in denen die sensorischen (sinnesmäßigen) und motorischen (bewegungsmäßigen) Vermittlungsprozesse entwickelt und aufgebaut werden, welche notwendige Voraussetzung für spätere komplexe Lernleistungen darstellen. Dies geschieht in einem Wechselspiel zwischen
– organischem Wachstum,
– Reifungsvorgängen,
– Anregungen durch Umweltreize sowie eigener Erfahrung
und führt zur Ausbildung erforderlicher Feinstrukturen des Zentralnervensystems sowie zum Aufbau der Bewegungs- und Wahrnehmungswelt.[144]

*Zu 1.: Sensomotorische Grundfunktionen:* Gemeint sind hier die Ausbildungen von Grundfunktionen, wie z.B. die Hand-Hand- oder Augen-Hand-Koordination; aber auch die Entwicklung der Sinnessysteme gehört dazu, die sich noch weit in die ersten Lebensjahre hinein erstreckt, indem sie sich an die Umwelt anpassen, in der das Kind leben lernt.

Obwohl bei der Geburt alle Sinne funktionsbereit sind, vollzieht sich ihre Entwicklung, d.h. ihre Umweltanpassung, ihre Koordination untereinander (intersensorielle Koordination) und ihre Koordination mit der Motorik (sensomotorische Koordination) entscheidend durch die Umwelterfahrungen in den ersten Lebensjahren.

Die Funktionsreifung der einzelnen Bereiche hat folgende Stufen:

„1. Orale Organisation (Mundfunktion, Geschmack, Geruch): 1.–3. Lebensmonat.
2. Optische Organisation (Auge, Motorik der Hände, des Rumpfes, der Beine): 3.–12. Lebensmonat.
3. Akustische Organisation und Motorik des Sprechapparates: ab 12. Monat."[145]

Insgesamt erstreckt sich die sensomotorische Ausreifung bis zum ca. 7. Lebensjahr, wo sich z.B. die Sehfähigkeit voll ausbildet, die Raumlagestabilität verfestigt und die Rechts-Links-Unterscheidung bzw. die Festlegung der Rechts- oder Linkshändigkeit endgültig vollzieht.[146]

Beispiel für die Anpassung des Sinnessystems an die Umwelt: Blind geborene Kinder, die durch operative Maßnahmen im Jugendalter erst sehen lernten, haben Schwierigkeiten bei der Formwahrnehmung und -unterscheidung. So dauerte es Monate, bis Dreiecke von Quadraten unterschieden werden konnten; ein hochintelligentes Mädchen mit ausgezeichnetem Abitur konnte z.B. nie mehr als drei Personen visuell erkennen.[147]

Die Entwicklung des Gehirns vollzieht sich offensichtlich einerseits nach Maßgabe von Reifungsgesetzen und in einem Dialog mit der Umwelt, an die sich das Wahrnehmungssystem anpaßt.

*Zu 2.: Sensible Phasen:* Aus dem obigen Beispiel kann man schließen, daß es für die Entwicklung bestimmter Kompetenzen in der Wahrnehmung, in der Motorik und für andere basale Funktionen bzw. Fertigkeiten sog. sensible Phasen oder kritische Entwicklungsabschnitte vorübergehender Dauer gibt, in denen der Organismus besonders empfänglich bzw. lernbereit ist und in denen er schnell und intensiv etwas lernt bzw. eine Kompetenz entwickelt und für immer behält (z.b. Bewegung, Sprache, kognitive Grundfunktionen, Intelligenz, Sozialverhalten usw.). Das bedeutet: So schnell und intensiv lernen Kinder nie wieder wie in diesen Phasen. Deshalb brauchen sie auch in diesen sensiblen Phasen die entsprechenden Entwicklungs-, Handlungs- und Lernanreize. Fehlen diese Außenreize, dann kann die Gesamtentwicklung gestört, das Erreichen einer höheren Stufe der Entwicklung beeinträchtigt oder eine Behinderung begünstigt werden.[148]

Die Ärztin und Pädagogin *Maria Montessori* hat ihre Früherziehung und entsprechende sensomotorischen Entwicklungsmaterialien auf diese sensiblen Phasen abgestimmt, und von *Hellbrügge* ist diese Konzeption weitgehend in seine sozialpädiatrische Theorie und Praxis übernommen worden.[149]

### 4.4.5.2. Sensible Phasen und kognitive Entwicklung

In den Bereich des Primären Lernens fällt auch die Entwicklung der basalen kognitiven Grundfunktionen und Elementarbegriffe, wie Identifikation (Erkennen, Wiedererkennen), Negation (Unterscheiden, Vergleichen), Kombination (von isolierten Merkmalen: z.b. gelbes, großes Dreieck, also Farbe, Größe, Form) und Implikation (Erkennen und Nachvollziehen einer logischen Folge) sowie die Entwicklung der geistigen Kategorien wie Substanz, Raum, Zeit, Zahl und Kausalität, d.h. das Instrumentarium geistiger Welterfassung und -verarbeitung. In diesem Bereich liegt der Schwerpunkt der Forschungen *Piagets*.

Seine Stufentheorie der geistigen Entwicklung von der sensomotorischen Intelligenz bis zu den formal-abstrakten Operationen wird nicht normal vollzogen, wenn nicht jede dieser Stufen ihre volle Entfaltung erreicht hat.

Die geistige Entwicklung ist nach *Piaget* ein aktiver schöpferischer Aufbauprozeß von elementaren Denkstrukturen zu immer höheren, komplexeren Denkstrukturen größerer Leistungsfähigkeit, die auf der aktiven Entfaltung der vorausgegangenen Denkstrukturen und Kompetenzen fußt. Es hängt aber wesentlich von den von außen durch entwicklungsgemäße Lernmöglichkeiten bzw. pädagogisch gesetzten Herausforderungen (Entwicklungsaufgaben) ab, ob das Kind die nächsthöhere Stufe hervorbringen kann. Man könnte die Stufen der geistigen Entwicklung nach *Piaget* auch als ‚sensible Phasen' betrachten, die auf bestimmte, phasengemäße Herausforderungen – fördernde Entwicklungsaufgaben – angewiesen sind, damit die jeweilige stufengemäße geistige

## Gruppen von Bedingungen
## für das Entstehen von Lernbehinderungen

Bedingungen
1. Ordnung

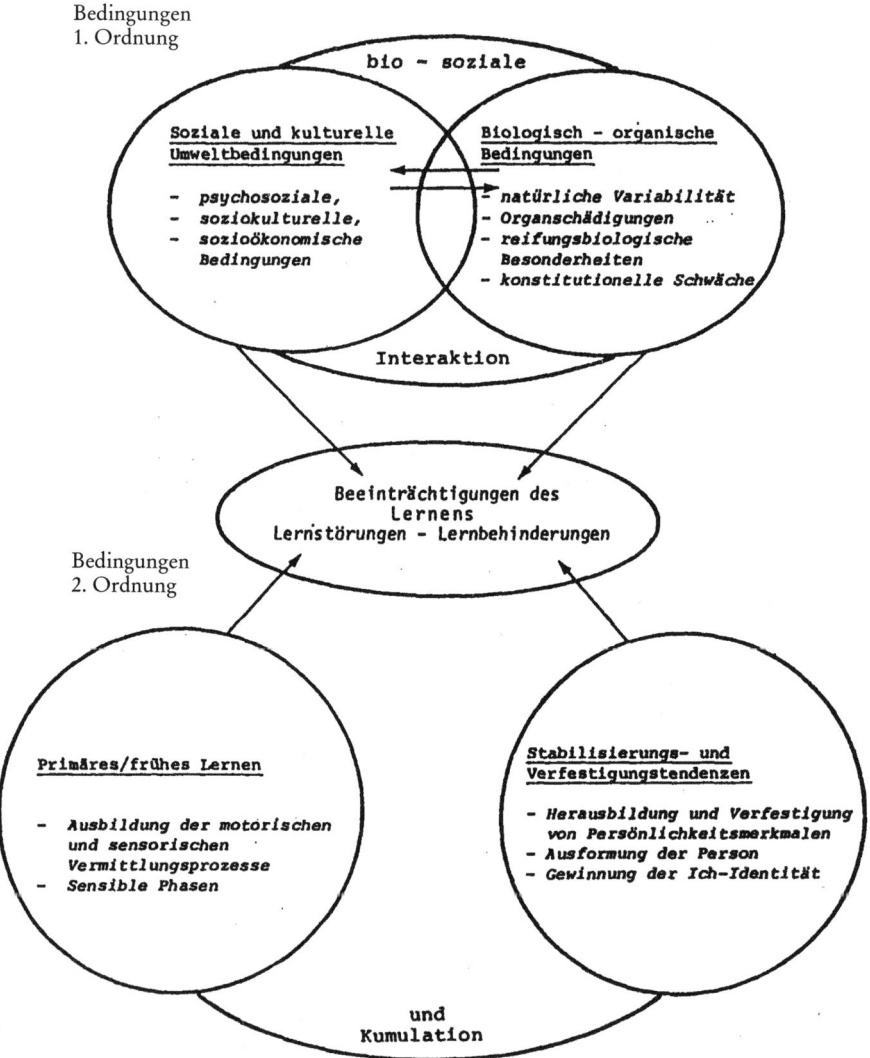

**bio - soziale**

**Soziale und kulturelle Umweltbedingungen**

- *psychosoziale,*
- *soziokulturelle,*
- *sozioökonomische Bedingungen*

**Biologisch - organische Bedingungen**

- *natürliche Variabilität*
- *Organschädigungen*
- *reifungsbiologische Besonderheiten*
- *konstitutionelle Schwäche*

**Interaktion**

**Beeinträchtigungen des Lernens**
**Lernstörungen - Lernbehinderungen**

Bedingungen
2. Ordnung

**Primäres/frühes Lernen**

- *Ausbildung der motorischen und sensorischen Vermittlungsprozesse*
- *Sensible Phasen*

**Stabilisierungs- und Verfestigungstendenzen**

- *Herausbildung und Verfestigung von Persönlichkeitsmerkmalen*
- *Ausformung der Person*
- *Gewinnung der Ich-Identität*

**und Kumulation**

Leistungsfähigkeit voll entwickelt und damit die Voraussetzung für die nächsthöhere Leistungsstufe geschaffen wird.[150]

### 4.4.5.3. Stabilisierungs- und Verfestigungstendenzen

Mit diesem Ausdruck beschreibt *Kanter* „diejenigen Prozesse im Entwicklungsgang ..., die zu einer Stabilisierung der Verhaltensweisen sowie Profilierung und Verfestigung des einzelmenschlichen Verhaltensrepertoires im Sinne der reifen Persönlichkeitsstruktur führen"[151]. Diese ist aber grundlegend gefährdet in dem Maße, wie biologisch-organische Schäden z.B. in der Wahrnehmung und negative soziokulturelle Bedingungen mit Störungen im Bedingungsbereich des Primären Lernens einhergehen und damit nicht nur im positiven Sinne zu Verfestigungen, sondern auch im negativen Sinne zu sich verfestigenden Entwicklungs-, Verhaltens- bzw. Persönlichkeitsstörungen führen können.

Das jeweils individuelle Behinderungsbild ergibt sich letztendlich aus den Wechselwirkungen in einer Reife-Lern-Entwicklung zwischen Schädigung und entwicklungsfördernden bzw. -hemmenden Bedingungen in der Umgebung des Kindes. Hierauf beruht die Kumulation entsprechender Lernzuwächse, die sich in den Verhaltens- und Leistungsformen und Persönlichkeitsmerkmalen eines Kindes ausprägen: z.B. in der sprachlichen, intellektuellen, sozialen oder motorischen Kompetenz.

*Kanter* brachte diesen Prozeß in folgendes Schema (s. S. 84)[152].

## 4.5. Übersicht der Frühtestverfahren

Es ist das Verdienst der Autoren *Rennen-Allhoff* und *Allhoff*[153], eine übersichtliche Zusammenstellung der gängigen Frühtestverfahren erstellt zu haben, um so schnell einen geeigneten Test finden zu können(Seite 86 und 87).

| Verfahren | Alter | ...Entwicklung |||||||
|---|---|---|---|---|---|---|---|---|
| | | sozial-emotionale | sprachliche | kognitive | Wahrnehmungs- | motorische | allgemeine | Aspekte des Neugeborenenverh. |
| Aktiver Wortschatztest für 3- bis 6jährige Kinder | 3 – 6 u. mehr J. | | × | (×) | | × | × | |
| Altersinventarium der aktiven mimischen Psychomotorik | | | | | | × | | |
| Bayley Scales of Infant Development | 0–6 – 25–30 Mon. | | | | | | × | |
| Bender Gestalt Test for Young Children | 5 – 6 u. mehr J. | × | | | × | | | |
| Beobachtungsbogen für Kinder im Vorschulalter | | (×) | | (×) | (×) | (×) | × | |
| Brazelton Neonatal Behavioral Assessment Scale | 0–6 Mon. | | | | | | | × |
| Bühler-Hetzer-Kleinkindertests | 0–6 – 6 u. mehr J. | (×)× | | (×) | (×) | (×) | × | |
| Burks Behavior Rating Scales, Preschool and Kindergarten | 3 – 6 u. mehr J. | | | (×) | | | | |
| Cattell Infant Intelligence Scale | 0–6 – 31–36 Mon. | | | × | | × | × | |
| Charlop-Atwell Scale of Motor Coordination | | | | | | × | | |
| Columbia Mental Maturity Scale | 3 – 6 u. mehr J. | | | × | × | | × | |
| Denver-Entwicklungsskalen | 0–6 – 6 u. mehr J. | | | | | | × | |
| Developmental Test of Visual-Motor Integration | 3 – 6 u. mehr J. | (×) | (×) | ×(×) | | (×) | ×× | |
| Duisburger Vorschul- und Einschulungstest | 5 – 6 u. mehr J. | | | | | | | |
| Echelle de Développement | 0–6 – 19–24 Mon. | ×(×)× | × | × | × | ×(×) | × | |
| Educational Evaluation | | | | | | | | |
| Entwicklungsgitter | 0–6 – 31–36 Mon. | | | | × | | | |
| Entwicklungskontrolle für Krippenkinder | 0–6 – 31–36 Mon. | (×)× | | (×) | × | (×) | × | × |
| Fragebogen zur Erfassung praktischer und sozialer Selbständigkeit | | | | | | | | |
| French-Bilder-Intelligenz-Test | | (×)(×) | (×)(×) | (×)(×) | | (×) | × | |
| Frostigs Entwicklungstest der visuellen Wahrnehmung | 3 – 6 u. mehr J. | | | | | | | |
| Gesell Developmental Scales | | | | | | | | |
| Graham-Rosenblith Behavior Test for Neonates | 0–6 Mon. | | | | | | | |
| Griffiths Entwicklungsskalen | | ×(×)× | × | ×× | | | | |
| Grundintelligenztest Skala 1 | | × | × | × | × | | × | |
| Hannover-Wechsler-Intelligenztest für das Vorschulalter | 4 – 6 u. mehr J. | | | | | | | |
| Heidelberger Sprachentwicklungstest | | | | | | | | |
| Infant Psychological Development Scales | | | | | | | | |

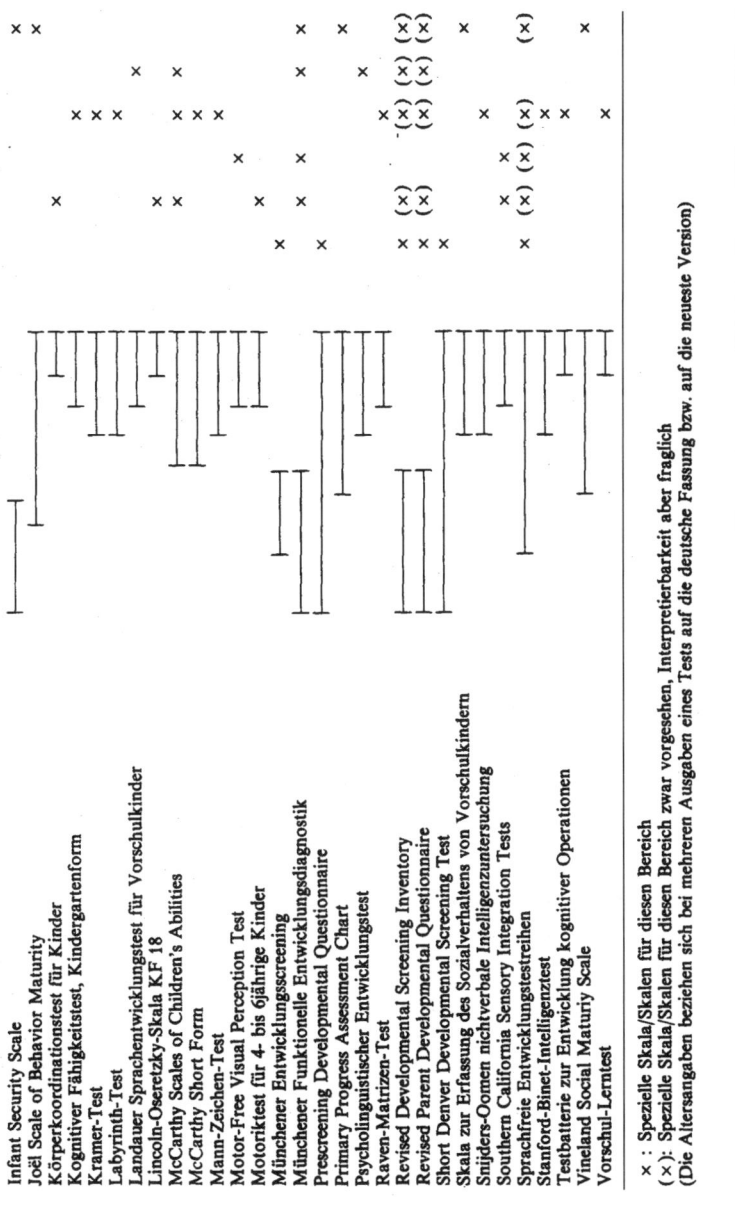

Infant Security Scale
Joël Scale of Behavior Maturity
Körperkoordinationstest für Kinder
Kognitiver Fähigkeitstest, Kindergartenform
Kramer-Test
Labyrinth-Test
Landauer Sprachentwicklungstest für Vorschulkinder
Lincoln-Oseretzky-Skala KF 18
McCarthy Scales of Children's Abilities
McCarthy Short Form
Mann-Zeichen-Test
Motor-Free Visual Perception Test
Motoriktest für 4- bis 6jährige Kinder
Münchener Entwicklungsscreening
Münchener Funktionelle Entwicklungsdiagnostik
Prescreening Developmental Questionnaire
Primary Progress Assessment Chart
Psycholinguistischer Entwicklungstest
Raven-Matrizen-Test
Revised Developmental Screening Inventory
Revised Parent Developmental Questionnaire
Short Denver Developmental Screening Test
Skala zur Erfassung des Sozialverhaltens von Vorschulkindern
Snijders-Oomen nichtverbale Intelligenzuntersuchung
Southern California Sensory Integration Tests
Sprachfreie Entwicklungstestreihen
Stanford-Binet-Intelligenztest
Testbatterie zur Entwicklung kognitiver Operationen
Vineland Social Maturiy Scale
Vorschul-Lerntest

× : Spezielle Skala/Skalen für diesen Bereich
(×): Spezielle Skala/Skalen für diesen Bereich zwar vorgesehen, Interpretierbarkeit aber fraglich
(Die Altersangaben beziehen sich bei mehreren Ausgaben eines Tests auf die deutsche Fassung bzw. auf die neueste Version)

# 5. Heilpädagogik – Frühförderung

Heute gibt es neben dem älteren Begriff Heilpädagogik die Begriffe: Behindertenpädagogik, Sonderpädagogik, Sondererziehung und Rehabilitation, die häufig synonym verwendet werden.[154] Der Begriff Frühförderung ist erst in den 70iger Jahren etabliert worden, obwohl es schon früher eine Praxis der Erziehung und Förderung Behinderter gab, die man mit Frühförderung bezeichnen kann.

## 5.1. Früherziehung Behinderter – historische Wurzeln

Eine bewußt planmäßige Früherziehung von Kindern unter sechs Jahren ist ein historisch junges Phänomen, wenngleich es erste Überlegungen dazu schon in der Antike, z.B. bei den Griechen, gab. In der nachfolgenden Skizze werden einige Aspekte der Geschichte der Früherziehung unter Einschluß behinderter Kinder chronologisch aufgezeigt.

### Antike

Kinderdarstellungen auf griechischen Vasen usw. zeigen Mütter mit Kindern kosend in Frauengemächern, und *Pindar* schreibt: „... da hat sorgende Liebe mich erstmals in den Windeln gebettet ...“; und auf einer anderen Darstellung sieht man eine Mutter mit einem Kleinkind sprechen, d.h., hier wird schon ein Geistes- und Seelenleben vorausgesetzt.[155]

Auch über Einzelfragen wie Bewegungs-, Sprach- und Sozialerziehung wurde nachgedacht. Bei *Plato* heißt es: „... die Bewegungsgymnastik der ganz kleinen Kinder ist eines der Mittel, die einen großen Einfluß haben auf die Heranbildung eines Teiles der Seelentugend“; offenbar wußte man auch schon etwas über die Bedeutung der Bildbarkeit und Frühentwicklung der ersten drei Jahre, wo sich die Sprache erst entfaltet, denn Plato schreibt[156]: „Für die kleinen Kinder ist also Weinen und Schreien das Zeichen für das, was sie lieben und hassen – Kundgebungen von wenig erfreulicher Art. Dieser Zustand hält volle drei Jahre an, also immerhin eine beträchtliche Zeit des Lebens, daß etwas darauf ankommt, wie man sie zugebracht hat, ob besser oder schlechter“. In bezug auf die dementsprechende Erziehungsmethode heißt es weiter: „... denn gerade der Anfang der Erziehung birgt stets die größte

Gefahr in sich", und *Plato* fordert darum auch schon eine frühe öffentliche Erziehung: „Man muß denn zu dem Ende sämtliche Kinder dieses Alters vom dritten bis zum siebenten Jahre, abgeteilt nach kleinen Bezirken (Komen), zu denen sie gehören, sich bei den Tempeln zusammenfinden", denn die Kinder bedürfen nach *Plato* einer Spielerziehung und auch schon der Strafe: „Für die weiteren Entwicklungsstufen des Geistes aber, also für ein dreijähriges, vierjähriges und auch noch sechsjähriges Kind bedarf es der Spiele, mit der Verhätschelung aber muß es nun ein Ende haben, vielmehr muß man jetzt mit Strafen vorgehen, nur nicht mit entehrenden ... (Weiter heißt es:) man darf weder durch übermütige Maßlosigkeit der Züchtigung die Bestraften zum Zorne reizen, noch etwa von jeder Strafe absehen und sie dadurch verwöhnen"[157].

Schulische Bildung erfolgte im 5. Jahrhdt. v.Chr. z.B. in Athen erst mit sieben Jahren und nur für Knaben – und nicht für Sklaven – in den Fächern Sport, Musik, Schreiben und Lesen sowie Rechnen. Da es griechische Abbildungen schreibender und lesender sowie musizierender Mädchen gibt, kann man annehmen, „daß zumindest die Töchter gehobener Kreise einen entsprechenden Unterricht genossen haben müssen", evtl. von einem Paidagogos (Hauslehrer, Kindererzieher).[158]

## Mittelalter

Die Früherziehung wurde also – wenn auch nur für die höheren Stände – vom klassischen Altertum her durch das Mittelalter durchaus als Aufgabe erkannt.

Berthold von Regensburg (1220–1272) war ein bekannter Prediger. Seine Erziehung zielte vor allem auf die Stabilisierung des jeweiligen Standes (Schuster erziehen ihre Kinder zu Schustern usw.) und auf die Arbeitsamkeit, Religiosität und Bescheidenheit sowie gegen Müßiggang.

Von der Bedeutung der Früherziehung wußte man, daß die ersten Erfahrungen und Eindrücke lange Auswirkungen auf die nachfolgende Entwicklung haben. In Regenburgers Sprache hieß das so: „Was zuerst in den neuen Topf kommt, danach schmeckt er immer gerne. Und nachdem, wer das kleine Kind zuerst gute Dinge lehrt, danach tut es immer gerne; und wer es böse Dinge lehrt, danach tut es immer gerne."[159]

## Neuzeit

Eine deutliche Zunahme pädagogischen Bewußtseins erfolgte im Humanismus der Renaissancezeit um das 15. Jahrhundert. In dieser Epoche entstand ein neues Selbstverständnis des Menschen.

Man erkannte nunmehr den Wert seiner Bildbarkeit und Bildung nicht nur im beruflich-praktischen Sinne, sondern begriff die Bildung umfassender als Entwicklung aller Fähigkeiten, insbesondere der Sprachen, der Literatur und Philosophie, der Geschichte – insbesondere der griechischen Tradition – und Naturwissenschaften. Man sah den Menschen als „uomo universale" = universaler Mensch, alles zu lernen und zu können. Diese Wiedergeburt (= Renaissance griech. Wissens und Kultur) und der Rückgriff auf die Antike bedeutete damals das Erlebnis menschlicher Persönlichkeitsformung durch die Antike als klassische Lehrmeisterin[160]. Der gebildete Mensch wird danach und fortan als das Werk seiner Selbsttätigkeit bzw. seiner Erziehung begriffen, „weil er Ursache, Freiheit, Tat ist, Ergebnis seines eigenen Aktes" ist[161]. Dieses neue anthropologische Denken schloß immer mehr auch die Früherziehung des Menschen ein.

*Johannes Ludovius* (1492–1540), ein spanischer Humanist schrieb ein Buch über „Die Erziehung der Christin". Er stellt die Spielerziehung in den Mittelpunkt: „... Wenn das Kind zu sprechen und gehen anfängt, so muß es mit Gleichaltrigen seines Geschlechtes spielen, und zwar immer in Gegenwart der Mutter oder einer Person gesetzten Alters ... Das junge Gemüt soll nur mit guten Eindrücken erfüllt werden"; besonderen Wert legt er auf die sittliche Erziehung im Sinne christlicher Wertvorstellungen.

Bei der frühen Spracherziehung durch die Mutter bezieht er sich auf Plato, der vor Ammen warnte, die Kindern „unnütze und alberne Märchen" erzählen, denn: „Das kleine Kind hört die Mutter zuerst und richtet nach deren Sprache sein erstes Stammeln ... Die ersten Sinneseindrücke und die erste Seelenbildung erhält das Kind durch das, was es von der Mutter hört und sieht"[162].

Ein anderer Spanier, *J. P. Bonet* (1579–1633), Offizier, Diplomat, Sekretär, schrieb das erste Lehrbuch der Taubstummenbildung (1620), das in mehrere Sprachen übersetzt wurde. Über den Tastsinn bzw. das Sehen und die Entwicklung eines Handalphabets erschloß er ihnen den Zugang zur Sprache und Bildung.[163]

Es ist nicht auszuschließen, daß *J. R. Pereira*, ein spanisch-französischer Taubstummenpädagoge, die Schrift von *Bonet* kannte. Für seine taubstumme Schwester entwickelte er eine Methode auf der Basis des sog. Handalphabetes, und er förderte so insgesamt 10–15 Schüler, die eine derart hohe Bildung erlangten, daß sie die Bewunderung von Kaiser und Königen erregte.[164]

*J. A. Comenius'* (1592–1670) „Informatorium der Mutterschul" umfaßt ebenfalls den Bereich vom ersten bis sechsten Lebensjahr und zielt vor allem auf „Elemente des gegenständlichen Erfassens und Unterscheidens, an Zählen, Schätzen usw., aber auch ... Sittlichkeit, Religion (und) Übungen der *äußeren Sinne* und ... Hinwendung zu den sich ihnen darstellenden Gegenständen"[165]. Verstandes- und Sinnes-, Bewegungs- und Spracherziehung, Sozial-, Spiel- und Arbeitserziehung sind hier schon grundgelegt.

Bei *Comenius* finden wir bedeutende Hinweise auf die Erziehung Behinderter: Blinde, Taube, Lahme, Kränkliche und Gehirnschwache. Nach *Borel* ist es „bedeutsam, daß *Comenius* explizit auf die Notwendigkeit und die Erziehungsbedürftigkeit behinderter Menschen hinweist und entsprechende Unterlassung als Verfehlung anprangert"[166], weil nach Comenius auch der schwächste Geist bildbar ist: „Denn je schwerfälligeren und kargeren Geistes einer von Natur aus ist, desto mehr bedarf er der Hilfe, um von dem gefühllosen Stumpfsinn und der Dummheit möglichst befreit zu werden, und eine solche hoffnungslose Anlage läßt sich kaum finden, daß ihr die Pflege durchaus keine Besserung bringen könnte."[167] Historisch gesehen befinden wir uns nun in einer Epoche des Aufbruchs von Rationalität, Aufklärung und Wissenschaft und einem neuen Verständnis von Religion. Hier ist insbesondere der Pietismus zu nennen, der sich als tätiger Glaube versteht. So entstanden vor diesem geistesgeschichtlichen Hintergrund für die Früherziehung und die behinderten und benachteiligten Kinder allmählich größere Bildungs- und somit Überlebenschancen.

*August Hermann Francke* (1663–1727), Theologe, Pädagoge und Professor, war Gründer der einzigartigen Franckeschen Stiftungen, die mit der Gründung einer Armenschule begannen und in die auch behinderte, verwaiste und erziehungsschwierige Kinder aufgenommen wurden.
Der französische Abbé *l'Epeé* (1712–1789) war Taubstummenlehrer und gründete auf der Kenntnis von *Bonet* die erste Taubstummenschule 1770 in Paris. Seine enormen Erfolge in öffentlichen Prüfungen (in vier Sprachen) lassen ihn stolz berichten: „Diese Kinder, die man bis dahin als Auswurf der Natur betrachtet hat, haben sich mehr ausgezeichnet und ihren Eltern mehr Ehre gemacht als die anderen Kinder ..."[168].
Die sensationellen Erfolge von *Epeé* beeinflußten auch andere Männer, die sich des Elends der Blinden erbarmten, wenn sie z.B. auf Marktplätzen zur Volksbelustigung und Gespött vorgeführt wurden. So entstand ebenfalls in Paris (1784) die erste, von *V. Haüy* (1745–1822) gegründete Blindenanstalt der Welt.
Auf einer Rußlandreise machte *Haüy* die Bekanntschaft des preußischen Königs *Friedr. Wilhelm III.*, der wiederum die erste preußische Blindenanstalt 1806 in Berlin gründen ließ.
In Deutschland war es *S. Heinicke* (1727–1790), der als Begründer der deutschen Taubstummenbildung und der ersten Taubstummenanstalt gilt (1778).[169]
Auch *Joh. H. Pestalozzi* (1746–1827) hat – wenn auch nicht so um-

fassend wie sein Schüler *Fröbel* – Ansätze einer Früherziehungskonzeption in seinen Schriften „Buch der Mütter" bzw. „Wie Gertrud ihre Kinder lehrt" entwickelt und der Mutterbildung eine hohe Bedeutung zugesprochen.[170]

Entscheidender jedoch ist sein Bericht über die „erfolgreiche Beeinflussung von schwerbehinderten Kindern" und ihr Recht auf humane Behandlung, ihr Lebensrecht, und ihre Entwicklungsmöglichkeit, wenn nach den Prinzipien der Individualisierung und einer entsprechenden erzieherischen Beeinflussung gearbeitet wird[171], denn wie für *Comenius* ist auch für *Pestalozzi* „der aller Elendeste ... fast unter allen Umständen fähig zu einer alle Bedürfnisse der Menschheit befriedigenden Lebensart zu gelangen ..."[172].

In der Phase des Übergangs vom 18. bis 19. Jahrhundert rückt damit die Früherziehung Behinderter und der Armen – wir würden heute sagen sozial Benachteiligter – immer weiter weg von der sozialen und pädagogischen Ausgrenzung. Das zeigt sich in der Zunahme von Anstalten und Bildungseinrichtungen für behinderte und sozial ausgestoßene, benachteiligte Kinder.

*Freiherr von Fellenberg* (1771–1844) gründete, durch *Pestalozzi* beeinflußt, auf seinem Gute in Hofwyl bei Bern eine Kleinkinderschule und Armenerziehungsanstalt, die als sog. „Wehrlischulen" nach dem bei Fellenberg arbeitenden Lehrer *Wehrli* bekannt wurden.

In Weimar gründete mit Unterstützung Goethes, Wielands und des Herzogs von Weimar der Privatgelehrte *J. D. Falk* (1768–1826) die „Gesellschaft für Freunde in der Not" (1813) und ein Rettungshaus für verwahrloste, vagabundierende elternlose Kinder, die er beköstigte und pädagogisch förderte. Ähnliche Einrichtungen gründete in Horn bei Hamburg Pfr. *Joh. H. Wiechern* (1808–1881), die als das sog. „Rauhe Haus" in die Geschichte einging.

*Friedr. von Bodelschwingh* (1831–1910) begründete die noch heute bestehenden Betheler Anstalten bei Bielefeld, die alle Behinderten und Gebrechlichen, die Verwaisten und Verwahrlosten usw. aufnahmen, versorgten und pädagogisch förderten.

Zu den berühmten Fällen der Geschichte der Früherziehung Behinderter gehört die Geschichte von „Victor", dem sog. „Wilden von Aveyron", ein Kind, das in den dortigen Wäldern ausgesetzt wurde und von dem franz. Arzt, Spezialist für Taubstumme und Schwerhörige *J. Itard* (1774–1838) behandelt wurde. Dieses Kind wurde aufgrund seiner vielfältigen Defizite als Idiot definiert. Doch *Itard* hat eine Reihe von Methoden, didaktischen Materialien und Sinnesmaterialien usw. entwickelt und bei diesem Jungen unter den gegebenen Umständen ein Höchstmaß an Fähigkeiten herangebildet. Sein Schüler *E. Seguin* (1812–1880) hat seine Arbeit fortgeführt und weiterentwickelt für die Erziehung Geistigbehinderter auf der Grundlage der Sinneserziehung. An diesen Erfahrungen setzte später *Maria Montessori* an.

Hinzuweisen ist noch auf den Schweizer Arzt *Joh. J. Guggenbühl* (1816–1863), der 1841 mit Unterstützung von *Fellenberg* eine „Heilanstalt für Kretinen und blödsinnige Kinder" eröffnete und die Kinder mit den damals bekannten medizinischen und pädagogischen Mitteln behandelte.

Nur wenige Jahre später, 1857, gründete der Deutsche *H. M. Deinhardt* (1808–1880) zusammen mit *J. D. Georgens* (1823–1886) die „Heil-Pflege- und Erziehungsanstalt Levana" in Baden bei Wien. Beeinflußt durch die Pädagogik *Fröbels* entwickelten sie eine für die damalige Zeit Musteranstalt für behinderte und speziell geistigbehinderte Kinder, in denen Ärzte und Pädagogen in Praxis und Forschung zusammenwirkten.

Auf sie geht der Begriff der „heilenden Erziehung" und der „Heilpädagogik" zurück.

Die Einrichtung von speziellen Kindergärten und Früherziehungseinrichtungen für Gehörlose usw. setzte bereits im letzten Jahrhundert ein: Für Taubstumme wurde 1872 in Dresden eine Vorschule und 1894 in Berlin ein Kindergarten errichtet. Im Gegensatz zu den Schulen für Behinderte vollzog sich die Entwicklung der institutionalisierten Früherziehung in Kinder- bzw. Sonderkindergärten für behinderte und von Behinderung bedrohte Kinder wesentlich langsamer und ist bis heute nicht abgeschlossen, wie dies die Diskussion um die Integration immer wieder belegt.

Die Nazi-Herrschaft und der systematische Mord an Behinderten oder ihre Verstümmelung (Zwangskastrationen) vor und während des 2. Weltkrieges war in der Geschichte der Behinderten ein grausamer Rückfall in Zeiten vor dem Altertum.

Erst 20–30 Jahre nach dem 2. Weltkrieg wurde die Frühförderung behinderter und von Behinderung bedrohter Kinder zu einem Problem für Ärzte und Pädagogen. Ende der 50iger und Anfang der 60iger Jahre waren die wirtschaftlichen, politischen und sozialen Voraussetzungen gegeben, nicht nur offen über die Verbrechen an Behinderten zu sprechen, sondern es entstand daraus auch ein starker Impuls, sich für die Behinderten insgesamt – nicht nur die Kriegsbeschädigten – aktiv einzusetzen. Es waren vor allem engagierte Eltern und Fachleute, die Interessenverbände und Fördereinrichtungen (z.B. die Bundesvereinigung Lebenshilfe) gründeten, und sich für das Recht auf Schule, Bildung und Frühförderung einsetzten, um insbesondere auch die Eltern sozial zu entlasten. Dieser Prozeß ist – trotz beachtlicher Fortschritte – bis heute nicht abgeschlossen.

## 5.2. Früherziehung – Frühförderung

### 5.2.1. Zum Begriff Früherziehung

Früherziehung heißt die Erziehung des Kindes von der Geburt bis zum Schuleintritt. Damit umfaßt dieser Begriff alle pädagogischen, didaktischen und methodischen notwendigen Maßnahmen, um die grundlegenden humanen Kompetenzen wie Sprache und Intelligenz, Motorik und Wahrnehmung, Emotionalität und Sozialität sowie die dementsprechenden angeborenen und aktiven Lernfähigkeiten in ihrer Entwicklung anzuregen, zu lenken und soweit wie möglich zu optimieren.

Früherziehung ist planmäßiges methodisches Handeln auf der Basis der Interaktion mit dem Kinde und setzt eine Didaktik bzw. Methodik sowie eindeutige Erziehungsziele voraus.

Auch Kinderpflege ist ein Teil der Früherziehung insofern, wie dabei durch die Qualität des Umgangs (Zärtlichkeit usw.) sozial-emotionale Lernprozesse ausgelöst werden. Durch solche Früherfahrungen erlernt das Kind, wie Menschen miteinander umgehen, d.h., hierdurch erwirbt es Werthaltungen und Lebenseinstellungen.

*Uneinheitliche Begriffe neben der Früherziehung*

Neben dem Begriff „Früherziehung" gibt es verschiedene Begriffe mit unterschiedlichen Bezugssystemen, wie z.B.

● auf die Pädagogik bzw. Erziehungswissenschaften: So spricht man von Frühpädagogik, Elementarpädagogik, usw.;
● auf die Erziehungsinstitutionen: Kindergarten, -Krippen, -Heim, Kinderladen, Vorklassen, Vorschulerziehung, usw.;
● auf das Lebensalter, z.B. 0–3jährige als „Frühkindliche Erziehung" usw.

Eine klare und einheitliche Definition liegt für die Erziehung 0–6jähriger nicht vor, ja nicht einmal für den Zeitrahmen der Früherziehung. Alle diese Begriffe haben diverse Nachteile: Sie sind auf bestimmte Altersabschnitte, bestimmte Kindergruppen oder gerade jetzt bestehende Institutionen begrenzt, oder – wie z.B. Vorschulerziehung – auf bestimmte Institutionen („Heimerziehung") und ihre jeweils spezifischen Anforderungsnormen (z.B. Schulleistungen) bzw. Teilziele der Erziehung (z.B. kognitive Förderung) einseitig ausgerichtet.

Dementsprechend groß ist auch unter den Pädagogen die Verwirrung, weil sie aus den jeweiligen unterschiedlichen verabsolutierten Positionen argumentieren und nicht von einem allgemein verbindlichen Erziehungsziel her ihre Pädagogik spezifizieren.[173]

Diese Schwierigkeiten in der Begrifflichkeit und damit eben auch Zielbestimmung der Erziehung sind allerdings nicht zufällig, sondern das Ergebnis einer wert- und normenpluralistischen Gesellschaft.

Es wird daher in der Praxis entscheidend sein, ob sich die Erzieher(innen) über das Erziehungsziel und die davon abhängigen Erziehungsmethoden und -inhalte eindeutige Klarheit verschaffen und immer wieder überprüfen, ob ihr Handeln dem Kind zur selbständigen und -verantwortlichen Lebensführung verhilft oder nicht.

### 5.2.2. Ziel der Früherziehung

Kern und Ziel der Früherziehung ist die ganzheitliche Entwicklungs- und Lebenshilfe zur Unabhängigkeit des Kindes vom Erwachsenen. Sie zeigt sich in der Gestalt einer individuellen und verantwortungsfähigen, also zur selbständigen Lebensführung befähigten Persönlichkeit.

Der Schuleintritt, der Übergang zum Beruf und der Eintritt in das Berufsleben sind entscheidende Zwischenstufen und -ziele auf dem Weg zur Unabhängigkeit, deren Fundamente in der Früherziehung gelegt werden.

## 5.3. Früherziehung und -förderung behinderter und von Behinderung bedrohter Kinder

Früherziehung wird dann zu einem Teil der Heilpädagogik behinderter und von Behinderung bedrohter Kinder, wenn die Entwicklung der o.g. humanen Kompetenzen und die ihr zugrundeliegenden Lernprozesse durch eine Schädigung, eine eingetretene bzw. drohende Behinderung gefährdet oder so begrenzt sind, daß ein Besuch eines Regelkindergartens oder einer Regelschule sowie die Entwicklung einer unabhängigen und verantwortlichen Lebensführung des zukünftigen Erwachsenen eingeschränkt bzw. bedroht ist. Ansonsten gilt: so „normal" wie möglich und nur „be-

sonders" erziehen, wo unbedingt nötig. Heilpädagogische Früherziehung ist auch nur dann notwendig, wenn Eltern ihr behindertes
oder von Behinderung bedrohtes Kind nicht selbst hinreichend erziehen und fördern können.

### 5.3.1. Frühförderung

Dieser Begriff ist in der Behindertenpädagogik erst in den 70er
Jahren heimisch geworden durch eine Veröffentlichung des Deutschen Bildungsrates „Zur pädagogischen Förderung behinderter
und von Behinderung bedrohter Kinder und Jugendlicher".[174]
Leitgedanke dieser Empfehlung war das „Prinzip der weitmögli-
chen Integration Behinderter".[175]

Da heißt es: „Die Bildungskommission empfiehlt einen Ausbau der Institutionen und Maßnahmen zur Früherkennung und Frühförderung,
die darauf gerichtet sein müssen, Behinderungen zum frühestmöglichen Zeitpunkt zu erkennen und behinderten und von Behinderung bedrohten Kindern rechtzeitig behinderungsspezifischer pädagogischer
und therapeutischer Förderung zuzuführen. Dazu bedarf es des Aus-
baus eines Systems der Frühförderung ..."[176]. Weiter empfiehlt die
Kommission „ein flexibles System von Fördermaßnahmen, die einer
Aussonderungstendenz der allgemeinen Schule begegnet, gemeinsame soziale Lernprozesse Behinderter und Nichtbehinderter ermöglicht
und den individuellen Möglichkeiten und Bedürfnissen behinderter Kinder und Jugendlicher entgegenkommt"[177].

Dieser Begriff ist eine Sammelbezeichnung geworden für drei in
der Praxis kooperierende Handlungs- und Organisationsbereiche:

● Klinisch-ärztliche Frühdiagnostik und Frühtherapie einschließ-
lich medizinisch abhängiger Heilberufe, wie z.B. Logopäden,
Physiotherapeuten, Beschäftigungstherapeuten usw.
● Früherziehung einschließlich pädagogisch-psychologischer
Diagnostik und Behandlung sowie der verschiedenen im Ein-
zelfall notwendigen heilpädagogischen Disziplinen: Körperbe-
hinderten-, Sprachbehinderten-, Blindenpädagogik usw.
● Sozialpädagogik, die sich vor allem mit den sozialrechtlichen
Fragen, den Rechten Behinderter und ihrer Angehörigen, den
sozialen und persönlichen Problemen der Familie usw. befaßt.

### 5.3.2. Erziehung und/oder Therapie?

In der Schädigung bzw. Behinderung liegt die Schnittfläche zu den
medizinisch-therapeutischen Maßnahmen, die wesentlich auf or-

ganische Schäden und ihre Heilung bzw. Behandlung ausgerichtet sind. Die im medizinischen Bereich gelegentlich verwendeten Begriffe „Lerntherapie" oder „Entwicklungstherapie"[178] bezeichnen lediglich aus medizinischer Sicht diese Schnittfläche und Kooperationsnotwendigkeit von medizinischen und früherzieherischen Maßnahmen im Bereich der Frühförderung. Früherzieherische Maßnahmen, die primär auf Lernprozessen beruhen, setzen immer die freie aktive Mitarbeit – Interaktion – des Kindes voraus, seine Lernmotivation und -freude, seine immer freiwillige und nicht auf Zwang beruhende „Mitarbeit", wie z.b. in bestimmten medizinisch-bewegungstherapeutischen Verfahren.

### 5.3.3. Hauptprinzipien der Früherziehung behinderter Kinder

#### 5.3.3.1. Unterschiede zur Regelerziehung

Von der Erziehung sog. gesunder oder ‚normaler' Kinder unterscheidet sich die Früherziehung Behinderter nicht grundsätzlich, sondern graduell.

Für Behinderte gelten gleiche Ziele, Inhalte und Methoden wie für nichtbehinderte Kinder. Die Tatsache aber, daß eine Behinderung die Normalerziehung behindert, z.B. eine Mutter oder Regelschullehrerin mit ihren pädagogischen Möglichkeiten an Grenzen stößt – also ihre Erziehung behindert ist – und die Tatsache, daß eine Behinderung die normale Entwicklung und Kompetenzentwicklung bzw. Unabhängigwerdung des Kindes behindert, bedingt die Notwendigkeit einer speziellen Erziehung der Behinderten, also Heilpädagogik.

Sie unterscheidet sich von der Regelerziehung durch

- ihren *Ansatz* bei der Frühentwicklung menschlicher Kompetenzen, wie Bewegung, Sprache und den frühen, elementaren Wahrnehmungs- und Lernprozessen (vgl. sensomotorische Grundfunktionen);
- einen größeren *pädagogischen Mehrbedarf* an Zeit für die Einführung und Übung, für die Sicherung und den Transfer des Gelernten auf neue Anwendungsbereiche;
- einen *Mehrbedarf an personellem Einsatz*, z.B. von Spezialisten für Sprach- und Bewegungsförderung;
- *kleinere Lerngruppen* und mehr *Individualisierungsnotwendigkeiten*;

- einen *Mehreinsatz an Medien und technischen Hilfsmitteln*, z.b. bei Gehörlosen oder Blinden;
- *methodisch breitere Differenzierung* und durch den Einsatz von zusätzlichen Methoden, z.b. Blindenschrift, Gebärden- oder Fingerzeichensprache (Daktylogie, daktylos, griech. Finger), z.b. bei Gehörlosen;
- *Modifikation und Elementarisierung der Lerninhalte und -Ziele* z.b. bei geistigbehinderten Kindern
- einen *höheren pädagogischen Aufwand in der Pflege* der Kinder (Windelnwechseln, Waschen usw.) und *Selbständigkeitserziehung*, aber auch in der *Beratung* und *Anleitung* der Eltern;
- durch einen *erhöhten Erziehungsbedarf* bei der Entwicklung der *Sozialkompetenzen*, den Abbau von Aggressionen u.a. Verhaltensschwierigkeiten bzw. Fehlentwicklungen.

Dies sind auch einige Gründe für die Schwierigkeiten bei der gemeinsamen – integrativen – Erziehung Behinderter und Nichtbehinderter, aber auch Ursachen für eine gesonderte Erziehung gewesen.

Die Erziehung Behinderter muß also in vieler Hinsicht anders akzentuiert, individueller und differenzierter, umfangreicher und spezialisierter, aber teilweise auch langsamer und reduzierter als eine Regelpädagogik arbeiten, um an die allgemein verbindlichen Erziehungs- und Bildungsziele so nahe wie möglich heranzukommen.

### 5.3.4. Prinzipien der Erziehung Behinderter

Diese Modifikation der Regelerziehung und Akzentverschiebung auf das elementare Lernen zeigt sich in den nachstehenden Prinzipien[179].

*1. Prävention:* Die Entwicklung Behinderter ist von der Gefahr bestimmt, daß eine Behinderung Folgebehinderungen, Verhaltensschwierigkeiten u.v.a. neue Probleme entstehen lassen kann. Hier vorbeugend tätig zu werden meint das Prinzip der Prävention. So kann z.B. aus einer Wahrnehmungsstörung des Gehörs eine Sprach- oder gar Lernbehinderung entstehen mit Schwierigkeiten beim Schriftspracherwerb. Begleitend können durch Verständigungsprobleme auch noch Verhaltensschwierigkeiten produziert werden. Kommen dann noch Stigmatisierungs-, Zuschreibungs- bzw. Etikettierungsprozesse hinzu: böses, faules Kind usw., kann dieser Prozeß der Anfang einer „devianten Karriere" in Richtung Sonderschule für Lernbehinderte werden.

2. *Reedukation:* Mit Reedukation bezeichnet man die Aktivierung und Ausschöpfung von Resten geschädigter Funktionen (Sehen, Hören, Bewegung usw.) z.b. durch den Einsatz technischer Hilfen bei Schwerhörigen, Aktivierung von Bewegungsresten bei Körperbehinderten, Mobilitätstraining bei sehgeschädigten Kindern. Plan- und regelmäßige Intensiv-Förderung kann hier dem Kind zu einer Funktionssteigerung verhelfen.

3. *Korrektion:* Viele Kinder haben aufgrund der rasanten und komplexen Entwicklung in den ersten Lebensjahren schon in kurzer Zeit beachtliche Fehlentwicklungen aufgebaut, z.b. im Sozialverhalten oder in Gestalt von Bewegungsstereotypen, Aussprachefehlern, Ungeschicklichkeiten usw. Diese Fehlentwicklungen abzubauen oder zu korrigieren bezweckt das Prinzip der Korrektion.

4. *Kompensation:* Wo die erstgenannten Prinzipien nicht wirken oder wo eine irreparable Schädigung, wie z.B. hochgradige Blindheit besteht, müssen sog. „Bewältigungstechniken" dem Kinde vermittelt und eingeübt werden: Blindenschrift, Ausrichtung auf den Tastsinn, technische Verständigungshilfen wie Computer, Gebärdensprache bei Gehörlosen usw.

Ein berühmtes Beispiel dafür ist *Helen Keller* (geb. 1880), die mit zwei Jahren aufgrund einer Erkrankung taubstumm und blind wurde. Über den Tastsinn und das Fingeralphabet kam sie durch die unermüdliche Hilfe ihrer Lehrerin *A. Sullivan* zur Sprache und Schrift, promovierte und wurde Schriftstellerin.

5. *Integration:* Wie oben schon angesprochen: Behinderte werden von der Gesellschaft zu leicht ausgesondert und stigmatisiert, aber auch umgekehrt gibt es den Prozeß der Selbstisolierung und Vereinsamung usw. Das Prinzip der Integration heißt, diesen Prozessen entgegenzuwirken: Durch die Erziehung integrationsfördernden Sozialverhaltens, durch die Pflege des Kindes und seines Äußeren, wie z.B. eine ebenso geschmackvolle Kleidung, Frisur wie alle anderen auch; aber ebenso durch das gemeinsame Spielen und Lernen von Behinderten und Nichtbehinderten, damit das behinderte Kind Selbstbehauptung und Disziplin, Einordnungs- und Durchsetzungsfähigkeit lernt und ein *„gleichberechtigtes Dabeisein in der Gruppe"* entsteht; so wie es selbst von der Gruppe akzeptiert sein will, muß es umgekehrt lernen, die berechtigten Interessen der anderen zu akzeptieren.[180]

### 5.3.5. Aufgaben und Funktionsbereiche der Frühförderung

Frühförderung ist in der Praxis sehr unterschiedlich organisiert bzw. auch personell verschieden ausgestattet.
Man kann daher ihre Aufgaben und Funktionsbereiche nur allgemein umreißen:

*5.3.5.1. Früherkennung und -erfassung*

Der erste Schritt in der Frühförderung ist die Früherkennung einer Behinderung oder Entwicklungsverzögerung bzw. drohenden Behinderung.
Dies geschieht

- durch die *ärztlichen Vorsorgeuntersuchungen* der Schwangeren, und des Kindes (U1–U9);
- indem das Kind dem *Gesundheitsamt* z.b. auf Veranlassung einer Behörde (z.b. Jugendamt) vorgestellt wird;
- indem das Kind einer *Frühförderstelle* vorgestellt wird, d.h., hier kann eine *pädagogisch-psychologische Diagnostik* und – wenn dort ein Arzt beschäftigt ist – auch eine *medizinische Frühdiagnostik* durchgeführt oder eine solche veranlaßt werden.
- durch *wissenschaftliche Beobachtung* der Lernumwelt und die Erfassung der Lernumwelt des Kindes, seine häuslich-familiären Lebensbedingungen;
- durch *aufspürende Früherfassung*, d.h., dadurch sollen Auffälligkeiten, drohende und vorhandene Behinderungen zum frühestmöglichen Zeitpunkt erfaßt werden. Durch die intensive Zusammenarbeit von Frühförderstellen mit Ärzten, Erzieherinnen, Sozialen Diensten usw., besonders Sozialarbeitern in sozialen Brennpunkten, in Ausländerfamilien, alkohol- und drogenabhängigen Familien usw. sollen entwicklungsgefährdete Kinder aufgespürt und der notwendigen Frühförderung zugeführt werden. Weitere Schritte können sein: Medizinische Untersuchung im Gesundheitsamt, bei einem Kinderarzt, in einer Kinderklinik, in einem Sozialpädiatrischen Zentrum (als selbständige Einrichtung oder als Teil einer Klinik). Mit Früherfassung ist also der erste Kontakt gemeint, den das behinderte Kind mit einem Arzt, dem Gesundheitsamt oder z.B. einer Frühförderstelle hat, und von dem aus die weiteren Maßnahmen erfolgen.

*5.3.5.2. Prävention*

Die Vermeidung von Behinderungen wird sowohl von der Medizin abgedeckt durch die *Vorsorge- und genetischen Untersuchun-*

*gen* als auch von der Früherziehung in der Frühförderung, die ihren Schwerpunkt hat in der Vorbeugung von Behinderungen und Folgebehinderungen. Dazu gehören z.b. Maßnahmen, damit sich aus einer Sprachstörung bzw. -behinderung nicht noch zusätzlich Verhaltensprobleme entwickeln. Aber auch durch die *Aufklärung und Beratung* der Familien mit behinderten Kindern kann Prävention geleistet werden. In Verbindung mit der Frühdiagnostik – sei diese nun medizinischer oder pädagogisch-psychologischer Art – wird Prävention insofern geleistet, als Funktionsschwächen, Entwicklungsstörungen und -verzögerungen sowie ihre Ursachen erkannt und durch vorbeugende Maßahmen, wie z.b. Eltern- und Erziehungsberatung, medizinische Versorgung u.a. vorsorglich behandelt oder vermieden werden.

Schließlich gehört aus sozialpädagogischer Sicht die *Verbesserung der sozioökonomischen Lage* der Familie und frühe sozialpädagogische Intervention (z.b. Erziehungshilfe, -beratung usw.) in Problemfamilien (Alkoholabhängige, Familien in sozialen Brennpunkten usw.) zu den grundlegenden Präventionsaufgaben.

### 5.3.5.3. Frühtherapie

Der Therapie-Begriff ist leider nicht sehr eindeutig. Man spricht sowohl im medizinischen als auch im pädagogisch-psychologischen Bereich undifferenziert von Therapie (Lerntherapie, Erziehungstherapie, Psychotherapie, Bewegungs- und Beschäftigungstherapie usw.). Solche Wortschöpfungen haben teils handfeste finanzielle Gründe, denn Maßnahmen, auch im engeren Sinne erzieherische, die aber medizinisch-therapeutisch veranlaßt und damit abrechnungsfähig sind, haben dann als Therapie einen anderen Wert. Oft sind aber solche Begriffe sachlich unbegründete Profilierungsversuche oder schlicht Traditionen (z.b. Psychotherapie, die von dem Arzt *Freud* so eingeführt wurde).

*Frühtherapien im Bereich der Frühförderung sind u.a.:*
- *Physiotherapien*, z.B. nach *Vojta, Bobath* u.a.; sie zielen auf die Normalentwicklung und Optimierung der Bewegungsfähigkeiten;
- *Sprachtherapie* bzw. Logopädische Maßnahmen zur Behebung von Sprachrückständen, -störungen, -behinderungen; Übung des Sprechapparates und der dafür erforderlichen sensomotorischen Kompetenzen: Atmung, Lautformung, Zungenmotorik, Hören usw.
- *Eßtherapie* zum Aufbau der Selbstversorgung;
- *Ergotherapie* (Beschäftigungstherapie) zur Förderung sensomotorischer, geistiger und sozialer Kompetenzen;
- *Spieltherapie* zur Entwicklung der Spielfähigkeit und zur Aufdeckung bzw. Behandlung psychosozialer Störungen;

- *Festhaltetherapie*, ein Verfahren mit dem Ziel der Förderung der Kontaktaufnahme, insbesondere bei autistischen Kindern;
- *Verhaltenstherapie* bzw. -modifikation ist ein Verfahren zum Aufbau erwünschter bzw. Abbau unerwünschter Verhaltensweisen und vielfältig einsetzbar: Sozialverhalten, Sauberkeits- und Selbständigkeitserziehung, usw.

### 5.3.5.4. Frühberatung

Auch dieser Aufgabenbereich wird von allen an der Frühförderung Beteiligten wahrgenommen:

*Ärzte* beraten

● die Eltern über die Behinderung, deren Auswirkung, Entwicklung und Behandlung, bei der Ernährung und Versorgung usw.;
● die pädagogischen und psychologischen Mitarbeiter in der Frühförderung über ihre Befunde und die aus ihrer Sicht notwendigen Maßnahmen.

*Früherzieher* informieren die behandelnden Ärzte und

● sie beraten die Eltern in Bezug auf
  - alle Erziehungsfragen im Umgang mit dem behinderten Kind im Verhältnis zu den ggf. vorhandenen Geschwistern;
  - die Organisation des familiären Alltags;
  - Fragen mit den Ämtern (z.B. Ausfüllen von Formularen bei ausländischen Mitbürgern);
  - den Übergang des Kindes zum Kindergarten, Sonderkindergarten, bei der Schulwahl usw.;
● sie vermitteln Hilfen,
  - z.B. Familienpflege, sozialpädagogische Familienhilfe, Tagespflege, stationäre Aufnahmen, Tagesstätten, Selbsthilfegruppen, Familienkuren, Allgem. sozialer Dienst, usw.;
  - auf finanziell-rechtlicher Ebene: Gewährung von Pflegegeld, Schwerbehindertenausweis, Nachteilsausgleich, Sozialhilfe;
  - auf medizinischer Ebene: der Weg zum Gesundheitsamt, Reha-Hilfsmittelversorgung, Adressen von ärztlich-therapeutischen Hilfsdiensten;
  - auf psychosozialer Ebene: Erziehungsberatung, Eheberatung, Lebensberatung, psychotherapeutische Behandlung usw.

Die Beratung, die familien- und fallorientiert immer neu zu organisieren und aufgrund der Komplexität der Lebenssituation der Familie mit behinderten Kindern eine Daueraufgabe ist, hat also vielfältige Funktionen.

## 5.4. Institutionen der Frühförderung

Die Gründung von Institutionen zur Frühförderung sind seit den 70iger Jahren beeinflußt worden durch die grundlegende Veröffentlichung des Deutschen Bildungsrates (1973). In der Praxis sind sie sehr unterschiedlich ausgestaltet und organisiert worden, denn bis heute gibt es aufgrund fehlender gesetzlicher Voraussetzungen keine allgemeinen Standards hinsichtlich der personellen, materiellen und finanziellen Grundausstattung. Im Gegensatz zur Sonderschule gibt es in der Frühförderung i.d.R. keine Unterteilung in Körperbehinderten-, Lernbehinderten-, Geistigbehinderten- usw. Frühförderung, es werden alle Behinderungensformen und -grade aufgenommen und dann den jeweiligen ärztlich-therapeutischen und pädagogischen Spezialisten im Bedarfsfalle zugeführt.

### 5.4.1. Organisationsformen

Man kann *Haupttypen institutioneller Frühförderung* unterscheiden:

1. gibt es *pädagogische Frühförderstellen* oder -zentren in privater (z.B. Elternvereine) oder öffentlicher Trägerschaft (Gemeinde, Stadt usw.).

Der Autor berichtet von einer persönlich bekannten Einrichtung in privater Trägerschaft: Hier arbeiten Sozialpädagogen mit heilpädagogischer Zusatzausbildung, Psychologen, Sonderpädagogen mit Universitätsabschluß (Sprachbehindertenpädagogik), Diplompsychologen, Erzieherinnen, eine Schreib- und eine Verwaltungskraft und eine Ärztin auf Honorarbasis.

Angeboten werden folgende Dienste:
- Frühdiagnostik;
- Frühberatung (s.o.);
- Sprachheilbehandlung ambulant in der Frühförderstelle;
- Schwimmtherapie;
- Wahrnehmungs- und Spielförderung in Gruppen;
- Mobile Hausfrühförderung, d.h., die Fachleute gehen im Wochenrhythmus in die Familien und fördern dort die Kinder;
- Eltern-Kind-Gruppen;
- Elterngesprächskreise;
- Medizinische Beratung.

Behandelt werden folgende Behinderungsgruppen:
- Geistigbehinderte;
- Körperbehinderte;
- Entwicklungsverzögerungen und -störungen aller Schweregrade;
- Sprachbehinderungen und -verzögerungen;
- Mehrfachbehinderte;
- behinderungsbedingte Verhaltensstörungen.

Ein hauseigener Fahrdienst ermöglicht es den besonders belasteten Familien, daß ihre Kinder in die Frühförderstelle gebracht werden.

Das Frühförderzentrum kooperiert mit
- den niedergelassenen Ärzten bzw. Kinderärzten;
- den niedergelassenen Sprach-, Bewegungstherapeuten usw.;
- den Kindergärten zwecks Beratung und Aufspüren der Früherfassung;
- den für die Frühförderung zuständigen Behörden, z.b. Gesundheitsamt;
- den Sonderkindergärten und -schulen;
- den sozialen Diensten in öffentlicher und privater Trägerschaft;
- den Kliniken, in denen Kinder aus der Frühförderung untersucht und behandelt werden usw.

Die Finanzierung erfolgt über den örtlichen Sozialhilfeträger (bes. § 39, § 40 Bundessozialhilfegesetz), die Krankenkassen (nach RVO) und aus Eigenmitteln (Mitgliederbeiträge, Spenden und sonstige Zuwendungen) des Trägervereins.

Viele Frühförderstellen sind mit weniger Personal ausgestattet und bieten dementsprechend weniger Dienste an. Ein Wegweiser des Bundesministers für Arbeit und Sozialordnung gibt einen Überblick über die Frühförderstellen und ihre Dienste.[181]

*2. Sonderkindergärten:* Vorschulische und schulvorbereitende Einrichtungen sind Schulkindergärten, Vorklassen und Sonderschulkindergärten für bestimmte Behindertengruppen im Alter von 3–6 Jahren. Diese Einrichtungen sind z.Zt. sehr umstritten, weil man ihnen vorwirft, daß sie die Integration verhindern und die soziale Isolation förderten. Der Sonderkindergarten ist in den 50iger und 60iger Jahren entstanden und nimmt Kinder ab drei Jahren auf, die behindert oder von Behinderungen bedroht sind und in Regelkindergärten aufgrund ihrer besonderen Erziehungs- und Förderbedürfnisse nicht hinreichend betreut oder gefördert werden können. In der Regel sind es mehrfachbehinderte Kinder, denen spezielle therapeutische und heilpädagogische Dienste bzw. Hilfen bereitgestellt werden sollen.

Dementsprechend sind diese Einrichtungen speziell personell

und materiell auszustatten, d.h., die Leitung des Sonderkindergartens und auch die Gruppenleiterin sollte eine heilpädagogische oder sozialpädagogische Fachkraft sein bzw. sich für die heilpädagogische Arbeit eignen. Weitere spezielle Fachkräfte einzustellen ist mit dem Träger bzw. dem überörtlichen Sozialhilfeträger abzustimmen. Die therapeutischen Maßnahmen, wie z.b. medizinische, physiotherapeutische, sprachtherapeutische Maßnahmen und ihre Zusammenarbeit mit den Sozial- bzw. Heilpädagogen soll gewährleistet sein.[182]

Tatsache ist auch hier, daß durch die Anbindung an die Sozialhilfe beträchtliche finanzielle, also personelle und somit auch pädagogische Defizite entstehen, die den Sonderkindergarten zumindest in NRW nicht nur unter dem Aspekt der Integration fragwürdig werden lassen.

*3. gibt es Sozialpädiatrische Zentren*
● als Abteilungen von Kliniken und
● als eigenständige Einrichtungen von Kommunen.

Es sind *medizinisch* organisierte und geleitete Einrichtungen, die über fast alle medizinisch-diagnostischen und therapeutischen Einrichtungen und entsprechendes Personal verfügen. Nicht selten sind auch Mutter-Kind-Abteilungen vorhanden, wenn eine Untersuchung oder Therapie sich über mehrere Tage erstreckt. Eine Hausfrüherziehung, bei der die Früherzieher in die Familien gehen und dort „vor Ort" die Kinder fördern und die familiäre Lebenssituation in ihre Arbeit mit einschließen, können diese Zentren i.d.R. nicht leisten. Das kann aber ihre Notwendigkeit nicht schmälern.

Zu den Besonderheiten dieser Institution gehört das Modell:
*Eltern als Co-Therapeuten*
Hierbei werden Eltern behinderter Kinder von Ärzten, Therapeuten, Psychologen usw. in bestimmte Behandlungsverfahren und entwicklungsfördernde Umfangsformen mit dem Kind durch ein Elterntraining eingewiesen, die sie mit ihrem Kind zu Hause anwenden sollen. Sie ersetzen nicht die Früherziehung, sondern ergänzen diese, sofern die Eltern willens und trotz ihrer enormen Belastungen in der Lage sind, die oft komplizierten Behandlungsprogramme durchzuführen.
Diese Übertragung von Spezialistentätigkeit auf die Eltern ist umstritten, weil die „Elternrealität" und „Spezialistenrealität" gegenüber dem Kind sich wesentlich unterscheiden, und daher empfiehlt der Heilpädagoge *Speck* ein eher partnerschaftliches Verhältnis in offener Kommunikation, mehr Hilfe zur Selbsthilfe und eine deutliche Respektierung des Vorranges der Elternrolle.[183]

### 5.4.2. Interdisziplinäre und institutionelle Kooperation

Aus diesen vielfältigen, auf die Familie mit behinderten Kindern zentrierten Aufgaben entsteht die Notwendigkeit einer engen persönlich-fachlichen (interdisziplinären) Kooperation von Ärzten und Pädagogen, Psychologen und den verschiedenen Therapeuten. Es muß also interdisziplinär kooperiert werden. Erforderlich ist aber auch eine institutionelle Kooperation von Frühförderstellen und Behörden (Gesundheits-, Jugend-, Sozialamt usw.), den Versicherungen und Kostenträgern sowie Kliniken und Sozialpädiatrischen Zentren und den verschiedenen familienentlastenden sozialen Diensten.

### 5.4.3. Anforderungen an die Mitarbeiter in der Frühförderung

Für die Mitarbeiter in der Frühförderung bedeutet dieses komplexe Arbeitsfeld, daß sie sich immer auch in die Besonderheiten dieser Institutionen hineindenken müssen, daß sie die Sprache und Verfahren, z.B. von Ärzten und Therapeuten, aber auch von Verwaltungs- und Versicherungsfachleuten verstehen und somit eine große kommunikative Kompetenz und Kooperationsbereitschaft entwickeln müssen, damit sie zum Wohle des behinderten Kindes und seiner Familie effektiv handeln können.

Hinsichtlich ihrer fachlichen Qualifikation bedarf es neben einer möglichst breiten pädagogischen Grundausbildung, z.B. als Sozialpädagogin, Diplompädagoge mit heilpädagogischen Schwerpunkten (möglichst mehrere Behinderungsarten) zusätzlicher und spezieller Qualifikationen in den verschiedenen Therapieformen, im Behindertenrecht, Kompetenzen für die Elternarbeit und -beratung usw., die durch regelmäßige Fortbildungsmaßnahmen erworben werden können. Neben diesen beruflich-fachlichen Voraussetzungen sind vor allem Fähigkeiten gefordert wie Einfühlungsvermögen in die familiäre Situation des Kindes und die persönliche Situation der Eltern und ihres behinderten Kindes, in dessen Dienst sie stehen.

## 5.5. Pädagogische Konzeptionen der Früherziehung und -förderung: Pädagogik – Didaktik – Curriculum – Methodik

Die Früherziehung und damit auch Frühförderung wurde seit ihren Anfängen beeinflußt von den großen pädagogischen Konzeptionen, wie sie von Comenius, Fröbel und Montessori entwickelt wurden, also von anthropologisch-philosophisch begründeten umfassenden Theorien des Menschen in seinem Verhältnis zur Welt und zu sich selbst. Bei allen drei genannten Pädagogen gab es noch eine Gemeinsamkeit: das christliche Welt- und Menschenbild mit den entsprechenden Grundüberzeugungen und -werten.

### 5.5.1. Früherziehung: Wert- und normgebunden

Didaktisch-inhaltliche und somit auch methodische Entscheidungen sind aus dieser Sicht immer an diesem Welt- und Menschenbild sowie Wertsystem orientiert und darin eingebettet.

Das Kind, wie der Mensch, werden danach als eine Ganzheit und individuelle wie einmalige Personalität begriffen, die ihren Wert nicht der mehr oder weniger großen Nützlichkeit oder gesellschaftlichen relevanten Tätigkeit verdankt, sondern einen absoluten Eigenwert bzw. eine Würde hat, die jede Reduktion auf bestimmte Nützlichkeiten oder gar Ab- oder Entwertung i.S. „lebensunwerten Lebens" wie in der Zeit der Nazi-Herrschaft ausschließt.

### 5.5.2. Personale Erziehung

Die Einmaligkeit und individuelle Würde auch des behinderten Kindes verpflichtet die Erziehung zur dienenden Lebenshilfe – auch in den gegebenen Grenzen –, die volle ganzheitliche Entfaltung seiner Person auf jeder Stufe seiner Entwicklung zu ermöglichen.

Dabei sind fünf Hauptpunkte personaler Erziehung zu beachten:

„1. die integrative Einheit von Leib, Geist und Leben, in der kein Faktor ohne den anderen existieren kann" bzw. das Prinzip der Ganzheitlichkeit in der Kindesentwicklung und -erziehung.

Praktisch heißt dies: Keine im Rahmen sittlicher Normen gute Fähigkeit darf unterdrückt oder vernachlässigt werden, und auch die gewollten oder ungewollten Nebenwirkungen der Erziehung müssen beachtet werden, d.h.: Wenn eine bestimmte Fähigkeit gefördert wird, stellt sich immer die Frage: Was kann gleichzeitig mitgefördert werden, also z.b. Bewegung und Sprache etwa bei den Sing-, Kreis- und Bewegungsspielen. Wenn das Kind lernt, lernt immer das ganze Kind, nicht allein das Ohr, das Auge oder irgendeine Einzelfunktion.

„2. Das Angelegt- und Angewiesensein auf und das Sicherfüllen im mitmenschlichen Dialog, der aller menschlichen Weltzuwendung vorausgeht", d.h.: Vor allem die Liebe zum Kinde und Schwachen und das Prinzip der sozialen Integration, die erzieherische Zuwendung und Lebens- bzw. Entwicklungshilfe.

„3. Das ebenso notwendige Angewiesensein auf die Zuwendung zur Welt als dem Gegenüber der Personalität des Menschen", also die Hinwendung zur vollen Wirklichkeit und Förderung von Sach- und Sozialkompetenzen, damit sich auch die lebensnotwendigen Fertigkeiten – sei dies nun für die Schule oder den Beruf – entwickeln können.

„4. Das Herausgelöstsein aus der Triebverfangenheit und Freisetzung zu sittlicher Tat aus dem Gewissen heraus, auf welcher in besonderer Weise die Würde des Menschen beruht, die ihm zugleich aber auch die Last der Verantwortung auferlegt", d.h.: Sozial- und Verantworungserziehung, z.B. zum richtigen Umgehen mit der Sexualität oder zu Selbstbeherrschung der Triebe.

„5. ... die dialogische Partnerschaft zu Gott"[184], d.h.: Für das behinderte und vielleicht ein Leben lang mit dem Behindertsein beladene Kind muß es einen Bezugspunkt geben, von dem aus es Hoffnung, Trost und Orientierung erfahren kann. Dementsprechend hat die christliche Pädagogik eine „Heilerziehung aus dem Glauben" entwickelt.[185]

### 5.5.3. Von der Pädagogik zum Curriculum

Die modernen didaktischen Konzeptionen der Früherziehung heißen Curriculum, ein Begriff von *S. B. Robinson*. Sie zielen auf die „Planung und Vermittlung ... bestimmter Qualifikationen (um) den heranwachsenden Menschen (zu) befähigen, künftige Lebenssituationen zu bewältigen".[186]

## 5.5.4. Abkehr von der Wert- und Normorientierung: Erziehung als Funktionsförderung

Das Neue daran ist, daß ein – wie bei *Comenius, Fröbel* oder *Montessori* – „übergeordnetes Menschen-" bzw. Weltbild fehlt. Von diesen neueren Ansätzen fordert man meß- bzw. „kontrollierbare Lernziele", die durch ein „pragmatisch-technologisches Erziehungsverständnis" auf lerntheoretischer Basis umgesetzt werden können.[187]
Der Erzieher ist danach nicht mehr in persönlicher Identifikation an ein übergeordnetes Menschen- und Weltbild gebunden, sondern zum pädagogisch-technischen Spezialisten für die effektive und schnelle Umsetzung vom marktgängigen und oft modisch beliebigen Trainings- oder Förderprogrammen bzw. Lernzielen geworden, wie z.B. „Emanzipation", „Kommunikationsfähigkeit", „Sozialkompetenz" usw.

*Ansätze:* Man unterscheidet bei den Curricula für die Früherziehung folgende Gruppen mit den Schwerpunkten:
1. „... Verbesserung einzelner *psychischer Funktionen* oder bestimmter Fertigkeiten;" d.h., in Lern- und Trainingsprogrammen sollen Wahrnehmung, Denken, Sprache usw. eintrainiert werden.
2. „... Einführung in bestimmte *wissenschaftliche Disziplinen* oder unterrichtliche Bereiche;" wie z.B. Kunst, Musik, Naturwissenschaften, Technik usw., wie sie sich in den Schulfächern wiederfinden.
3. „... Problematisieren bestimmter *Situationen* der vom Kind erlebten sozialen Wirklichkeit." Aus Problemen und Fragen, die das Kind hat oder an das Kind herangetragen werden, sollen „Ich-Autonomie", „Kompetenz(en)" und „Solidarität" usw. entwickelt werden. Man geht von der Annahme aus, daß dieses situationsorientierte Lernen positive Auswirkungen auf die konstruktive Bewältigung zukünftiger Situationen hat.[188]
Dieser situationsorientierte Ansatz soll das Kind herausfordern und so fördern, damit sich aus den gestellten akuten Situationen die für die Gegenwart und Zukunft notwendigen neuen Kompetenzen und Lösungsstrategien entwickeln.
In Arbeitsmappen sind „Didaktische Einheiten" entwickelt worden mit Themenschwerpunkten, wie z.B.: Kinder kommen zur Schule, Wohnen, Meine Familie und ich, Geburt, Zärtlichkeit usw.
4. Der letzte Curriculum-Ansatz fußt „in der Orientierung an die allgemeinen Aufgaben der *Sozialisation*, wie sie von der Sozialisationsforschung deutlich gemacht wurden"[189], und dieser Ansatz, der vor allem das soziale Lernen zum Schwerpunkt hat, wird weitgehend auch vom dritten, dem situationsorientierten Ansatz, abgedeckt.

### 5.5.5. Das Methodenproblem in der Früherziehung

Die eine und richtige Methode gibt es nicht, aber Grundsätze und Erfahrungen aus der Tradition der Früherziehung, die für die Früherziehungspraxis bei behinderten Kindern bedeutsam sind. Das sind:

1. Handlungsmodelle für die gesamte Früherziehungspraxis
2. Förderpläne und Fördereinheiten
3. Pädagogische Prinzipien für den Umgang mit dem Kinde
4. Methodische Modelle

#### *1. Handlungsmodelle für die Fördermaßnahmen*

Sie dienen der Strukturierung der gesamten Planung sowie Praxis und setzen

- bei der Diagnostik ein (Beobachtung, Tests usw.);
- bei der Erklärung der Behinderung und ihrer Ursachen und
- führen zur Beschreibung des *Ist*-Zustandes.

Danach folgt der Schritt zur Förderplanung durch

- Beratung im Team der Frühförderstelle,
- in der Festlegung der Strategie mit dem Ziel der Ermittlung des *Soll*-Zustandes für die nächsten Fördereinheiten (Frühförderstunden) in den zu fördernden Bereichen, wie z.b. Sprache, Selbständigkeit, Wahrnehmung usw., und der Erstellung eines Förderplanes für Tage, Wochen, Monate.

In dem nachstehenden Beispiel (Seite 112-113) werden gleichzeitig Bewegung, Sinne, Denken, Sprache und Sozialverhalten eingeplant.

#### *2. Förderpläne und Fördereinheiten*

Erst danach wird die Förderung durchgeführt und die vorgesehenen Strategien am Ort des Handelns im Umgang mit dem Kind letztlich entschieden. In der Hausfrühförderung kann dies bedeuten:

- Die Mutter braucht eine Beratung, Anleitung usw.,
- das Kind ist für die geplante Maßnahme nicht bereit.

Förderpläne sind mittelfristige Organisationen des Handelns (Wochen, Monate), Fördereinheiten beziehen sich auf die täglichen Fördermaßnahmen, die von Minuten bis zu Stunden reichen können. Nach jeder Fördermaßnahme erfolgt die Selbstkontrolle des Fortschritts in Gestalt eines Protokolls, eines Tests, einer Befragung der Eltern usw.

Hiernach entscheidet es sich, ob das geplante Ziel erreicht ist oder nicht, und dann folgt die nächste Förderplanung (Seite 111).

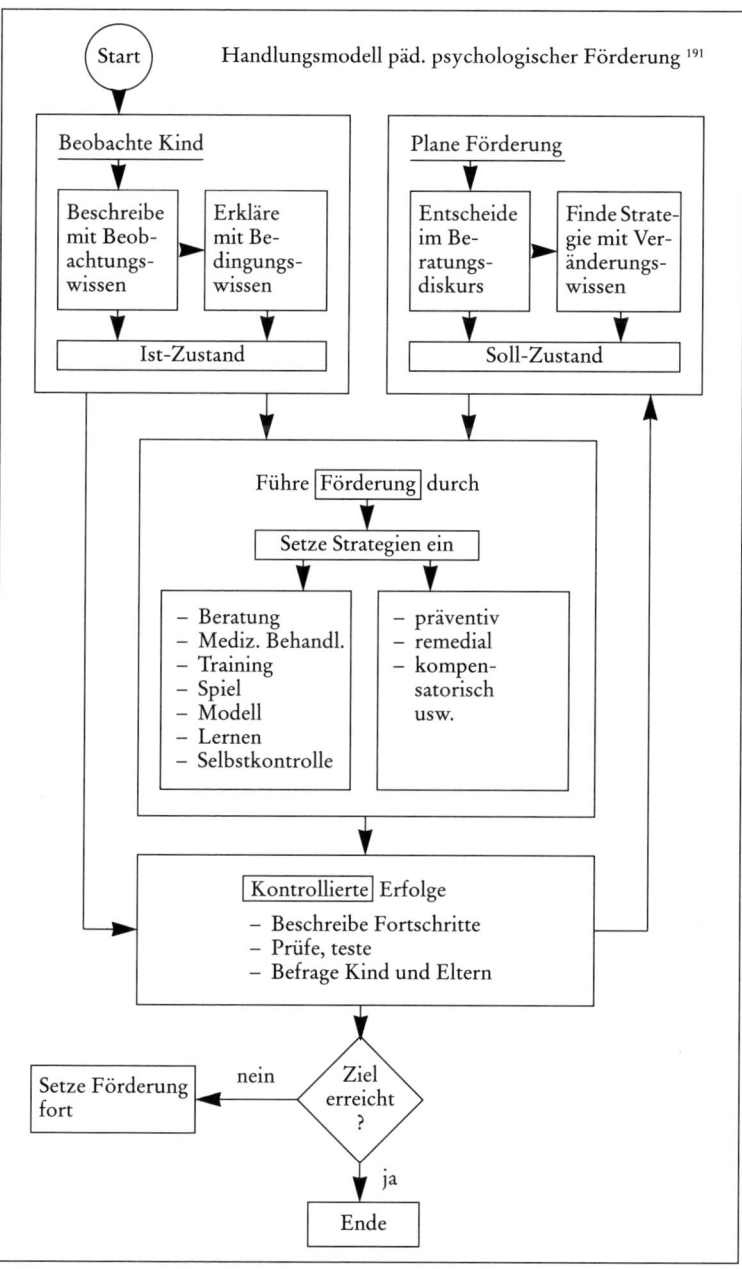

Tafel IV  Aufgabensammlung für die Bildung und Erziehung hochgradig hörgeschädigter Kleinkinder im Alter von 0—3 Jahren

Zeichenerklärung: B = rehabilitative Bewegungserziehung    Sp = rehabilitative Spracherziehung
S = rehabilitative Sinneserziehung    SV = rehabilitative Verhaltenserziehung
D = rehabilitative Denkerziehung

| Quartal | Aufgabe | Wir-kungs-be-reiche | Ziel | Material | Zielaspekt | Hinweise für die Lösung der Aufgabe | Sprachangebot – schädigungs-spezifische Hinweise |
|---|---|---|---|---|---|---|---|
| I. 1. bis 3. Monat | 1. Kind hebt in der Bauchlage den Kopf und stützt sich auf die Unterarme | B | Anbahnung der ersten willkür-lichen Bewe-gungen | — | Aktivierung der Muskel-tätigkeit | Zur allgemeinen Stärkung der Muskulatur: beim Strampeln den Beinen durch Anlegen der flachen Hand an die Fußsohlen einen Widerstand entgegensetzen (in Bauch- und Rückenlage) | z. B.: Kräftig! Ja, das ist fein! |
| | 2. Kind be-rührt noch zufällig und ungesteuert Gegenstän-de seiner unmittelba-ren Um-gebung | B | Erstes Bekannt-werden mit Gegenständen seiner nächsten Umgebung | Windel, Klapper, Cremedose, Gummitier u. ä. | Aktivierung der Berühr- und Greif-bewegungen | Kind durch Hinhalten eines Fingers oder Hinlegen und Hinhalten von Gegenständen zum Greifen anregen | z. B.: Nimm die Klapper! Nimm die Windel! usw. Halt fest! |
| | 3. Kind fixiert und verfolgt mit den Augen Klappern, andere Ge-genstände und Per-sonen | S | Erste Anfänge der Erziehung zum bewußten Gebrauch des optischen und akustischen Sinnes (Auge und Ohr), erste Anbahnung der optischen und akustischen Aufmerksamkeit | Klapper, Gummitiere, verschie-dene farbige Ringe aus Plast o. ä. | Aktivierung der Sinnes-tätigkeit von Auge und Ohr | Spielgegenstände langsam vor den Augen hin- und herbewegen, klingendes Spielzeug ertönen lassen | Schau mal! Horch! (Lausch-bewegung vor-machen) |

| | | | | | | |
|---|---|---|---|---|---|---|
| 4. Kind schläft nachts durch | SV | Gewöhnung an feste Schlaf- und Wachzeiten | — | Regelmäßigkeit im Tagesablauf | Bei unruhigem Schlaf oder nächtlichem Aufwachen 1. prüfen, ob das Kind evtl. krank ist 2. leise beruhigend auf das Kind einsprechen und in bequeme Lage bringen, auch etwas Zeit am Bett zubringen, bis Kind ruhig ist Nicht aus seinem Bett herausnehmen oder gar hin- und herfahren o. ä., kein helles Licht machen! Konsequenz ist notwendig! | z. B.: Schlaf ruhig! (über den Kopf sacht streicheln) Schlaf schön weiter! Mama ist ja da. o. ä. |
| 5. Kind ißt Gemüsebrei und geriebenen Apfel vom Löffel | SV | Erste Anfänge sozialhygienischer Gewohnheiten | Teller mit Brei und Löffel | Aktivierung zur Meisterung von Schwierigkeiten | Genügend Zeit für die Mahlzeiten einplanen und Ruhe bewahren! Macht das Kind anfangs den Mund mehr oder weniger zufällig auf, Löffel mit dem Essen hineinschieben und etwas den Löffel nach oben bewegen, damit der Brei in den Mund rutscht. Mit der nächsten Portion warten, bis das Kind geschluckt hat | Hm! Das schmeckt! Mach' den Mund auf! Hm, das schmeckt! Du bist lieb. (streicheln) (Die Mimik des Erwachsenen muß auf das Kind ermunternd wirken) |
| 6. Kind lächelt und stößt Laute aus beim engen Kontakt mit den Erwachsenen | SV | Erziehung zur gefühlsmäßigen (emotionalen) Hinwendung und Entwicklung der Kontaktfreudigkeit | — | Aktivierung der Gefühle | Dem Kind immer ein freundliches Gesicht zeigen und Ruhe ausströmen, mit dem Kind auch scherzen | Wo ist denn . . .? Lach' doch! Ei, ei! u. ä. (Lautbildung des Kindes unterstützen, indem ihm vorgelallt wird. Verwenden Sie auch die Laute, die das Kind bereits erzeugt.) |

## 3. Pädagogische Prinzipien für den Umgang mit dem Kinde

Was immer auch das Kind selbst tun kann, soll es auch dürfen. Vormachen, zeigen, wie man etwas macht, ist immer nur Ermöglichung und Unterstützung der Selbsttätigkeit als die grundlegende Bedingung kindlicher Entwicklung, des Lernens am Erfolg, der sensorisch-motorischen Integration, des Selbstwertgefühls und der Motivationsbildung. Erziehung ist wesentlich nach dem Grundsatz der Montessori-Pädagogik eine Hilfe zur Unabhängigkeit vom Erwachsenen und nach dem Wort eines Kindes zu praktizieren: „Hilf mir, es selbst zu tun!"

*Entwicklungsgemäßheit:* Dieses Prinzip bedeutet, daß die geplante Maßnahme einerseits an der Normalentwicklung zwar orientiert ist, aber immer auf die aktuelle individuelle Entwicklung (Individuallage) hin abgestimmt werden muß, um Über- und Unterforderung so gering wie möglich zu halten.

Dieses Prinzip schließt die didaktische und methodische Kontinuität ein, d.h., die Lerninhalte müssen sachlogisch, systematisch-planmäßig aufeinander aufbauen, z.b. vom sensomotorischen zum abstraken Lernen, von Funktionsspiel zum Konstruktionsspiel, von der Grob- zur Feinmotorik, vom Mengenbegriff zur Zahl usw. Methodische Kontinuität bedeutet, daß die Lehr- und Erziehungsmethoden eine Stetigkeit aufweisen müssen, keine Brüche entstehen, nicht das, was heute richtig war, morgen falsch ist usw. Brüche in diesem Bereich irritieren das Kind und bauen Probleme auf. Ein Beispiel für die methodische Kontinuität sind die Drei-Stufen-Lektionen nach Montessori (siehe da).

*Ganzheitlichkeit:* Fördermaßnahmen als reine Einzelfunktionsübungen führen nicht nur zur Vernachlässigung anderer Funktionen und Fertigkeiten, sie sind auch monoton, ermüdend und führen zu Widerständen beim Kind. Es muß also immer geprüft werden,

a) welches genau umschriebene Ziel man erreichen will,
b) welche Förderbereiche gezielt mitgefördert werden können
c) welche positiven oder negativen Nebenwirkungen auftreten können und
d) welche neuen Entwicklungs- und Fördermöglichkeiten sich in der Fördersituation ergeben.

*Fordern und Fördern:* Lernerfolge treten nur dann ein, wenn das Kind zu eigenen Problemlösungen und Erfolgserlebnissen geführt wird, wenn es also lernt, sich selbst zu fordern, oder eine Forderung des Erziehers annehmen lernt.

Dazu gehört die Planung von Aufgaben, die das Kind herausfordern, z.B. eine Schleife zu binden, ein exaktes Vormachen, die Selbsttätigkeit des Kindes (Nachmachen), die möglichst erfolgreich sein muß, und die Übung bzw. der erfolgreiche Transfer des Gelernten (z.B. Schleifenbinden an anderen Gegenständen, einer Puppe usw.).

Übungsablauf, -zeit und -rhythmus erfolgen immer im Wechsel von Anspannung und Entspannung, um das Kind nicht zu überfordern. Sobald das Kind Widerstände zeigt, muß abgebrochen oder eine andere lustvolle Beschäftigung angeboten werden.

### 4. Methodische Modelle

In der Praxis werden folgende Modelle angewandt:
a) das Spiralmodell von *R. Becker* u.a.[192],
b) das Stufenmodell von *M. Egg*[193].

Das *Spiralmodell* von *R. Becker* u.a. baut sich auf aus zwei Etappen mit sieben spiralisch aufbauenden Schritten, die immer wiederholt werden können.

Die erste Etappe heißt „Orientierungsteil" und enthält drei methodische Schritte des Erziehers und einen Schritt des Kindes:
1. Schritt: Motiv setzen und Wecken der Aufmerksamkeit.
2. Schritt: Stellen der Aufgabe.
3. Schritt: Demonstration der Aufgabenlösung und Sprachangebot.
4. Schritt: Gemeinsames Lösen der Aufgabe, Bewertung, Korrektur.
(Bei völligem Versagen des Kindes wieder bei 1. beginnen, aber Ursachen ergründen; prüfen, ob erster Schritt genügend bedacht wurde; überlegen, welche methodischen Varianten möglich sind.)

Die zweite Etappe heißt „Handlungsteil" und besteht aus drei Schritten vor allem des Kindes einschließlich Übungsformen.
5. Schritt: Selbständiges Lösen der Aufgaben, Bewertung, Korrektur.
6. Schritt: Wiederholung des Lösungsweges bei gleicher Aufgabenstellung.
7. Schritt: Wiederholung des Lösungsweges bei (geringfügig) veränderter Aufgabenstellung und Anwendung auf andere Aufgaben.
Nach diesem Schema können neue Aufgabenstellungen in der Schrittfolge 1.–7. durchgeführt werden.
Diese Schrittfolge wird von den Autoren als Spirale dargestellt:

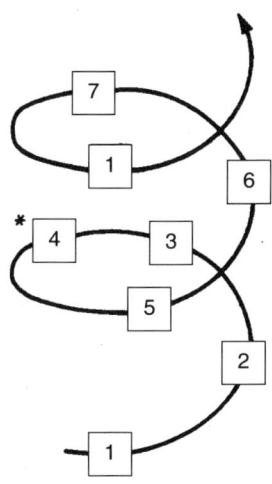

Das *Stufenmodell* von *Maria Egg*

Die Schweizer Heilpädagogin *Maria Egg* hat ebenfalls methodische Vorschläge für die frühe Förderung vorgelegt. Sie nennt eine Fördereinheit „Lehrspiel". Solche Lehrspiele sind in den Tagesablauf zu integrieren und sollten 10 bis 15 Minuten nicht überschreiten. Die Grobstruktur des Spielablaufs hat 3 Phasen. Sie werden hier mit Erläuterungen versehen, die über die von *Maria Egg* genannten Hinweise hinausgehen.

1. Phase: Beginn mit lustvollen und gekonnten Spielen, Bewegungen oder mit bekannten Dingen.
In dieser Motivations- und Einstimmungsphase soll vor allen Dingen
● Aufmerksamkeit und positive Kontaktaufnahme ermöglicht werden;
● Blick- und Körperkontakt hergestellt und Abwehrhaltungen vermieden werden;
● stimulatives, lustbetontes und gekonntes Spiel soll das Kind aktivieren.

2. Phase: Konzentrierte, variantenreiche Übung im Wechsel von Anspannung und Entspannung bis an die obere Leistungsgrenze.
In dieser Lern- und Arbeitsphase sollten folgende Aspekte beachtet werden:
● Anknüpfen an das Neugierverhalten und gekonnte Tätigkeiten mit bekannten Sachen;
● neues Medium bekannt machen;
● neue Tätigkeit bekannt machen durch Vormachen und Nachmachen bei möglichst wenig Worten;
● offenbleiben für Umwege, Improvisationen und Situationen bzw. für die Anregungen vom Kinde her;
● konzentrierte, variantenreiche Übung, Anspannung und Entspannung wechselnd;
● Rückmeldung bzw. Erfolge für das Kind sichern;
● Lob und Belohnung beachten;
● Festigung des Gelernten durch Übung und Anwendung auf andere Gegenstände bzw. Situationen.

3. Phase: Lustbetonter und entspannender Schluß.
Die dritte Phase dient vor allem der Entspannung, der Verallgemeinerung bzw. der Transferübungen und sollte die Freude auf das Morgen wecken.
● Integration des Neuen in alte, bekannte Spiele;
● lustbetonte Spiele;
● Lieder singen, das Kind ggf. umhertragen, drücken, streicheln, scherzen, kleine Tanzspiele usw.

Auch *Maria Egg* fordert die Bereithaltung eines Tagebuches und die Eintragung der Lernfortschritte bzw. Auffälligkeiten unmittelbar nach der Übung.

## *5.6. Pädagogische Ansätze der Früherziehung*

Auf die Früherziehung insgesamt und speziell auch für behinderte Kinder haben *Fröbel* (1782–1852) und *Montessori* (1870–1952) durch ihre spielpädagogischen Ansätze den größten Einfluß. In der Frühförderungspraxis sind beide Ansätze die pädagogischen Basisansätze, die andere Ansätze wesentlich beeinflussen:

● den Spielpädagogischen Ansatz z.b. von *Oy/Sagi*[194],
● den motopädagogischen bzw. psychomotorischen Ansatz von *Kiphard*[195] oder *Brandt*[196] sowie in vielen anderen mehr pädagogisch orientierten Ansätzen, wo das Spiel im methodischen Zentrum der Förderung steht.

Aber auch in mehr entwicklungsbiologischen, auf die Ausreifung und methodische Förderung von Wahrnehmungs- und Bewegungsprozessen orientierten Ansätzen ist das spielpädagogische Moment unentbehrlicher methodischer Grundbestand.

### 5.6.1. Fröbels Konzeption

Eine exemplarische, pädagogisch umfassende Konzeption einer spielpädagogisch orientierten Früherziehung stammt von *Fröbel* (1780–1852) in Gestalt seiner Kindergartenpädagogik und der „Mutter- und Koselieder". Im methodischen Zentrum steht bei Fröbel der angeborene Tätigkeits- und Spieldrang des Kindes, durch den es seine sämtlichen Kompetenzen mit Hilfe der Erziehung entwickelt.

Die bisher umfassendste Konzeption der Früherziehung sind die Mutter- und Koselieder von Fröbel. In der Form von Spielliedern und pädagogischen Anleitungen sowie Kommentaren werden folgende Bildungsbereiche erfaßt: Bewegungserziehung, Bildung des Ich-, Raum-, Gegenstands- und Zeitbewußtseins, Sinnesbildung, Sprach-, Denk-, Gefühls- und Willensbildung, Sozialerziehung, Hygiene, Ernährung, Sexualerziehung.

Folgende didaktische Felder werden erschlossen[197]:
● Gegenstände aus der Natur (Tiere, Steine, Pflanzen usw.);
● Soziale Situationen (Familie, Nachbarschaft usw.);
● Berufe und ökonomische Felder bzw. der Mensch als Schöpfer der „zweiten Natur" bzw. Kultur;
● Kosmischer Bereich (Sonne, Mond, Sterne usw.);
● Religion.

Auch in methodischer Hinsicht nimmt die Früherziehungskonzeption Fröbels moderne Forderungen vorweg:
- Entwicklungsgemäßes Vorgehen, also pädagogische, didaktische und methodische Kontinuität (Stetigkeit sagt Fröbel);
- Ganzheitlich handelndes Lernen und Selbsttätigkeit;
- Wechsel der Lern- und Lehrformen, wie z.b. Vor- und Nachmachen, Wiederholung und Festigung, Führen und Wachsenlassen bzw. Fördern und fordern, vorschreibend – nachgehend;
- Wechsel der Sozialformen: Kind – Mutter, Kind – Vater, mit beiden Eltern, Kind – Geschwister, Kind allein usw.;
- Vom Sensomotorischen zum Abstrakten;
- Vom Nahen zum Fernen und umgekehrt;
- Von der Analyse des Ganzen (Einheit) zu den Elementen (Mannigfaltigkeit), zur Synthese des Ganzen und wieder umgekehrt;
- Vom Aufnehmen (Innerlich machen) zur Darstellung (Äußerlich machen) des Inneren, also der Vorstellungen, Gefühle usw.[198]

Besonders hervorzuheben ist neben dem Spielgabensystem Fröbels Absicht, die Erziehungskompetenz der Eltern und ihr Erziehungsbewußtsein sowie ihre pädagogische Verantwortung zu stärken.

Auch seinen Kindergarten verstand Fröbel als eine Bildungsanstalt zur „allseitigen Lebenspflege" bzw. ganzheitlicher Bildung und „Lebenseinigung" hin zu einem differenzierten, einheitlichen und geordneten „Lebensbewußtsein"[199]. Wir würden heute dazu sagen: Die ganzheitliche Erziehung der lebensnotwendigen psychisch-geistigen und sensomotorischen Funktionen (humanen Kompetenzen, Kulturfertigkeiten, Schriftsprache usw.) sowie der grundlegenden sozialen und moralischen Lebenseinstellungen.
Der Kindergarten hat bei Fröbel einerseits die pädagogische Funktion, familienergänzend und -unterstützend und andererseits auch schulvorbereitend zu wirken, vor allem aber durch Spiel und Beschäftigung (z.B. Haus- und Gartenarbeiten, u.v.a.) dem individuellen Kind zur optimalen Entfaltung seiner Persönlichkeit zu dienen.[200]

Die Fröbel-Konzeption von Früh- und Kindergartenerziehung hat weltweite Verbreitung gefunden und ist noch heute in vielen Abwandlungen und Ergänzungen – den meisten mehr oder weniger bewußt – das unentbehrliche Kernstück jeder Früherziehungspraxis.[201]

### 5.6.2. Montessoris Konzeption

*Maria Montessori* (1870–1952) war Ärztin, Pädagogin und Professorin für Anthropologie. Ihre Pädagogik ist wesentlich von *Itard* und *Seguin* beeinflußt und fußt auf dem von ihr beobachteten Phänomen der „Polarisation der Aufmerksamkeit" bzw. der Konzentration, die sie als den Ausgangspunkt und die Voraussetzung jedes konstruktiven Lern- und Bildungsprozesses ansieht. Viele Polarisationen der Aufmerksamkeit führen zur „Normalisation", d.h. zur psychisch-geistigen Ordnung und Unabhängigkeit des Denkens, Fühlens und Handelns sowohl im sozialen als auch im Sachbereich. Dadurch werden die im Kinde wirkenden schöpferischen Energien freigesetzt, durch die sich sein Lebens- und Fähigkeitsaufbau in Selbsttätigkeit vollzieht. Erziehung ist der Dienst für das Kind, angeborenen bzw. bildbaren Entwicklungsenergien diejenigen entwicklungsgemäßen Hilfen (Anleitungen, Stimulationen, Materialien usw.) zu geben, die es zur Erlangung seiner Unabhängigkeit (Autonomie) benötigt.

*Montessori* hat die Erfahrungen der Fröbelpädagogik und der französischen Ärzte und Heilpädagogen *Itard* (1774–1838) und *Seguin* (1812–1880) studiert und Teile ihrer sog. Sinnesmaterialien und pädagogischen Konzeption (Ansatz bei den sensomotorischen Lernprozessen, Sprache, Denken, Bewegung usw.) übernommen und fortentwickelt. Ihre damals sensationellen pädagogischen Erfolge bei geistig bzw. soziokulturell zurückgebliebenen Kindern (nicht Geistigbehinderten in der heutigen Definition!) und nach der Gründung des ersten Kinderhauses 1907 im römischen Elendsviertel San Lorenzo haben sie weltberühmt gemacht und auch für die Früherziehung Behinderter bedeutsam werden lassen. Pädagogische Einrichtungen – Kinderhäuser (-gärten) und Schulen – gibt es heute weltweit. Schon 4–6jährige Kinder lernten durch ihre Methode die Kulturtechniken Lesen, Schreiben, Rechnen, sich selbst versorgen wie An- und Ausziehen, Körper- und Kleiderpflege, Haus- und Gartenarbeiten usw. Ihre Didaktik bzw. die Inhalte ihrer Früherziehung deckt sich weitgehend mit der *Fröbels*, eine beachtliche Bekanntheit schon damals in Italien hatte und auch *Montessori* wesentlich beeinflußte.

In Deutschland wurde die Montessori-Pädagogik besonders nach dem 1. Weltkrieg heimisch, aber sie endete dann durch Verbote in der Nazi-Herrschaft.

Die Diskussion um die Vorschulerziehung in den 60iger und 70iger Jahren haben ein neues und bis heute ungebrochenes Interesse an der Montessori-Pädagogik geweckt und viele Kinderhäuser (-gärten) und Schulen neu entstehen lassen.

Für die Früherziehung Behinderter wurde seit ihren Anfängen *Montessori* wichtig, doch erst seit *Hellbrügge* als Mitglied des Ausschusses „Vorschulerziehung" des Deutschen Bildungsrates 1967 in Frankfurt ihre Pädagogik für den Aufbau seines Kinderhauses im Kinderzentrum München als „ärztliche Pädagogik" für seine sozialpädiatrischen Zwecke entdeckte, wurde die Montessori-Pädagogik fast ein Teil der

Behindertenpädagogik oder wird mit ihr – nicht ganz korrekt – oft gleichgesetzt.

Der Grund für die Einbeziehung der Montessori-Pädagogik in die Früherziehung Behinderter liegt in folgenden Punkten:

1. Der entwicklungspädagogische Ansatz Montessoris bei den sensiblen Phasen (s.o.).

2. Der Ansatz bei einem aktiven, auf Ganzheitlichkeit und Selbstgestaltung und auf Selbsttätigkeit hin ausgerichteten Entwicklungsbegriff. Das bedeutet die Wirkungseinheit von sensorischen, motorischen, sozialen und kognitiven, emotionalen und sprachlichen usw. Reife-Lern-Prozessen. Danach ist Entwicklung aktive und freie Selbstgestaltung in einer pädagogisch geplanten Lernsituation, die Montessori „Vorbereitete Umgebung" nennt.

Eine vorbereitete Umgebung muß einerseits den Bedürfnissen und Fähigkeiten des Kindes angepaßt sein und andererseits der Vorbereitung auf das Leben und dem Kind zur Unabhängigkeit verhelfen. Weiter muß sie ein pädagogisch geordneter Raum der „Aktivitätsmotive" sein, d.h. nach pädagogisch-didaktischen Bereichen (Bewegung, Sprache, Sinneserziehung, Kunst, Musik usw.) frei verfügbarer Handlungsraum, in dem das Kind nach Maßgabe der sensiblen Phasen frei wählen kann. Das schließt eine pädagogisch aktive und systematische Einzelförderung ein. Schließlich muß die „Vorbereitete Umgebung" dem Kinde selbständiges, freies Handeln und selbstverständlich auch das Spiel, wie wir es von *Fröbel* her kennen, ermöglichen und fördern.

3. Den pädagogischen, didaktischen und methodischen Prinzipien, die den pädagogischen Umgang mit dem Kind bestimmen, nach denen die „Vorbereitete Umgebung" als Lebens-, Lern- und Entwicklungsraum für das Kind gestaltet wird und die den Aufbau und die Anwendung der sog. Entwicklungsmaterialien (sog. psychodidaktische Materialien) organisieren. *Montessori* hat für die Entwicklung der grundlegenden humanen Kompetenzen ein Prinzip entwickelt, das besagt: Alle Bildungs- und Lernprozesse müssen in konkrete und ganzheitliche Handlungsprozesse eingebettet sein. In der Praxis heißt dies: Ein Entwicklungsmaterial muß gleichzeitig mehrere Funktionsbereiche aktivieren und auf sensomotorischen Grundprozessen beruhen.

4. Das psychodidaktische Entwicklungsmaterial. Montessori entwickelte das sog. Sinnesmaterial für alle Sinnesbereiche, wodurch in ganzheitlichen Handlungsprozessen eingebunden sensomotorische Grundfunktionen und die Wahrnehmung über einzelne Sinne isoliert geübt werden können.

Die Wirksamkeit dieser Materialien hängt ab von der konsequenten Anwendung der Montessori-Prinzipien:

*a) Das Prinzip der Sachlichkeit:* Polarisation der Aufmerksamkeit bzw. Konzentration und folglich Normalisation stellt sich ein, wenn das Kind einen entwicklungsgemäßen Gegenstand zur Auseinandersetzung hat, der zwei Bedingungen erfüllt:

● Er muß den individuellen Fähigkeiten und Interessen des individuellen Kindes entsprechen bzw. eine „individuelle Passung" aufweisen oder entwicklungsgemäß sein, damit sich die im Kinde möglichen Kompetenzen auch entfalten können;

● er muß dem Kinde einen Zugang zu Wirklichkeitsbereichen erschließen, also z.b. zur Schrift, Mathematik, zur sozialen und materiellen Realität usw.

*b) Das Prinzip der freien Wahl:* Die jeweils individuelle Kindesentwicklung und die dementsprechenden individuell auftretenden sensiblen Phasen erfordern die freie Wahl des Lerngegenstandes und die Freiheit des Lernens überhaupt voraus. Es ist ein Lernen frei von Hindernissen (hier spricht Montessori von der Befreiung des Kindes), und es ist eine Freiheit, etwas Bestimmtes individuell entwicklungsgemäß zu lernen. Diese Freiheit muß allerdings in einem pädagogisch verantworteten Rahmen stattfinden, um eine entwicklungshemmende Beliebigkeit zu vermeiden. Freie Wahl und Individualisierung ermöglichen es, daß das Kind sich durch sein Handeln in seinen Sensibilitäten offenbaren und somit dem Erzieher zeigen kann, wofür es sich interessiert, wo seine Stärken und Schwächen liegen, damit er ein gezieltes Angebot machen kann. Freiheit hat Grenzen im pädagogisch abgesteckten Rahmen, in den Sachgesetzen und in den sozialen Regeln des Zusammenlebens. Wenn sich das Kind (die Kinder) mit einer Sache auseinandersetzen, dann hat es die Freiheit des Lernens hinsichtlich Lernpartner und -dauer, damit sich auch die Polarisation der Aufmerksamkeit einstellen kann.

*c) Das Prinzip der Selbsttätigkeit:* Entwicklung als Erlangung zunehmender Grade der Unabhängigkeit bedeutet, daß das Kind selbsttätig sein muß. Denn nur dadurch kann es seine individuellen Fähigkeiten entwickeln. Weil diese Selbsttätigkeit immer mehrere Funktionsbereiche erfaßt – wie z.B. beim Spiel mit dem Rosa Turm (s. unten) – werden somit nicht nur isolierte Einzelfunktionen, sondern immer mehrere aktiviert und gefördert. Nicht die direkte Belehrung, sondern die selbsttätige Sacherfahrung bewirken die Veränderung im Kind. Diese allerdings hängt im wesentlichen von der Auswahl und den Qualitäten der Lernmöglichkeiten und angebotenen Sacherfahrung ab.

### Prinzipien im psychodidaktischen Material

Zu den hervorstechendsten Materialeigenschaften bei Montessori gehören folgende Merkmale:

● Pädagogische Führung durch das Material
Das Montessori-Material ist so konstruiert, daß das Kind allein nach einer „Lektion" unabhängig vom Erwachsenen damit umgehen kann.

● Fehlerselbstkontrolle
Das Kind kann selbst prüfen, ob es richtig gehandelt hat, und wird somit wiederum unabhängig vom Erwachsenen lernen, wiederholen, so oft es und so lang es will.

● Isolierung der Schwierigkeiten
Das Material ist so konstruiert, damit das Kind einerseits ganzheitlich handeln kann, aber auch gezielt gefördert wird.

So sind z.B. bei den Farbtäfelchen zum Üben der Farbunterscheidung und zum Kennenlernen der Farben alle Merkmale wie Größe, Form usw. gleich, nur der Farbton unterscheidet sich. Damit wird erreicht, daß es erstens das Problem selbst erkennen und lösen kann und nicht durch ablenkende überflüssige Reize überfordert wird und möglichst selbst zum Erfolg kommt (Motivationsförderung).

● Didaktische Kontinuität und Transfer des Gelernten auf neue Bereiche

Didaktische Kontinuität besagt, daß die Materialien von ihrem Anspruch her von elementaren sensomotorischen Lernprozessen hin zur Abstraktion führen müssen. So lernt das Kind zuerst mit kleinen Mengen umgehen, und allmählich wird es durch die aufeinander aufbauenden Materialien zum Zahlbegriff und zum Operieren mit Zahlen geführt.

Transfer bedeutet, daß die Montessori-Materialien für sich allein nicht ausreichen, sondern es müssen vielfältige Übungs- und Anwendungsmöglichkeiten geboten werden, damit das Kind das an den Materialien Gelernte (z.B. die Fertigkeit zu unterscheiden, ordnen, klassifizieren usw.) und Wissen auf andere Gegenstände und Situationen in seiner Umwelt übertragen lernt.

Die Effizienz der Montessori-Pädagogik wurde in vielen Untersuchungen nachgewiesen.[202]

### Förderbereiche

*Montessori* entwickelte Anleitungen und Materialien für folgende Förderbereiche:

*1. Übungen des praktischen Lebens:* Hier handelt es sich um den Aufbau von lebenspraktischen Fertigkeiten und die systematische Förderung von Konzentration und Grob- und Feinmotorik sowie des Selbstvertrauens auf der Basis der kindlichen *Funktionslust.* Sie zeigt sich in der Freude beim nachahmenden Spiel, wenn Kinder z.b. in der Küche auch kochen, spülen, putzen wollen usw. und in seiner *Wiederholungsfreude.* In den spielerischen Übungen entwickelt das Kind Selbstsicherheit (z.B. eine Tasse füllen, ohne etwas zu vergießen) und Selbstwertgefühl (ich kann etwas) und Verantwortungsbereitschaft für sich (es kann sich an- und ausziehen, pflegen usw.) und seinen Lebensraum (z.b. etwas aufwischen, wenn es etwas verschmutzt hat). Zu diesen Übungen gehören auch Hilfen zur Sozialerziehung (grüßen, bitten, danken usw.).

*2. Das Sinnesmaterial:* Beispiel Rosa Turm.

**Material:**
Der Rosa Turm besteht aus 10 Kuben (massiv Holz, rosa), die sich dreidimensional verändern, d.h. der kleinste Kubus hat eine Kantenlänge von 1 cm, der größte eine Kantenlänge von 10 cm.

**Direktes Ziel:**
Begriffsbildung groß – klein.

**Indirekte Ziele:**
Entwicklung der Motorik, Koordination der Bewegung, Bildung von Ordnungsstrukturen.

**Alter:**
Etwa drei Jahre.

**Darbietung und Übung:**
Arbeitsplatz ist der Teppich, auf dem die Kuben ungeordnet liegen. Die Leiterin faßt mit einer Hand den größten Kubus und setzt ihn vor das Kind, nimmt den nächstkleineren und setzt ihn genau von oben auf. Hierbei achtet sie auf gleichen Seitenabstand und die gezielte Bewegung beim Aufsetzen. So wird ein Kubus nach dem anderen unter Beachtung der Größenunterschiede zum Turm aufgebaut. Wir können mit den Händen an den Seiten des Turms entlanggleiten, von unten nach oben und von oben nach unten.

**Kommentar:**
Der Teppich muß sich farblich vom Material gut abheben.

Die jüngeren Kinder nehmen beide Hände zum Fassen der größeren Kuben. Durch das Umspannen mit der Hand „begreifen" sie die unterschiedlichen Größen.

Dadurch wird für das Kind das Gleichmaß der Veränderung erfahrbar.

Der Turm wird Kubus für Kubus abgetragen.
Das Kind kann die Übung wiederholen.

**Fehlerkontrolle:**
Ist die vorgegebene Ordnung im Aufbau nicht berücksichtigt, so ist der Fehler mittels Auge und Hand feststellbar.

**Kommentar:**
Damit ist der gesamte Übungsablauf dargestellt. Er ist abgeschlossen, wenn das Material wieder an seinen Platz zurückgebracht ist.

**Weitere Übungen:**
– Variationen der Grundübung in vertikaler und horizontaler Richtung.
– Die Kuben werden so aufeinandergesetzt oder aneinandergelegt, daß eine Ecke und zwei Seiten von jedem Kubus übereinstimmen. Man fügt den kleinsten Kubus in den entstehenden freien Raum ein.
– Man legt die Kuben so aufeinander, daß der nächst kleinere bis zur Mitte des vorhergehenden reicht, abwechselnd nach rechts und links.
– Man setzt die Kuben übereck aufeinander.
– Veränderungen der vorgegebenen Ordnung 10–1 unter Berücksichtigung in vertikaler und horizontaler Richtung:
10–5–9–4–8–3–7–2–6–1–
oder:
10–1–9–2–8–3–7–4–6–5–
– Man unterbricht die Reihe der Kuben von 10–1, indem man einen Kubus aus der Reihe nimmt und vom Kind die sich ergebende Disharmonie zeigen läßt.
– Den Turm mit geschlossenen Augen aufbauen.
– Kombinationsspiele mit Brauner Treppe, mit Roten Stangen, mit Brauner Treppe und Roten Stangen.

Der kleinste Kubus kann als sichtbares Maß der Veränderung gelten.

Dabei werden statische Gesetze erfahren.

Durch die Gesetzmäßigkeit des Materials kann das Kind viele Variationen finden.

**Wortlexikon:**
groß – klein,
groß – größer – am größten,
klein – kleiner – am kleinsten,
der größte – der kleinste,
größer als – kleiner als.

Dieser Abschnitt ist exemplarisch für alle Materialien der Reihenbildung ausgearbeitet.

## 1. Stufe:

Die Leiterin wählt von den 10 Kuben den größten und den kleinsten aus.

**Kommentar:**
Die Begriffe werden mit Hilfe der Dreistufenlektion erarbeitet.
Der auffälligste Kontrast ist am eindrucksvollsten.
Restliche Kuben verbleiben an ihrem Platz, damit sich die Aufmerksamkeit des Kindes nur auf diese beiden Kuben richtet.

Sie nimmt den größten Kubus, umfaßt ihn und sagt: „Von diesen beiden ist dieser hier *‚groß‘.“*
Anschließend nimmt sie den kleinsten Kubus in die Hand, zeigt ihn dem Kind und sagt: „Von diesen beiden Kuben ist dieser *‚klein‘.“*

Da die Begriffe groß – klein relativ sind, ist es notwendig, sie bei der weiteren Arbeit auf andere Kuben zu übertragen:

## 2. Stufe:

Nachdem die Leiterin dem Kind in der 1. Stufe den Vergleich der Größen benannt hat, möchte sie jetzt die Begriffe groß – klein vertiefen. – Sie bittet das Kind: „Gib mir von diesen beiden den Kubus, der *groß* ist! – Gib mir den Kubus, der *klein* ist!“
Dabei versucht sie möglichst viele Variationen durch andere Vergleichspaare zu bringen.

Der Übergang von der 1. zur 2. Stufe ist meist sofort möglich.

## 3. Stufe:

Nun soll das Kind in der Lage sein, die Eigenschaft groß bzw. klein eines Kubus im Verhältnis zu einem anderen zu benennen. Man stellt ein Vergleichspaar vor das Kind und fragt: „Wie ist dieser Kubus?“ – Das Kind antwortet: *„Groß!“*
„Wie ist der andere Kubus?“ – *„Klein!“*

Wenn das Kind in der Wahl des Kubus ganz sicher ist, kann zur 3. Stufe übergangen werden.

*groß – größer – am größten*
*klein – kleiner – am kleinsten*
Von den 10 Kuben wählt die Leiterin die drei größten aus. Den kleinsten von ihnen vergleicht sie mit einem deutlich kleineren vierten Würfel. Sie weist auf den großen Kubus und sagt: „Dieser ist *groß!*" Dann zeigt sie auf den nächstgrößeren und sagt: „Dieser ist *größer!*" Zuletzt nimmt sie den größten Kubus und sagt: „Von den dreien ist dieser *am größten!*" Ebenso werden die Begriffe klein – kleiner – am kleinsten erarbeitet.
Die Lehrerin bittet das Kind, weitere Zusammenstellungen zu bringen, die eine Steigerung von groß oder klein möglich machen.

*größte – kleinste*
Bei einer Reihenbildung von mehreren Kuben nehmen die beiden äußeren eine Stellung ein, die sprachlich zu bezeichnen ist.
„Von den Kuben hier ist dieser der *größte* und dieser der *kleinste.*"
Das Kind findet andere, sich gleichmäßig aufbauende Reihen und stellt den größten und den kleinsten heraus.

*größer als – kleiner als*
Im folgenden kommt es auf eine genaue Bezeichnung der Größe eines Kubus' innerhalb einer Reihe an, etwa der Reihe 1–10. Die Leiterin nimmt den Kubus 5 heraus und bringt ihn in Beziehung zu anderen Kuben der Reihe.
„Dieser ist *kleiner* als jene."
Dabei zeigt sie auf die Kuben 6, 7, 8, 9, 10.
„Er ist *größer* als diese."
Dabei weist sie auf die Kuben 4, 3, 2, 1.

**Anwendung:**
– Kuben gleicher Größe suchen lassen.
– Übertragung der Begriffe groß – klein auf Gegenstände
– Größenabstufungen bei anderen Gegenständen finden lassen.

**Kommentar:**

1. Stufe

Die 2. und 3. Stufe der Lektion können sich nur auf die Steigerungsformen beziehen. Sie gehen aus von der Grundform, im vorliegenden Fall von dem Kubus, der die Bezeichnung „groß" bekam. Die Benennung der einzelnen Kuben ist nur möglich durch den Vergleich der drei Kuben miteinander.

Vorbereitete Umgebung!

Mit Hilfe dieses Materials werden u.a. geübt:
Grob- und Feinmotorik, Bewegungskoordination und Sprache
(z.b. groß – klein, der kleinste – der größte, klein – kleiner – am
kleinsten, groß – größer – am größten), optische und barische (Ge-
wichts-) (und somit kognitive Funktionen): Unterscheidung, Vergleichen, Kombinieren (der größte und der kleinste Kubus), Identifikation (Erkennen, Wiedererkennen) des größten bzw. kleinsten
Kubus usw., das Ordnen, Sozialverhalten im Gruppenspiel, Gedächtnis (Wegbringen und Wieder-holen eines Kubus), Grundlagen des Dezimalsystems (es sind 10 Kuben) und Grunderfahrung
geometrischer Formen (Quadrat, Winkel, Fläche usw.).[203]

*3. Mathematisches Material:* Montessori nennt den kindlichen
Geist einen „mathematischen Geist", weil sich beim Kinde schon
in den ersten Lebensjahren grundlegende kognitive Funktionen
und ein Bedürfnis nach einer klaren Bewußtseinsstruktur bzw. die
Ordnungsfähigkeit entwickeln (vgl. sensible Phasen). Schon mit
den Sinnesmaterialien entwickelt das Kind diese kognitiven
Grundfunktionen. Mit den mathematischen Materialien wird es
weitergeführt in die geometrischen und stereometrischen (Raum-
körper) Formen, und es werden ihm Hilfen zur Entwicklung des
Mengen- und Zahlbegriffes und zum ersten Rechnen gegeben.

*4. Sprachliches Material:* Die aktivste Zeit der sensiblen Phase für
Sprache liegt in den ersten sechs Lebensjahren. Dementsprechend
legt *Montessori* großen Wert auf eine optimale Nutzung und Förderung in dieser Periode des Sprachaufbaus schon bei den Spielen
mit den Sinnesmaterialien und dann durch spezielles Sprachmate-
rial, das dem Kind den Zugang zur Schrift eröffnet. Neben den
von Fröbel her kommenden Methoden und Inhalten (Sing-, Kreis-,
Tanz-, Puppen- und Bewegungsspielen, Sprachspielen, Geschich-
tenerzählen, Bildbetrachtungen usw.) hat Montessori dem Kind
systematische Hilfen gegeben, damit seine Hand zur Schrift in seiner sensiblen Phase für Wahrnehmung und Feinmotorik vorbereitet wird. Auch für die Phase des Symbol- bzw. Zeichen- oder
Buchstabenverständnisses um ca. vier Jahre ist es wichtig, daß ihm
nun die Buchstaben und damit die Schrift angeboten werden. Damit soll sich einerseits sein Zeichenverständnis bzw. seine Fähigkeit zur Sinnaufnahme und -wiedergabe entwickeln, und es soll
sich andererseits in diese Kulturtechnik hineinentwickeln und die
Schrift als Kommunikationsmittel lernen.

*4. Rhythmisch-musikalische Erziehung:* Montessori entwickelte
mit ihrer Schülerin und Kollegin A. *Maccheroni* eine Musik-

pädagogik, die bisher allerdings nur in italienischer Sprache verfügbar ist.[204]

### 5.6.3. Der spielpädagogische Ansatz von Bondzio/Vater

In der Tradition der Fröbelschen Mutter- und Koselieder ist dieses Konzept aufgebaut (s.o.). Nach einer allgemeinen Entwicklungsbeschreibung werden für einzelne Entwicklungsabschnitte von ca. drei Monaten für die ersten drei Lebensjahre kleine Fördereinheiten vorgestellt, die von den Eltern oder Früherziehern durchgeführt werden können.

Folgende Bereiche sollen gefördert werden: Sprechen, Verstehen, Hören, Sehen, Handmotorik, Bewegung, Denken, Wollen und Fühlen. Außerdem werden noch Sozialität, Schmecken, Riechen, Tasten, die moralische und religiöse Entwicklung und die Phantasie bzw. Kreativität angesprochen und Hinweise zur Kindespflege bzw. Hygiene gegeben.

Jede Fördereinheit enthält neben praktischen Anleitungen entsprechende Veranschaulichungen, Lieder und Hinweise zu den Förderintentionen sowie Medien.[205] (s. Abbildung S. 129)

### 5.6.4. Der spielpädagogische Ansatz von Oy/Sagi

Das von diesen Autoren verfaßte „Lehrbuch der heilpädagogischen Übungsbehandlung"[206] fußt auf der Entwicklung und systematischen Förderung des Spiels und didaktisch-methodisch auf der Grundlage der Fröbel- und Montessori-Pädagogik. Hinzu kommen Übungen zur Sprachentwicklung, der Einsatz von Bilderbüchern, die rhythmisch-musikalische Erziehung und Hilfen zur Elternarbeit bzw. -anleitung. Hinweise zur Diagnose, Aufstellung eines Förderplanes, zur Protokollierung und Auswertung der Fördermaßnahmen sowie umfänglich praktische Hinweise runden dieses nützliche Buch ab.

#### Beispiel: Übungen des Funktionsspiels

#### ● Spiele mit Fingern und Händen

*Lernziele:*
Das Kind soll befähigt werden, den Blickkontakt mit der Bezugsperson aufzunehmen und für kurze Zeit zu halten.
Es soll Schau- und Greifspielzeug optisch, akustisch und taktil wahrnehmen und differenzieren können.
Es soll sich seiner Hand-Motorik und seiner Gesamt-Motorik bewußt werden.

## Handspiele sind eine gute Möglichkeit, mit dem Kind Kontakt aufzunehmen

Der Erwachsene bietet dem Kind seine Finger als Spielzeug an. Das Kind schaut den zappelnden und tanzenden Fingern zu und freut sich, daß sich jemand mit ihm beschäftigt. Es hört die Kinderreime gern. Sie klingen wohl in seinen Ohren.

Der Rhythmus der Worte der Ammenreime sollte zu den Fingerbewegungen passen und umgekehrt. Das Kind wird den Inhalt und den Sinn der Verse noch nicht verstehen, wohl aber die Stimmung und das Gefühl spüren, die mit den Reimen verbunden sind:

*„Zehn kleine Zappelmänner*
*tanzen auf und nieder.*
*Zehn kleine Zappelmänner*
*tun das immer wieder —*
*Zehn kleine Zappelmänner*
*tanzen hin und her."*

*„In userm Häuschen*
*sind schrecklich viel Mäuschen.*
*Sie tippeln und tappeln*
*sie zippeln und zappeln,*
*sie stehlen und naschen*
*und will man sie fassen:*
*Husch! sind sie weg!"*

*„Seht, so, so, so tanzen*
*unsre kleinen Puppen.*
*Seht, so, so, so, eines, zwei, drei,*
*ist alles vorbei!"*

Das Kind liegt im Arm der Mutter oder sitzt auf ihrem Schoß und schaut dem lustigen Treiben zu:

*Hänsel und Gretel gehn*
*über den Bach.*

*Hänsel ist g'fallen,*
*Gretel, die lacht.*

*Hänsel geh weg!*

*Gretel du auch!*

*Hänsel komm wieder!*
*Gretel du auch!*

*Fingerpuppen* sind herzustellen aus:
Papierhütchen, Handschuhteilen, Filzresten, Fingerhüten, Ton und ähnlichem Material.

Bondzio/Vater: Frühförderungs- und Entwicklungshilfen für behinderte Kinder. Bonn 1980

*Vorbereitetes Material:*
Fingerspiele
Kinderreime
Kinderlieder
Schau- und Greifspielzeug

*Übungsvorschläge:*
1. Nehmen Sie das Gesicht des Kindes zwischen Ihre Hände und versuchen Sie, Blickkontakt herzustellen.
Gesicht und Hände des Kindes streicheln, dazu singen, summen oder/und sprechen (Reime, Verse, Lieder).

2. Nehmen Sie das Kind – je nach Alter und Behinderung – aus dem Bett und auf den Arm und tragen Sie es durch den Raum.
Das Kind in den Armen wiegen, dazu singen, summen oder/und sprechen.

3. Setzen Sie das Kind auf Ihren Schoß (oder auf einen Stuhl; legen Sie es gegebenenfalls zurück ins Bett).
Das Kind auf ein Schauspielzeug aufmerksam machen: den Gegenstand vor den Augen des Kindes in näherem und entfernterem Abstand abwechselnd hin- und herbewegen.
Bewegungen mit Sprech-/Singstimme begleiten.
Durch Bewegen des Schauspielzeugs Klänge erzeugen (akustische und optische Wahrnehmung).

4. Lenken Sie die Aufmerksamkeit des Kindes auf seine Hände. Mit der flachen Hand über die Hände des Kindes streichen; abwechselnd über beide Hände und über Innen- und Außenfläche. („Taler Maler geht auf den Markt ...")
Die Finger der rechten und linken Hand des Kindes einzeln berühren, streicheln, fassen. („Das ist der Vater lieb und gut ...")
Die ganze Hand des Kindes drehen, Drehbewegung im Handgelenk unterstützen. („Wie das Fähnchen auf dem Turm ...")
Die Hände des Kindes zum Klatschen führen. („Backe, backe Kuchen ...")
Mit den Fingern tippen, klopfen und mit den Händen patschen: auf die Hände des Erwachsenen oder auf eine Unterlage: Tisch, Stuhl, Bett. („Mit Fingerlein, mit Fingerlein, mit flacher, flacher Hand ...")

5. Erweitern Sie das Spiel mit Fingern und Händen auf den ganzen Körper, bis zum Spiel mit den Füßen und Zehen.
Die Hände des Kindes auf einen weichen Ball legen (Oberflächenbeschaffenheit), dann den Ball hin- und herbewegen. Ball streicheln, tätscheln, klopfen.
Weichen Ball leicht auf den Körper des Kindes fallenlassen.
Weichen Ball auf den Körper des Kindes tupfen und rollen – auch auf Arme und Beine – bis zu den Zehen.

## ● Spiele mit dem ersten Spielzeug

*Lernziele:*
Das Kind soll den Wechsel von Greifen und Loslassen vollziehen können.
Es soll den Wechsel von Greifen und Loslassen mit dem Schauen koordinieren.
Es soll im Spiel folgende Funktionen ausüben: schütteln, schlagen, klopfen, reiben, stoßen, ziehen, werfen, aneinanderschlagen, aneinanderhalten, aus- und einräumen, nebeneinanderstellen, aufeinanderstellen.

*Vorbereitetes Material:*
Greif- und Wurfspielzeug
Hohlformen

*Übungsvorschläge:*
1. Wählen Sie für das Kind ein Greifspielzeug, das es besonders anspricht, vielleicht eine Rassel.
Spielzeug in die Hand des Kindes legen und von ihm erfassen lassen. Greift es den Gegenstand nicht, so verhilft man ihm zum Greifen durch Umschließen der Hände.
Hände des Kindes umfassen und im Takt einer Melodie den Gegenstand hin- und herbewegen.
Rassel abwechselnd über die Handflächen und über die Handrücken des Kindes rollen.
Mit der Rassel die Innenfläche der Hände berühren und dann die Rassel wegziehen. Die wiederholte Übung verlockt zum Greifen und Loslassen.

2. Wählen Sie für das Kind verschiedene Gegenstände aus dem Greif- und Wurfspielzeug.
Mit dem unterschiedlichen Material nacheinander die erste Übung in der genannten Reihenfolge wiederholen.
Erweiterung des Spiels durch die im Lernziel genannten Funktionen: das Kind schüttelt, schlägt, klopft usw.
Die Funktionsübungen des Kindes mit Reimen, Versen, Liedern, Geräuschen und Klängen begleiten.

3. Führen Sie die Hohlformen ein zur Übung des Ein- und Ausräumens.
Vom Kind die einzelnen Hohlformen erfassen lassen, greifen, tasten, halten, schütteln; klopfen auf Tisch, Stuhl, Bett, Boden.
Zwei Hohlformen aneinanderschlagen, aneinanderhalten.
Hohlformen nebeneinanderstellen.
In jede Form einen kleineren Spielgegenstand werfen (Perlen, Muggelsteine, Erbsen, Bohnen), mit Sand oder Wasser füllen.
Dem Kind die Möglichkeit des Ein- und Ausräumens geben. Hantieren lassen nach eigenem Rhythmus.

Beobachtungsbogen

als diagnostischer Beitrag zur Durchführung der heilpädagogischen Übungsbehandlung bei geistig Behinderten

| Lernziele beim Funktions-<br>spiel | Er-<br>reicht | 1.\*) | 2.\*\*) | 3.\*\*\*) |
|---|---|---|---|---|

*Beim Spielen mit Fingern*
*und Händen*

Das Kind soll befähigt werden, den Blickkontakt mit
der Bezugsperson aufzunehmen und für kurze Zeit zu
halten.

Es soll Schauspielzeug wahrnehmen können.

Es soll Greifspielzeug wahrnehmen können:
optisch
akustisch
taktil

Es soll sich seiner Hand-
motorik bewußt werden.

*Beim Spielen mit dem ersten*
*Spielzeug*

Das Kind soll den Wechsel
von Greifen und Loslassen
vollziehen können.

---

\*) = spontan
\*\*) = auf Aufforderng
\*\*\*) = sinnvoll/selbständig

| Datum | Hin |
|---|---|
| Datum | Hin |
| Datum | Hin |

| Lernziele beim Funktions-spiel | Er-reicht | 1.*) | 2.**) | 3.***) |
|---|---|---|---|---|

Es soll den Wechsel von
Greifen und Loslassen mit
dem Schauen koordinieren.

Es soll im Spiel folgende
Funktionen ausüben:
schütteln
schlagen
klopfen
reiben
stoßen
ziehen
werfen
aneinanderschlagen
aneinanderhalten
aus- und einräumen
nebeneinanderstellen
aufeinanderstellen

*Bei Farben-, Formen- und
Steckspielen*

Das Kind soll die in der vor-
herigen Übung erworbenen
Funktionen in einfachen
Zusammenhängen anwenden.

Es soll Größenunterschiede
wahrnehmen.

Es soll Gegenstände nach
Farben zuordnen.

Es soll Gegenstände nach
Formen zuordnen.

Es soll einfache sensomotorische Ordnungsfunktionen
durchführen:
wahrnehmen
beobachten

Räumt es nicht von alleine aus, einzelne Schritte mit Handführung ausführen – eventuell im Takt einer Melodie.
Spielanreiz: Hohlformen über einen kleinen Gegenstand stülpen, z.B. über ein Stückchen Keks, Gummibärchen u.ä.

4. Zeigen Sie dem Kind das materialspezifische Spiel mit Hohlformen. Die einzelnen Hohlformen aufeinanderstellen: Turm bauen.
Turm abbauen oder umwerfen.
Hohlformen ineinanderstellen oder -stecken.
Hohlformen aus verschiedenem Material (Plastik, Holz) verwenden, in unterschiedlichen Formen und in leuchtenden Grundfarben.

5. Üben Sie mit dem Kind das Nebeneinanderstellen der Hohlformen. Mit drei oder vier Hohlformen (einem Drittel oder der Hälfte eines Satzes) beginnen. Wenn das Kind die Größenordnung erfaßt hat, werden weitere Hohlformen – schließlich der ganze Satz – für die folgenden Übungen verwandt:
Hohlformen in vorgezeichnete, ausgemalte Schablonen setzen (mit/ohne Handführung), die Öffnungen nach unten.
Auf die einzelnen Formen Plastikpüppchen setzen oder/und mit einem Püppchen (evtl. Handführung) von einer Form zur anderen hüpfen. („Geht ein Männchen die Treppe hinauf ...“)
Püppchen und Hohlformen in einen Korb räumen.
Nach einem Bewegungsspiel als Entspannungsübung Hohlformen in vorgezeichnete Schablonen setzen und das Fingerspiel wiederholen. (Abbildung Seite 129)

## 5.6.5. Der motopädagogische bzw. psychomotorische Ansatz von Kiphard

*Kiphards* Ansatz wird hier exemplarisch für andere ähnliche Ansätze genannt (z.B. *Frostig, Ayres, Ohlmeyer*).

Wenn die Sensomotorik als grundlegendes Vermittlungssystem zwischen Kind und Welt gestört oder geschädigt ist oder durch entwicklungshemmende Umwelteinflüsse behindert wird, kommt es nach *Kiphard* zu senso- und psychomotorischen Fehlanpassungen.

*Kiphard* unterscheidet fünf Bereiche der Fehlanpassungen:

1. Körperbehinderungen als organisch begrenzte Funktionsfähigkeit des Bewegungsapparates und -ablaufs.
2. Bewegungsbehinderungen, wie z.B. Koordinations- und Gleichgewichtsstörungen, Störungen der Bewegungssteuerung, verzerrte Bewegungen usw.

3. Sinnesbehinderungen als verzerrte, unvollkommene und fehlende Sinneswahrnehmungen einschließlich Verhaltensstörungen als Folgebehinderungen.
4. Kognitive Behinderungen als Folge sensorischer und motorischer Behinderungen, wie sie besonders bei Geistigbehinderten auftreten.
5. Emotional-soziale Behinderungen als Folge begrenzter sozialemotionaler Lern- und Ausdrucksmöglichkeiten mit hemmenden bzw. behindernden Rückwirkungen auf die Sensomotorik.

Mit Hilfe des motopädagogischen bzw. psychomotorischen Ansatzes will Kiphard die beschriebenen Störungen beheben oder mindern.

### Was ist Motopädagogik?

Unter Motopädagogik ist „ein Modell der Persönlichkeitsbildung über motorische Lernprozesse zu verstehen. Es geht darum, das Kind zu befähigen, sich sinnvoll mit sich selbst, seiner dinglichen und personalen Umwelt auseinanderzusetzen und entsprechend zu handeln. Diese Lernprozesse spielen sich im Motorischen ab, im Kognitiven, im Affektiven und im Sozialen. Durch entsprechende entwicklungsgemäße und kindgemäße Übungsangebote soll das Kind eine weitgehend selbständige Handlungsfähigkeit erlangen.

*Kiphards* Ziele sind:
- Ich-Kompetenz, d.h., sich selbst und seinen Körper (kognitiv) zu erfahren und (affektiv) zu erleben.
- Sachkompetenz, d.h., sich an die dingliche Umwelt mit ihren Materialien, Geräten und Hindernissen anzupassen sowie diese Umwelt handelnd an sich anzupassen.
- Sozial-Kompetenz, d.h., zu lernen, sich an andere Personen anzupassen, dabei aber auch in echter Kommunikation eigene Bedürfnisse durchzusetzen."[207]

Seine Methoden sind lernzielorientierte Spiele in den drei Lernbereichen: Wahrnehmung, Bewegung und emotional-sozialer Bereich[208], die alle um die Selbsttätigkeit bzw. Motorik herum zentriert sind.[209]

Aspekte der Motorik

Motorik

Haltungs- und Bewegungsgesamt
in der Funktionseinheit von
Wahrnehmen, Erleben, Denken, Handeln

| Neuromotorik | Sensomotorik | Psychomotorik | Soziomotorik |
|---|---|---|---|
| Zusammen-hänge von neurologischer Steuerung und Bewegung Reflexe Koordination | Zusammen-hänge von Wahrnehmung und Bewegung Wahrnehmung Reaktion | Zusammen-hänge von Bewegung und Erleben Emotion Kognition | Zusammen-hänge von Bewegung und Sozialwahr-nehmung Kooperation Kommunikation |

Mit Psychomotorik als Teil der Motopädagogik bezeichnet *Kip-hard* die Funktionseinheit und Ganzheitlichkeit von Wahrneh-mung, Bewegung und Gefühl im menschlichen Handeln. Beson-ders lustvolle Gefühle sind für die Gesamtentwicklung – speziell für Spiel und Motivation – von großer Bedeutung, denn „in der Tat drängen innere Gemütszustände nach außen. Gefühle wollen geäußert, in Motorik umgesetzt werden. Das Resultat dieses Out-puts ist Psychomotorik"[211] (Seite 137).

*Effizienz der Motopädagogik*

Die Effizienz dieser Verfahren darf zumindest für ihre Anwen-dung bei MCD-Kindern (s.u.) als gesichert angesehen werden. *Hecklau-Seibert* konnte nachweisen, daß schon bei einer halb-jährigen Förderung 5–7jähriger besonders im Bereich der visomo-torischen Kompetenzen, danach der motorischen Koordinations-fähigkeit und im Abbau von Bewegungshemmungen und Unge-schicklichkeiten sowie im sozial-emotionalen Verhalten statistisch nachweisbare und beobachtbare Verbesserungen eintraten.[212]

*Wann wird Motopädagogik eingesetzt?*
Tab. Mototherapeutische Indikation: s. Hecklau-Seibert

Mototherapeutische Indikation:[210]
Mototherapie bedarf einer Indikation. Indiziert sind:
Somatische oder/und psychisch bedingte *Störungen der Motorik*, die im
Zusammenhang stehen mit Auffälligkeiten im emotionalen, sozialen oder
kognitiven Verhaltensbereich.
Die Indikation ist in der Regel als *mehrdimensionale Diagnostik* zu erstellen (z.B. medizinische, motologische, psychologische Diagnostik).
Der Nachweis über Retardierungen/Störungen im psychomotorischen
Leistungs- und Verhaltensbereich ist im Diagnoseprozeß abzuklären.
Störungsbilder mit dieser Symptomatik sind z.b. zu beobachten bei:
Teilleistungsstörungen, Hirnfunktionsstörungen, neurotischen Fehlentwicklungen, psychosomatischen Störungen.
Sie können in jedem Lebensalter auftreten und Mototherapie indizieren.
Unter Herausstellung der engen Verknüpfung zwischen psychischen und
motorischen Störungen und besonderer Betrachtung der Motorik, kommen *folgende Störungsbilder* in Betracht:

– *Neurotische Störungen*/Fehlentwicklungen
  (mit motorisch-, sensorisch-, körperlich-psychischen Symptomen,
  Konzentrationsproblemen u.a.)

– *Persönlichkeitsstörungen*
  (z.B. Vermeidung von Anforderungen zu Handeln)

– *Körperliche Symptome psychischen Ursprungs*
  (physiologisch-körperliche Störungen)

– *Spezielle Symptome*/Syndrome
  (mit Tics, stereotypen Bewegungen u.a.)

– *Anpassungsreaktionen*
  (depressive Reaktionen, emotional-soziale Störungen)

– *Störungen nach Hirnschädigungen*

– *Störungen des Sozialverhaltens*
  (mit zwanghaften, emotionalen Störungen)
  spez. emotionale Störungen
  (z.B. Niedergeschlagenheit, Empfindsamkeit, Abkapselung,
  Beziehungsschwierigkeiten)

– *Hyperkinetisches Syndrom*
  (Aktivitätsstörungen, Aufmerksamkeitsstörungen,
  Entwicklungsrückstände, Störungen des Sozialverhaltens)

– *Entwicklungsrückstände*
  (Sprech-/Sprachentwicklung, motorische, multiple Entwicklungsrückstände)

– *Folgeerscheinungen*
  z.B. nach Krankheiten, Unfällen

### 5.6.6. Das Prager-Eltern-Kind-Programm (PEKiP)

Dieses Programm (Total Baby Development[213]) fußt auf den Arbeiten von Dr. *J. Koch* vom Institut für Mutter und Kind in Prag. Es wurde von dem Ehepaar *Ruppelt* aus Wuppertal für die Eltern-Kind-Gruppenarbeit fortentwickelt.

Grundlage ist die Tatsache, daß das Kind kurz nach der Geburt schon eine beachtliche Reihe von Fertigkeiten im Bereich der Sinnestätigkeit und Denken, der Bewegung (insbesondere Reflexe) und Kommunikation zeigt, an die Eltern durch frühzeitige und vielfältige Anregungen nicht nur die Entwicklung des Kindes, sondern auch ein optimaleres Eltern-Kind-Verhältnis fördern können. Aber, so *Ruppelt*: „Es ist für die Erwachsenen ein komplizierter Balanceakt, das passende Maß zwischen Abwarten und Anregen und zwischen Wahrnehmen der Bedürfnisse des kleinen Kindes und seinen Reaktionen wie Aktionen zu finden."[214]

Hier die richtigen Anregungen und Hinweise für den individuell entwicklungsfördernden Umgang mit dem Kind zu geben, ist das Ziel der Eltern-Gruppenarbeit.

*Koch* wie den *Ruppelts* geht es aber auch um die Befähigung der Eltern, das Kind richtig zu beobachten, seine Aktionen bzw. Reaktionen richtig zu deuten und zu verstärken.

**Was die Reaktionen eines Kindes bedeuten können**[215]

**1. Die Mimik**

a) positiv: angenehmer Ausdruck
lächeln
lachen

b) negativ: unzufriedener Ausdruck
stirnrunzeln
schluchzen
beginnt zu schreien

**2. Stimmlicher Ausdruck**

a) positiv: quasseln
murmeln
lautes Lachen
Geschrei
Worte

b) negativ: zornige Rufe
jammern
winseln

## 3. Motorischer Ausdruck
a) positiv: lebendige aktive Bewegungen kombiniert
   mit positivem Gesichtsausdruck;
   gewillt zur Zusammenarbeit
b) negativ: Passivität
   Ruhelosigkeit
   mangelnde Bereitschaft zur Zusammenarbeit;
   verteidigende Bewegungen

## 4. Interesse und Aufmerksamkeit
a) positiv: weit geöffnete Augen, die vorsichtig beobachten, was um es
   geschieht;
   bewegt sich, um beobachten zu können
b) negativ: Mangel an Beobachtung;
   schaut passiv drein;
   schaut resignierend auf einen Fleck;
   hält seinen Kopf beim Hochheben oder Drehen zurück

## 5. Ausdruck von Müdigkeit
– gähnen
– reibt sich die Augen
– rote Augen und Augenlider
– Daumenlutschen
– mechanisches Kopfnicken
– Zurückkehren zu Aktivitäten

● **Die Übungen mit dem Kind**

Die Übung, das Spiel, die Aufgabe können zu schwierig für das Kind sein, so daß es überfordert ist. Wenn die Übungen zu oft wiederholt werden, langweilen sie das Kind. Die Übungen müssen gut vorbereitet sein, daß heißt, man muß sich mit der Ausführung vertraut machen, bevor man mit dem Kind übt.

Die folgenden wichtigen Regeln sollten alle, die mit Kindern zu tun haben, beherzigen:

● Erziehung beginnt mit dem ersten Lebenstag, denn hier wird der Grundstein für die Persönlichkeit des Kindes gelegt.

● Erziehung soll die Entwicklung des Kindes nicht beschleunigen, sondern alle Möglichkeiten des Kindes voll nutzen vom ersten Tag an.

● In diesem Alter lernt das Kind nur durch Handlungen. Erziehen bedeutet, das Kind zu Aktivitäten anzuregen, von denen es etwas Neues und Nützliches lernen kann.

● Das Kind sollte möglichst viele Gelegenheiten haben, die verschiedensten Erfahrungen zu machen.

● Das Kind soll zur Aktivität aufgefordert, aber nie gezwungen werden.

● Das Kind sollte einen möglichst großen Freiraum haben, denn selbstentwickelte Aktivitäten können nur kommen, wenn das Kind die Gelegenheit hat, solche hervorzubringen.

- Neu erworbene Fähigkeiten sollten stets belohnt werden.

- Wenn das Kind etwas lernen soll, muß ihm geholfen werden. Diese Hilfe muß jedoch auf ein Minimum beschränkt werden.

- Wenn das Kind Fähigkeiten in bestimmten Situationen erworben hat, sollte ihm die Möglichkeit gegeben werden, diese in anderen Situationen zu überprüfen.

- Das Kind sollte möglichst viel Kontakt zu anderen Personen haben.

- Ein Neugeborenes sollte in möglichst engem Kontakt zu einer kleinen Gruppe von Personen stehen, möglichst den Eltern.

- Wenn man sich nicht persönlich dem Kind widmen kann, sollte man eine anregende Umgebung schaffen, um es zu aktivieren.

- Die Eltern sollten versuchen, das Kind in eine gute Stimmung zu versetzen, um ihm eine glückliche Kindheit zu bescheren.

- Kinder sind nicht gleich, und Eltern sollten den individuellen Charakter ihres Kindes stets beachten.

- Kinder benötigen in sich stabile Eltern, aber auch Liebe, Verständnis und Toleranz.

- Die Eltern sollten die Signale, die ihr Kind sendet, verstehen.

- Die Aufgabe der Eltern ist es, dem Kind zu helfen bei seinem ersten Kontakt zur Außenwelt.

- **Wie ist das Kind anzuregen?**
Stets ist zu beachten, daß Anregungen etwas bewirken, daß sie Interesse wecken und irgend etwas bedeuten. Um die Sinne des Kindes zu wecken, ist es den unterschiedlichsten Reizen auszusetzen.

- **Regeln der Anregung**
Ein Kind ist nur dann zu stimulieren, wenn es wach ist. Das Kind soll die Anregungen akzeptieren und visuelle Reize für einen Moment beobachten.
Immer dann, wenn das Kind aufhört, den Gegenstand zu fixieren, es gähnt oder sich anderweitig beschäftigt, sind ihm neue Gegenstände vorzulegen oder es in Ruhe zu lassen. Es ist schwer zu erkennen, ob ein Kind aufmerksam ist oder nicht. Ein Wechsel in seinem Gehabe könnte ein Zeichen dafür sein, daß es zuhört, denn die kindlichen Bewegungen hören oft abrupt auf, wenn es etwas hört.

Anregungen durch Spielmaterial

**Beispiel nach Ruppelt**[216]
Nachdem sich das Baby bei den beschriebenen Bewegungsanregungen schon wohl und sicher fühlt, kann der Erwachsene es auf eine Matte oder eine Decke legen, sich zu ihm auf den Boden setzen und mit Spielmaterial zu Bewegungen anregen. Dazu eignet sich zunächst ein

*Wasserball* recht gut, den man an eine Schnur bindet und vor die Füße des Babys hält. Das Tun des Erwachsenen beschränkt sich auf das Halten der Schnur mit dem Wasserball, dabei legt er die freie Hand unter das Gesäß des Kindes (Abb. 5). Das Kind kann nun aktiv werden, indem es mit den Füßen gegen den Wasserball tritt. Zunächst werden die Hände des Kindes beim Treten immer mitbewegt, später greifen sie zum Wasserball hin und setzen diesen durch Stöße in Bewegung.

Wenn der Wasserball klein ist, kann man das Kind mit dem Bauch auf den Wasserball legen, wobei man es nur unter den Armen festhält, damit es sich in dieser neuen Lage sicher fühlt (Abb. 6).

**Abb. 5**

**Abb. 6**

Das Kind kann nun seine Arme und Beine frei bewegen und stößt sich mit den Füßen von der Unterlage ab. | Abstoßen – freie Bewegung

Bei diesen Bewegungsspielen mit dem Wasserball verhält sich der Erwachsene abwartend, gibt nur die notwendige Sicherheit und Hilfestellung, überläßt aber alle Aktivität dem Kind. Er unternimmt auch dann nichts, wenn sich das Kind nicht mehr bewegen möchte, und beendet das Spiel auf jeden Fall, sowie das Kind Anzeichen von Müdigkeit zeigt.

Ein weiteres Hilfsmittel zur Anregung von Bewegungen beim Kind ist eine *aufgerollte Decke* (Badetuch oder ähnliches), auf die das Kind mit der Brust gelegt wird. Diese Stütze erleichtert es dem Kind, den Kopf hochzuheben, und es beginnt, sich mit den Händen auf den Boden zu stützen. Dabei hebt es den Kopf noch betonter, wenn der Erwachsene mit der flachen Hand sanft über den Rücken streicht. Auch die Beine des Kindes bleiben in dieser Lage nicht ruhig: Sie machen Kriechbewegungen. | Kopf heben

Der Blick des Kindes geht in dieser Lage in eine aufrechte Perspektive über, die ihm zunehmend mehr Spaß macht. Bewegt der Erwachsene nun vor dem Kind ein Spielzeug hin und her, so folgt das Kind mit Kopf und Augen, wobei es den Radius der Kopfbewegung zunehmend vergrößert. | Bewegungen mit Kopf und Augen.

141

Abstand

Der Erwachsene, der dem Kind sein Gesicht zuneigt, wählt instinktiv meist den Abstand, in dem das Kind ihn am besten sehen kann: Im ersten Monat etwa 25 cm, danach etwa 40 cm. Diese Entfernung ist ebenfalls die günstigste beim Hinhalten von Spielzeug. Gegenstände, die sich bewegen, werden leichter und früher wahrgenommen als unbewegte.

Herum-
drehen

Mit leichten Hilfestellungen durch den Erwachsenen kann etwa das Herumdrehen von der Rückenlage in die Seitenlage und später in die Bauchlage angeregt werden. Der Erwachsene legt seinen Zeigefinger in die Hand des Kindes, das diesen dann umklammert, und den Daumen auf den Handrücken des Kindes. Dann bewegt er das Ärmchen leicht in die Richtung der Drehung (Abb. 7 und 7a). Das Kind wird zu Beginn nur eine leichte Mitbewegung ausführen, später mehr mitgehen. Die aktive Bewegung in Richtung auf ein Umdrehen hin erfolgt selbständig vom Kind mit seinen Beinen.

Mit der gleichen Art der Hilfestellung durch die Zeigefinger kann das Kind auch aus der Rückenlage zum Hochkommen ermuntert werden (Abb. 8). Wenn das Kind aktiv wird, nimmt es den Kopf zwischen den Schultern hoch.

**Abb. 7**          **Abb. 7a**     **Abb. 8**

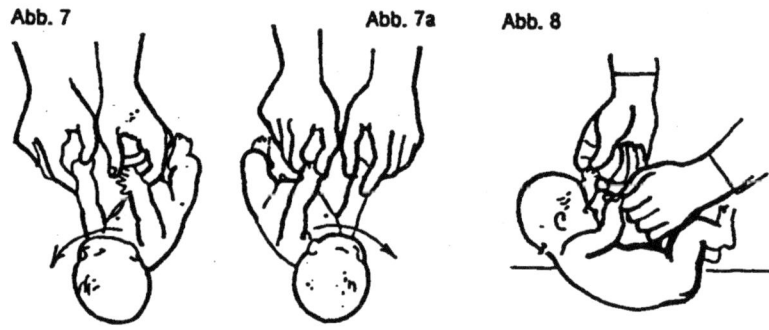

## 5.7. Neurophysiologische u.a. Therapien

Diese Gruppe verschiedener Therapien geht von der Möglichkeit aus, in die postnatalen Prozesse des ausreifenden und noch „plastischen" Gehirns therapeutisch durch eine methodische sensorische und motorische Stimulation einzugreifen, um somit eine normale Bewegungsentwicklung zu ermöglichen. Die Phase der höchsten Beeinflußbarkeit sind die ersten drei Lebensjahre. Hier können die Bewegungsfunktionen geschädigter Nervenbereiche durch Frühtherapie von gesunden Nervenzellen übernommen, neu gelernt oder „gebahnt" werden, indem der Therapeut die fehlenden oder falsch entwickelten Reflexbewegungsmuster aktiviert, einübt oder korrigiert. Verharrende Reflexbewegungsmuster, die die weitere Normalentwicklung behindern, können durch hemmende Verfahren sozusagen „gelöscht", falsche Bewegungsmuster korrigiert werden. Die bekanntesten Verfahren stammen von *Vojta* und von dem Ehepaar *Bobath*.[217] Ausgangspunkt dieser Verfahren sind die diagnostischen Reflexprüfverfahren (z.B. von *Bobath, Vojta, Prechtl* und *Beintema*; vgl. auch *Flehmig*) und die genaue Kenntnis der Normalentwicklung der Bewegung (s. Seite 144).

Ziel der neurophysiologischen oder krankengymnastischen Therapien ist die Ermöglichung und Optimierung der motorischen „Normalentwicklung" und aller zumindest lebensnotwendiger Bewegungsfertigkeiten. Darüber hinaus können diese Verfahren breite positive Auswirkungen auf die Sprach-, Intelligenz- und Sozialentwicklung haben.

*Wann werden diese Therapien eingesetzt – was leisten sie?*

Aus der Sicht der Ärzte – und nur sie entscheiden über ihren Einsatz – sind diese Verfahren anwendbar bei folgenden Schädigungen:

---

Indikationen zur Krankengymnastik bei Kindern[219]

1. *Zerebrale Bewegungsstörungen*
Zerebralparesen und drohende Zerebralparesen im Säuglingsalter
Zustände nach Schädel-Hirn-Traumen, Hypoxien usw.
diskrete Bewegungsstörungen im Rahmen von leichten Hirnfunktionsstörungen (minimale zerebrale Dysfunktion)

2. *Spinale Bwegungsstörungen*
Querschnittssyndrome durch Spina bifida, Traumen usw.
spinale Muskelatrophien

3. *Neurale Bewegungsstörungen*
traumatische Plexus- und Nervenlähmungen
neurale Muskelatrophien, Polyneuritisfolgen usw.

4. *Muskelerkrankungen*
progressive Muskeldystrophien, Myopathien, Myotonien usw.

5. *Statomotorische Retardierung*
hirnorganischer Ursachen, Syndrome usw.
Umwelt- bzw. pflegebedingte Retardierungen
nach schweren Erkrankungen, Ernährungsstörungen usw., bei Herzfehlern, chronischen respiratorischen Störungen o.ä.

6. *Erkrankungen und Fehlbildungen des Skelettsystems*

7. *Haltungsschwächen und Fußfehlstellungen*

8. *Asthma, Mukoviszidose usw.*

9 *Adipositas*

10. *Sonstige*

---

Reflexe und motorisches Verhalten [218]

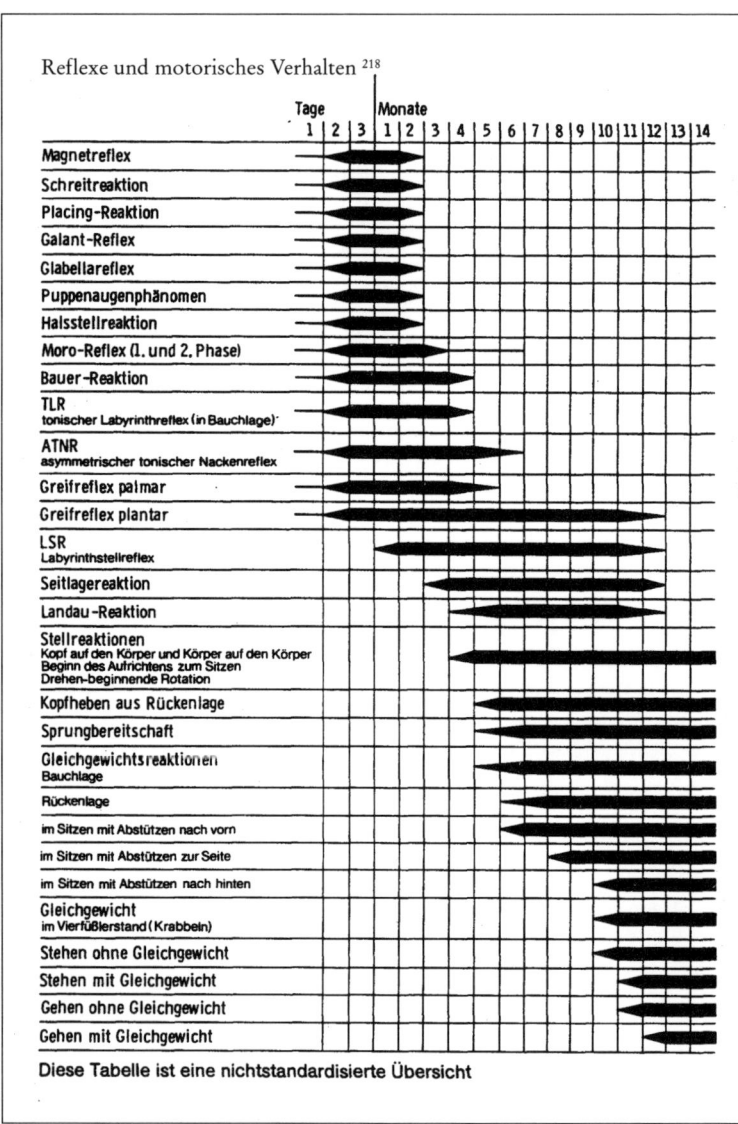

|  | Tage | | | Monate | | | | | | | | | | | | | |
|---|---|---|---|---|---|---|---|---|---|---|---|---|---|---|---|---|---|
|  | 1 | 2 | 3 | 1 | 2 | 3 | 4 | 5 | 6 | 7 | 8 | 9 | 10 | 11 | 12 | 13 | 14 |
| Magnetreflex | | | | | | | | | | | | | | | | | |
| Schreitreaktion | | | | | | | | | | | | | | | | | |
| Placing-Reaktion | | | | | | | | | | | | | | | | | |
| Galant-Reflex | | | | | | | | | | | | | | | | | |
| Glabellareflex | | | | | | | | | | | | | | | | | |
| Puppenaugenphänomen | | | | | | | | | | | | | | | | | |
| Halsstellreaktion | | | | | | | | | | | | | | | | | |
| Moro-Reflex (1. und 2. Phase) | | | | | | | | | | | | | | | | | |
| Bauer-Reaktion | | | | | | | | | | | | | | | | | |
| TLR tonischer Labyrinthreflex (in Bauchlage) | | | | | | | | | | | | | | | | | |
| ATNR asymmetrischer tonischer Nackenreflex | | | | | | | | | | | | | | | | | |
| Greifreflex palmar | | | | | | | | | | | | | | | | | |
| Greifreflex plantar | | | | | | | | | | | | | | | | | |
| LSR Labyrinthstellreflex | | | | | | | | | | | | | | | | | |
| Seitlagereaktion | | | | | | | | | | | | | | | | | |
| Landau-Reaktion | | | | | | | | | | | | | | | | | |
| Stellreaktionen Kopf auf den Körper und Körper auf den Körper Beginn des Aufrichtens zum Sitzen Drehen-beginnende Rotation | | | | | | | | | | | | | | | | | |
| Kopfheben aus Rückenlage | | | | | | | | | | | | | | | | | |
| Sprungbereitschaft | | | | | | | | | | | | | | | | | |
| Gleichgewichtsreaktionen Bauchlage | | | | | | | | | | | | | | | | | |
| Rückenlage | | | | | | | | | | | | | | | | | |
| im Sitzen mit Abstützen nach vorn | | | | | | | | | | | | | | | | | |
| im Sitzen mit Abstützen zur Seite | | | | | | | | | | | | | | | | | |
| im Sitzen mit Abstützen nach hinten | | | | | | | | | | | | | | | | | |
| Gleichgewicht im Vierfüßlerstand (Krabbeln) | | | | | | | | | | | | | | | | | |
| Stehen ohne Gleichgewicht | | | | | | | | | | | | | | | | | |
| Stehen mit Gleichgewicht | | | | | | | | | | | | | | | | | |
| Gehen ohne Gleichgewicht | | | | | | | | | | | | | | | | | |
| Gehen mit Gleichgewicht | | | | | | | | | | | | | | | | | |

Diese Tabelle ist eine nichtstandardisierte Übersicht

Zu den Kriterien für die Methodenwahl aus ärztlicher Sicht schreibt *U. Kalbe*: „Die Diskussion darüber, welches die beste Methode ist, ist m.E. nicht nur unsinnig und nutzlos, sondern auch belastend für die betroffenen Eltern. Sinnvoller erscheint mir die

Frage: *Welches ist für dieses Kind und seine Eltern die beste Form der Behandlung?* Dabei sollte nicht vergessen werden, daß Erfahrung und Geschicklichkeit der Therapeutin sowie die Mitarbeit der Eltern oft wichtiger sind als die angewandte Methode."[220]

Die Wirksamkeit krankengymnastischer Behandlung hängt nach Kalbe von folgenden Faktoren ab:

„1. vom *Schweregrad der Hirnschädigung*,
2. vom *Vorhandensein oder Fehlen sonstiger Belastungen wie Mißbildungen, Sinnesdefekten, Anfallsleiden etc.* und
3. von der *Behandlung*";
Außerdem hängt die optimale Behandlungswirksamkeit davon ab, wenn sie
„1. *möglichst frühzeitig beginnt*,
2. *möglichst gezielt ansetzt und*
3. *möglichst intensiv durchgeführt wird*", d.h.:

*zu 1:* Im ersten Lebenshalbjahr, um „Fehlentwicklungen frühzeitig zu korrigieren und die Entstehung von Erfahrungsdefiziten zu vermeiden";

*zu 2:* „daß die therapeutischen Maßnahmen im Einzelfall auf die bestehenden Funktionsschwächen abgestimmt werden. Der Therapieplan sollte die Gesamtentwicklung des Kindes berücksichtigen und auch das soziale Umfeld" einbeziehen, d.h. z.B. auch die Kooperation mit Früherziehern;

*zu 3:* „Intensive Behandlung ist nur dann zu realisieren, wenn die Eltern oder andere Bezugspersonen aktiv mitarbeiten (und) die Behandlung und Förderung im häuslichen Alltag des Kindes" fortgeführt wird.[221]

Eine prognostische Übersicht von Ergebnissen der Frühbehandlung gibt Kalbe:

| | | |
|---|---|---|
| 1966 Köng | 69 Säuglinge | 77% nur noch minimale Symptome im Streß |
| 1971 Hochleitner | 565 Säuglinge | 35% nur noch minimale Symptome im Streß |
| 1972 Feldkamp | 90 Säuglinge | 45% neurologisch unauffällig |
| 1974 Vojta | 209 Säuglinge* | 95% normaler Befund |

*Behandlungstermin z.T. schon mit 6 Wochen, d.h. wesentlich früher als bei den übrigen Autoren.*

145

## 5.7.1. Behandlungsansatz nach Bobath

*Grundannahmen und Ziele*

Aufgrund von Beobachtungsstudien kamen *Berta* und *Karel Bobath* zu der Annahme, daß tonische primitive Bewegungsschablonen (Reflexe), deren Ausgangspunkt im Hirnstammbereich anzusiedeln ist, bei Säuglingen von der Geburt an vorhanden sind. Da beobachtet wurde, daß besonders Spastiker diese primitiven Schemata häufig benutzen, setzt die Behandlung des cerebral-paretischen Kindes beim Auslösen bzw. Verhindern bestimmter tonischer Reflexe ein. Durch weitere Studien gelang man zu der Feststellung, daß auch die Kriechbewegungen des Neugeborenen durch Reize auslösbar sind, sobald diese den oberen Hirnstammbereich erreichen.

Die normale Entwicklung des Kindes findet nach physiologischen Bewegungsabläufen statt. Jede Entwicklungsstufe muß erst erreicht sein, bevor der nächste „Schritt" folgen kann: Z.B. erfolgt nach dem Aufrichten erst das Kriechen, dann das Laufen. Das Überspringen einer Phase ist nicht möglich.

Mit Hilfe der Bobath-Methode soll verhindert werden, daß das Kind in falsche oder gestörte Bewegungsabläufe gerät. Durch die Wiederholung bestimmter Bewegungen soll die „Bahn", auf der die Bewegung liegt, ausgebildet werden und eine Hemmung falscher Bewegungen erfolgen.

Voraussetzung für eine genaue Diagnose und damit auch für eine Therapie der CP (Cerebral-Parese) ist die detaillierte und genaue Kenntnis über die normale Entwicklung eines Kindes.

*Berta* und *Karel Bobath* beschreiben daher zunächst die „Meilensteine der Entwicklung des normalen Kindes"[222] und stellen fest, daß sich die Muster in den verschiedenen Stadien gegenseitig beeinflussen. Diese Überlegungen führten zu der Schlußfolgerung, daß bei cerebral-paretischen Kindern abnorme Bewegungsmuster vorhanden sind, die die normale Funktion der Bewegungen und der Haltung verhindern. *Berta Bobath* schreibt dazu: „Die Grundidee in der Behandlung war daher die, daß normalere Haltungs- und Bewegungsfunktionen nicht erzielt werden können, solange die enthemmten und überstarken abnormalen Bewegungsmuster (Patterns) am Werke sind. Dieser Gedankengang, zusammen mit sorgfältiger Beobachtung der Reaktionen von Patienten auf ihre Behandlung, führt allmählich zu Techniken der Hemmung der typischen abnormalen motorischen ‚Patterns'. Überraschenderweise kam es dadurch nicht nur zu einer Verminderung des Hypertonus, sondern auch in vielen Fällen spontan zu einer besseren und normalen Muskeltätigkeit."[223]

Nach Meinung von *B.* und *K. Bobath* bilden vor allem die Haltungsreflexe und ihr Zusammenspiel die Grundlage für normale, willkürliche Bewegungen.[224] Die Diagnose einer Cerebral-Parese soll durch die genaue Kenntnis der vorliegenden oder fehlenden Haltungsreflexe eines Patienten erleichtert werden und gleichzeitig Aufschluß über die möglichen Fähigkeiten der Behinderten geben. Die Behandlung besteht zunächst aus der Hemmung von pathologischen Haltungsreflexen. Im weiteren Verlauf ist dann eine Bahnung der Gleichgewichtsreaktionen und Stellreflexe vorgesehen. Deshalb muß man erst die Folge der abnormen motorischen Entwicklung kennen, um ihr Auftreten schon bei sehr jungen Kindern vorherzusehen. Lassen sich bei einem Kind Abweichungen von der normalen Entwicklung feststellen, so kann man eine mögliche Entwicklung vorhersehen und Schlußfolgerungen für die weiteren Aktivitäten des Kindes ziehen. „Durch diese Kenntnis kann man die Behandlung hinsichtlich der Verhütung von Abnormitäten planen, anstatt hinterher zu versuchen, sie wieder zu korrigieren."[225]

Cerebralparetischen Kindern soll nach der Bobath-Methode durch krankengymnastische Übungen höhere Bewegungsmuster vermittelt werden. Dadurch soll die Entwicklung beschleunigt oder überhaupt weitergeführt werden.

Die CP zeigt sich vor allem in der Entwicklungsverzögerung und im Verharren in bestimmten Entwicklungsstadien (Arretierung). Die Arretierung wird besonders bei einer Drehung um die eigene Achse deutlich. Es finden keine Gleichgewichtsreaktionen statt. Nach *Bobath* ist eine unbeabsichtigte Mitbewegung der entgegengesetzten Extremitäten ebenfalls häufig zu beobachten.

Das Erscheinungsbild der Cerebral-Parese wird durch Symptome abnormer oder pathologischer Haltungs- und Bewegungsmuster bestimmt.

### Die Behandlung

Die Zielsetzung der Behandlungsmethode nach *Bobath* ist ein entwicklungsentsprechender Aufbau von normalen Bewegungs- und Haltungsabläufen. Es wird eine Regulierung bzw. Verminderung oder Stabilisierung des anormalen Haltungstonus in den betroffenen Teilen des Körpers angestrebt. Die potentiellen normalen Haltungs- und Bewegungsformen sollen gebahnt werden bei gleichzeitiger Hemmung der anormalen Reflextätigkeit. Die Bobath-Methode versucht durch physiotherapeutische Maßnahmen neurologische Bewegungsmuster bei CP-Kindern frühzeitig einzuschleifen. Es sollen sensomotorische Grundlagen geschaffen werden, und die Kinder sollen in spielerischer Form zu willkürlichen Bewegungsmustern gelangen. Die gesamte Entwicklung des Kindes baut nach *Bobath* auf folgenden entwicklungsgemäßen Haupt-stadien auf: Das Stützen und Hantieren mit gestreckten Armen, das Erlernen der Kopf- und Rumpfkontrolle und das Anwenden von Gleichgewichts- und Rotationsreaktionen. Das Beherrschen dieser Hauptstadien ist daher für eine positiv verlaufende Therapie unerläßlich.

Die Bewegungstherapie nach Bobath umfaßt verschiedene Elemente. Ein wichtiges Element stellt die Elternarbeit dar. Bevor die Eltern eine Anleitung für entwicklungsstimulierende Mitarbeit erhalten, steht zunächst die Förderung einer normalen Mutter-Kind-Beziehung im Vordergrund. Weiterhin sollen die Eltern, je nach den individuellen Fähigkeiten des Kindes, krankengymnastische und entwicklungsstimulierende Spiel- und Übungssituationen schaffen. Die Übungen sollen zu Hause durchgeführt werden, um eine Integration in den Tagesablauf zu ermöglichen. Die Sprachtherapie, die die Schluck-, Kau- und Atemwerkzeuge des Kindes trainieren sollen, gehört ebenfalls häufig zur Gesamtbehandlung. Weiterhin sollen dem Kind praktische Fertigkeiten, wie z.B. das An- und Ausziehen, vermittelt werden, um den Alltag in der Familie, aber auch den späteren Übergang von der Familie zum Kindergarten bzw. zur Schule zu erleichtern.

## Hinweise für die Praxis

Wie bereits erwähnt, ist die aktive Elternarbeit für die Behandlung des CP-Kindes von großer Bedeutung. Zu Hause sollen sowohl von der Mutter als auch vom Vater krankengymnastische Übungen durchgeführt werden. Auch der praktische Umgang mit dem Kind soll unter krankenspezifischen Gesichtspunkten eingeführt werden. Neben der Physiotherapie und der praktischen Hilfe wird auch auf die soziale und emotionale Beziehung zwischen Eltern und Kind großer Wert gelegt. *Nancie R. Finnie*, eine langjährige Mitarbeiterin der *Bobaths*, gibt in ihrem Buch: „Hilfe für das cerebral gelähmte Kind. Eine Anleitung zur Förderung des Kindes zu Hause nach der Methode Bobath"[226] Hinweise darüber, wie Zusammenarbeit zwischen dem Therapeuten und den Eltern aussehen soll. Die Bedeutung der häuslichen Behandlung wird von *Finnie* folgendermaßen beschrieben: „Es muß betont werden, daß eine gute Behandlung zu Hause wichtig und grundlegender Bestandteil der gesamten Behandlung ist. Sie kann jedoch nicht an die Stelle einer fachmännischen Behandlung treten und sollte nicht als deren Ersatz betrachtet werden."[227]

Demzufolge ist die Behandlung zu Hause als Ergänzung der therapeutischen Behandlung anzusehen. Sie sollte mit dem Therapeuten abgesprochen werden.

**Beispiele** aus Finnie[228]

*(a)*

*(b)*

*Abbildung 21*
(a) Einige cerebralparetische Kinder stoßen den Kopf zurück und ziehen gleichzeitig die Schultern nach oben und nach vorn. Versuchen Sie nicht, die Kopfhaltung zu korrigieren, indem Sie eine Hand unter den Hinterkopf legen. Das bewirkt lediglich, daß das Kind stärker rückwärts stößt.

(b) Legen Sie Ihre Hände an die Seiten des Kopfes, schieben Sie ihn nach oben und lassen Sie das Kind einen „langen Hals" machen. Während Sie dies tun, drücken Sie die Schultern mit Ihren Unterarmen nach unten.

*(a)*

*(b)*

*Abbildung 22*
(a) Sitzt das Kind auf ihrem Schoß und wirft Kopf, Schultern und Arme zurück, versuchen Sie nicht, es – wie in der Zeichnung dargestellt – nach vorn zu drücken.

(b) zeigt eine Methode, wie man das Kind daran hindert, sich nach hinten zu drücken. Der Unterarm wird um den Hals und den Kopf gelegt. Hand und Unterarm kontrollieren die Schultern, indem sie sie nach vorn und nach innen drücken.

*Abbildung 23*
Einige Kinder können den Kopf nicht heben oder aufrecht in der Mitte halten, weil sie allgemein zu *schlaff* sind. Halten Sie sie an den Schultern fest, den Daumen auf ihre Brust gepreßt. Drückt man die Schultern so nach vorn, erhalten diese Kinder etwas Stabilität. Das hilft ihnen, den Kopf zu heben und ihn hochzuhalten.

Um den positiven Verlauf einer Therapie zu begünstigen, sollten die Eltern schon dem kleinsten Zeichen eines Fortschritts Beachtung schenken. Sie sollten in ihrer Motivierung nicht nachlassen, auch wenn sich ihrer Meinung nach kein Fortschritt erkennen läßt.

Das behinderte Kind muß genau wie das gesunde lernen, sich in seiner Umwelt „normal" zu verhalten. Die Eltern eines behinderten Kindes sollten es nicht zu sehr verwöhnen, es „verhätscheln" und ihm ständig seinen Willen lassen, da Wutanfälle und Aggressivität die soziale Integration erschweren. Ein gewisses Maß an Disziplin ist auch für ein behindertes Kind unerläßlich. Die Entwicklung des Sozialverhaltens sollte im Vordergrund stehen. Das Kind sollte nicht nur lesen, schreiben und rechnen können, sondern die Fähigkeit entwickeln, mit anderen Menschen zusammenzuleben.

### 5.7.2. Die Petö-Bewegungstherapie

des ungarischen Arztes Dr. Petö in Budapest.

Die Behandlungsmethode ist keine reine Physiotherapie, sondern sie dient ähnlich wie bei *Bobath* der Erziehung zur Selbständigkeit und wird sowohl als Gruppen- wie auch als Einzeltherapie angewendet. Hauptsächlich aber werden Kinder ab drei Jahre internatsmäßig darin behandelt. Eine „Konduktorin" leitet die Kinder in kollektiven Übungen an. Die Übungen sind über den ganzen Tag verteilt und umfassen Übungen zum Essen, An- und Ausziehen, Stehen und Gehen, Handgeschicklichkeit, Schreiben,

Zeichnen, Toilettentraining, aber auch Spiel, Liedersingen und Schulunterricht. Im Einzeltraining werden Eltern Anleitungen zum richtigen „handling" (Handhabung) gegeben, wie das Kind zu bestimmten Bewegungen anzuleiten ist. Außerdem gibt es Anleitungen zum Flaschentrinken, Essen mit dem Löffel usw., aber auch andere Übungen, wie sie auch von *Koch* empfohlen werden.[229]

### 5.7.3. Das Klapp'sche Kriechverfahren und Musiktherapie

Obwohl weniger verbreitet, wird es doch erwähnt, weil hier eine Kombination mit der Musiktherapie vorliegt, die in der Frühförderung große Bedeutung hat.

*Rudolf Klapp* hat zusammen mit *Annemarie Korth* ein bewegungstherapeutisches Zusatz-Verfahren entwickelt, das bei zentralbewegungsgestörten Kindern angewendet werden kann, die zumindest kriechen können.[230]

Es umfaßt folgende Übungen: Vierfüßlerstand, Tiefkriechen mit Durchziehen; Tiefer Vierfüßlergang; Tiefer Vierfüßlergang mit Armkreis; Rutschen; Schlängeln; Drehübungen; Tiefkriechen mit Arm- und Beinstrecken; Großer Bogen; Waagerechtes Kriechen mit Armschlagen und Beinstrecken; Kniegang mit Seitbeugung; Kyphotischer (Wirbelsäulenkrümmung nach hinten) Kniegang mit schwungvollem Armkreis; Kyphotischer Kniegang mit kraftvoller Dehnung und kurzem Hebelarm; Kniegang mit Streckung; Hasensprung; Bewegungs- und Rhythmustherapie mit Musik.

### Musiktherapie[231]

Ebenso als ein Zusatzverfahren ist diese Therapie anzusehen. Musik nimmt einen großen Einfluß auf das vegetative Funktionssystem und die psychische Reaktionsbereitschaft des Kindes, indem es sich dem Rhythmus hingibt und von ihm tragen bzw. stimulieren läßt. Bewährt hat sich dies für die Entwickung des Körperschemas und der Raumorientierung mit Hilfe der Orff'schen Musik. Ziele sind:

● Sensibilisierung und Förderung des Körpererlebens,
● Soziale Kontaktaufnahme,
● Soziale Anpassung,
● Wahrnehmung der Selbst- und Fremdbewegung,
● Steigerung der Vorstellungsfähigkeit,
● Verbalisierung der Wahrnehmung und seelischen Empfindung,

● Abbau von Bewegungs- und Versagensängsten,
● Zeit- und Raumbegriff,
● Sprech- und Singfreude.

Hinzuweisen ist hier, daß solche Ziele und Methoden auch schon Fröbel mit seinen Sing-, Kreis-, Tanz- und Bewegungsspielen verfolgte und einsetzte.

### 5.7.4. Schwimmtherapie

Schon Babies können schwimmen. Diese Tatsache nutzt man auch therapeutisch. Ansätze der Schwimmtherapie kommen von J. McMillans Halliwick-Schwimm-Methode.[232] Hierbei werden die hydraulischen Eigenschaften des Wassers (weniger Kraftaufwand für das Kind) zur Bewegungsförderung genutzt. Schwerpunkte sind: grobmotorische Gleichgewichts- und Rotationsübungen, Laufen, Hocken, Springen und Spielen im Wasser usw.

### 5.7.5. Verhaltenstherapie bzw. -modifikation

Bei fast allen Behinderten treten Schwierigkeiten in folgenden Bereichen auf:

● Bei der Entwicklung der sozialen Kontaktaufnahme (Lernen des Blickkontaktes);
● bei der Entwicklung sozial erwünschter Verhaltensformen;
● bei der Entwicklung lebenspraktischer Fertigkeiten in der Hygiene, Sauberkeits- und Selbständigkeitsentwicklung wie An- und Ausziehen, selbständiges Essen und Trinken;
● Autoaggressionen, Kotschmieren und -essen;
● Einkoten (Enkopresis) und Einnässen (Enuresis) u.v.a.

Solche Verhaltensprobleme behindern nicht nur die Erziehung, sondern auch die Gesamtentwicklung des behinderten Kindes und seine soziale Integration.

Die Verhaltenstherapie bzw. -modifikation arbeitet nach lerntheoretischen Grundsätzen: Erfolgreiche, lernzielgerichtete Handlungen und Verhaltensweisen des Kindes werden verstärkt mit materiellen Verstärkern (z.B. Kekse, Bonbons), sozialen Verstärkern (z.B. Lob, Zärtlichkeiten) und Handlungsverstärkern (z.B. es darf etwas tun, was ihm Spaß macht, Schaukeln, Fernsehen usw.).

Die Verhaltenstherapie oder -modifikation kann im Rahmen der Frühförderung und unter Berücksichtigung der pädagogischen und sozialen Gesamtsituation ein wirksames Mittel zur Lösung solcher Probleme sein.[233]

## Beispiel für eine Verhaltenstherapie nach Schmitz[234]

Das Buch „Elternprogramm für behinderte Kinder" enthält Anleitungen für Eltern, nach verhaltenstherapeutischen Prinzipien lebenspraktische Fertigkeiten (Essen und Trinken, Anziehen, Körperpflege, Toilettentraining, Sprachanbahnung usw.) einzuüben. Eine Grundvoraussetzung für jedes Training ist die Fähigkeit des Kindes, die Eltern oder den Trainer anzuschauen (Blickkontakt-Einübung).

## Das Anschauen

Blickkontakt als Orientierungsreaktion

Ohne adäquate Wahrnehmungsauffassung von äußeren Reizen ist ein vom Trainer intendierter Lernvorgang beim behinderten Kind gar nicht möglich. Eine notwendige Voraussetzung der Wahrnehmungsauffassung ist die Orientierungsreaktion: Wenn ein Kind lernt, dann zunächst, daß der dargebotene Reiz sich von anderen abhebt und eine spezifische Bedeutung hat. Erst anschließend lernt es, welche Handlung auf diesen Reiz zu folgen hat. Um aber die Bedeutsamkeit eines Reizes auffassen zu können, z.b. die Bedeutsamkeit einer Aufforderung wie „Georg, komm her", muß das Kind in einem Zustand von Wachsamkeit und Bereitschaft sein. Es muß hinschauen und hinhören können. Wir sprechen deshalb speziell von Hinwendungsreaktion.

Die Fähigkeit der Bereitschaft, hinschauen und hinhören zu können, ist die notwendige Voraussetzung für die Durchführung von Training und Übungen überhaupt. Eine Möglichkeit, diese Fähigkeit bei einem erheblich geistig behinderten Kind aufzubauen, bietet das nachstehende Programm.

**Ziel:** Als Endverhalten wird erwartet, daß das Kind fähig ist, bei Anrufung seines Namens auf den Trainer zu achten.

**Prinzip:** Ausformung des Endverhaltens.

**Material:** Eine Speise, die man bequem mit einem Löffel füttern kann.

**Erforderliches Eingangskönnen:** Das Kind muß sehen und hören können, weitere Voraussetzungen sind nicht erforderlich.

## Schritt 1

Ziel: Das Kind soll lernen, mit Hilfe des Fütterns in die Augen des Trainers zu schauen.

**Eingangsstellung:**
1. Füttern Sie das Kind täglich einmal oder besser zweimal mit einem Löffel.
2. Während des Fütterns sitzen Sie dem Kind direkt gegenüber, so daß sein Blick natürlicherweise auf Sie fallen muß, wenn es aufschaut (s. Abb. 1).

Abb. 1

3. Führen Sie die Übung nicht durch, wenn Sie nicht sicher sind, daß Ihr Kind Appetit hat.

**Durchführung**
Sie nehmen einen Kinderlöffel mit der Lieblingsspeise des Kindes. Diese halten Sie in Höhe der Achse zwischen Ihren Augen und den Augen Ihres Kindes. Gleichzeitig rufen Sie mit freundlicher Stimme den Namen des Kindes. Wenn Ihr Kind auf den Löffel schaut, dann bewegen Sie den Löffel spielerisch leicht im Kreis um die Blickachse. Dabei wird der Blick des Kindes zufällig in Ihr Auge fallen.

Sobald sich Ihre Blicke treffen, stecken Sie Ihrem Kind den Löffel in den Mund, geben ihm die Speise und loben es, indem Sie lächeln und mit freundlicher Stimme reden und es streicheln.

Notieren Sie die Versuche mit einem Strich und die Erfolge mit einem Kreuz.

Sobald das Anschauen mit der geschilderten Maßnahme sicher klappt, gehen Sie weiter nach Schritt 2.

**Schritt 2**
**Ziel:** Das Kind soll lernen, bei Anrufung seines Namens in die Augen des Trainers zu schauen.

**Durchführung**
Sie haben eine Belohnung bei sich, z.B. Gummibärchen oder andere Süßigkeiten. Gehen Sie zu Ihrem Kind und rufen Sie es beim Namen. Beugen Sie sich zu ihm herab. Sobald es Sie anschaut, loben Sie es, streicheln Sie es und geben Sie ihm von Zeit zu Zeit eine Belohnung.

**Achtung!** Denken Sie daran, daß alle weiteren Übungen durch die Anwendung von Belohnung unterstützt werden können, und daß diese Übungen zwischen der Anrufung des Namens des Kindes bzw. der

Aufforderung zur Mitarbeit und der Belohnung des Kindes liegen werden. Deshalb ist es wichtig, daß das Kind auch weiterhin von Ihnen von Zeit zu Zeit eine Belohnung erhält.

*Zur Erklärung der Wirksamkeit des Versuchs*
Die Lieblingsspeise hat für das Kind eine hohe Bedeutsamkeit, wie wahrscheinlich das Essen überhaupt. Beim Füttern erwartet es, die Speise in den Mund geschoben zu bekommen. Weil aber der Trainer den Löffel in der Blickachse hält, anstatt ihn in den Mund des Kindes zu schieben, entsteht eine Unsicherheit, und das Kind schaut auf. Damit es nun in die Augen des Trainers schaut, muß der Löffel in der Blickachse leicht tanzen. Nachdem so zunächst rein zufällig der Trainer angeschaut wird, erhält das Kind die erwartete Lieblingsspeise. Wenn sich dieser ganze Vorgang wiederholt, wird das Kind fortan stets zuerst den Trainer anschauen, bevor es die Belohnung erwartet.

## 5.7.6. Früh- und Eßtherapie nach Castillo-Morales

*Rudolfo Castillo-Morales* ist Professor für Psychomotorik in Cordoba (Argentinien). Er hat ein Therapiekonzept entwickelt, das aus folgenden Teilen besteht:

● Die *Neuromotorische Entwicklungstherapie* für die Behandlung von Kindern mit statomotorischen Retardierungen (Bewegungsaufbauverzögerung), Meningomyelozelen (Rückenmark- bzw. Wirbelsäulenerkrankung) und peripheren Paresen (motorische Schwächen, Lähmungen).

● Die *Orofaziale Regulationstherapie* für Patienten mit sensomotorischen Störungen im Bereich des Gesichtes, des Mundes und Rachens, besonders für die Behandlung von Saug-, Kau-, Schluck- und Sprechstörungen, gegebenenfalls die Versorgung mit speziellen Gaumenplatten (in Verbindung mit der Orofazialen Regulationstherapie) als Hilfsmittel.[235] Das Verfahren ähnelt in den Grundlagen denen von *Vojta, Bobath* u.a. Durch die Stimulation von Nervenpunkten an der Körperoberfläche werden bestimmte Reflexe angeregt bzw. gehemmt, um im Zentralnervensystem entwicklungsnormale Bewegungsmuster zu organisieren. Weil viele behinderte, insbesondere spastische Kinder durch ihre mundmotorischen Störungen Sprach- und vor allem auch Eßprobleme haben, hat diese Therapie in den letzten Jahren auch in Deutschland viele Anhänger gefunden. In diesem Therapiekonzept werden Anleitungen gegeben, wie die Kopf-, Gesichts-, Zungen-, Mund- und Schlundmuskulatur usw. angeregt und geübt werden kann.[236]

## 5.7.7. Basale Stimulation und Frühförderung Schwerstbehinderter nach Fröhlich

### Merkmale Schwerstbehinderter:

- Sie können nicht in Laut- oder Zeichensprache kommunizieren;
- sie sind in ihrer Wahrnehmung der Um- und Mitwelt fast ausschließlich auf den eigenen Körper und die unmittelbare, körpernahe Umgebung beschränkt;
- sie können ihre Hände nicht zum Spielen und Erkunden einsetzen;
- sie sind nicht in der Lage, sich aktiv aufzusetzen;
- sie haben keine Möglichkeit, sich koordiniert fortzubewegen;
- sie müssen gefüttert werden und haben meist keine Kontrolle über Blasen- und Darmentleerung;
- sie sind in allen Lebensbereichen vollständig pflege- und versorgungsabhängig.[237]

### Förderung Schwerstbehinderter: Basale Stimulation

Diese komplexe Behinderung verringert die für den Aufbau der Gehirn- und Humanfunktionen (Sprache, Denken usw.) notwendige Reizzufuhr und -verarbeitung. Daher ist die „basale Stimulation" eine auf „*keinerlei Vorkenntnis* und Erfahrung" beruhende systematische „neurophysiologische" Anregung der „Handlungsfähigkeit im Rahmen des Entwicklungsniveaus"[238]. Durch diese Stimulation wird das Kind „halb passiv *Reizen* ausgesetzt ... Anzahl, Art und Dauer der Reize werden zunächst von außen, d.h. vom Therapeuten, vom Pädagogen festgelegt.

Basale Stimulation ist überall da notwendig, wo das Kind noch nicht gelernt hat, mit den aus der Umwelt empfangenen Reizen sinnvoll umzugehen"[239].

### Förderbereiche

Entsprechend der Schwere und Komplexität der „Schwerstbehinderung" ist basale Stimulation in folgenden Bereichen erforderlich:

„1. somatisch
2. akusto-vibratorisch
3. haptisch          } Perzeptionsbereich
4. olfaktorisch
5. optisch

6. feinmotorisch     ⎫
7. koordinatorisch   ⎬  Aktivitätsbereich
8  grobmotorisch     ⎭
9. Essen
10. Kontakt          Erhaltungsbereich"[240]

**Beispiel** aus der Wahrnehmungsförderung

„Stufen der visuellen Perception:
nimmt Streifenmuster wahr, zeigt nach/verfolgende Augenbewegungen, wenn die Musterkarte bewegt wird,
nimmt Punktmuster wahr,
nimmt Flackerlicht,
nimmt Taschenlampenschein wahr,
nimmt Wollknäuel vor dem eigenen Gesicht wahr,
nimmt Gesichter vor dem eigenen Gesicht wahr,
nimmt Personen – Raumentfernung
nimmt Gegenstände – Reichweite wahr.

Man stellt zunächst durch genaue testähnliche Beobachtung den Entwicklungsstand fest. Dann wird auf einem Niveau darunter intensive „basale Stimulation" durchgeführt, z.b. entwickelten wir eine Diaserie mit variierenden hell-dunkel Streifenmustern, die den Kindern in abgedunkeltem Raum bei wenigem Abstand von der Projektionswand vorgeführt wurden, wobei Diafolge und Geschwindigkeit variiert wurden.

Gemäß der These von der Reizabängigkeit des Gehirns zeigten sich nach ca. 14 Tagen jeweils deutlich bessere Wahrnehmungsleistungen: Fixierung, Fixierdauer, Hinwendung, „Interesse" und Spontanreaktivität auf höherem Perceptionsniveau.

Wir sind dabei, für die anderen Bereiche von „Somatisch" bis „Grobmotorisch" ähnliche Hierarchien aufzubauen und Programme zur basalen Stimulation zu erarbeiten."[241]

# 6. Behinderungen und Störungsbilder

Nachstehend werden Behinderungen und Störungsbilder dargestellt, die vor allem in der Frühförderung behandelt werden.
Dabei wird auffallen, daß sich diese oft in ihren Begriffen
und Symptomen, in ihren Diagnosen und Behandlungen über-
schneiden, weil es sich bei den Störungs- und Behinderungsbildern
in der Frühförderung i.d.R. um *Mehrfachbehinderungen* handelt.
Daher sind eindeutige Zuordnungen wie z.b. „das körperbehinderte" oder „geistigbehinderte" oder „verhaltensgestörte" Kind
bzw. scharfe Abgrenzungen der Behinderungen nicht möglich.
   Die spätere schulische Einordnung dieser Kinder hängt im wesentlichen davon ab, in welcher Schule dieses einzelne Kind am besten gefördert werden kann.
   Diese schulorganisatorische Zuordnung hängt letztlich davon
ab, welche Behinderung bei Beginn der Schulpflicht die schwerste
ist. Darüber entscheidet in allen Bundesländern das *Sonderschulaufnahmeverfahren* (SAV).
   Die Diskussion über die Integration behinderter Kinder in Regelschulen zeigt jedoch, daß sich hier die Grenzen zunehmend
verwischen, weil viele Eltern und auch Fachleute dafür sind, daß
behinderte Kinder mehr als bisher in Regelschulen integriert werden.

---

## 6.1. Zerebrale Schädigungen und Bewegungsstörungen
### (Körperbehinderte)
### Oder: Zerebralparese, cerebrale Lähmung,
### CP-Kinder

---

Mit diesen Begriffen bezeichnet man Störungen und Behinderungen der Bewegungssteuerung, der Bewegungsabläufe sowie der
sensomotorischen und psychisch-geistigen Entwicklung aufgrund
von Schädigungen des reifenden Gehirns (Zerebrum) und seiner
Funktionen.
   Die Schädigung selbst ist irreparabel und führt beim Kind ohne
medizinische und pädagogische Frühbehandlung zu einer Verschlimmerung (Progredienz).

Auswirkungen von CPs liegen in den Bereichen der
● Bewegung der Gliedmaßen, des Kopfes und Rumpfes,
● der Atem-, Kau- und Schlingmuskulatur und
● der Hör-, Sprach-, Seh-, Intelligenz- und Sozialverhaltensentwicklung.

In der nachstehenden Graphik läßt sich die Kompliziertheit des Zusammenhanges von Motorik, Sensorik, Denken und Gedächtnis vorstellbar machen. Es ist für die Praxis wichtig zu wissen, wo die Schädigung und die Funktionsstörungen in diesem System liegen, um dem Kinde die optimale Förderung zu gestalten und es vor Über- und Unterforderung zu schützen.

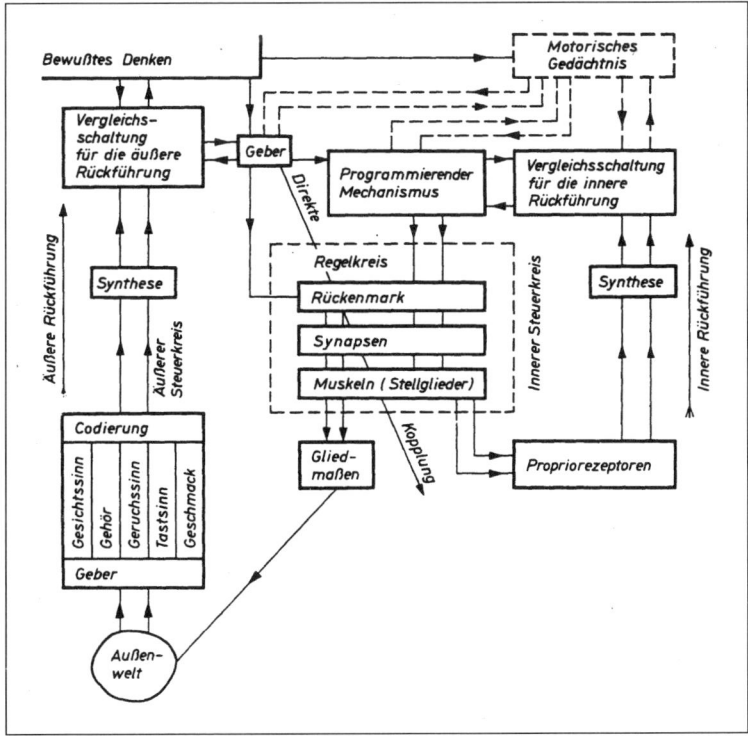

Schema der Steuerung willkürlicher Bewegungen nach Tschaidse [242].

159

## 6.1.1. Erscheinungsformen

Je nach dem Zeitpunkt der Schädigung in der Gehirnentwicklung und dem Schädigungsbereich im Gehirn ist das Erscheinungsbild verschieden.

Zu den typischen Erscheinungsformen zählt

- die Spastik, (= erhöhte Muskelspannung, Hypertonie),
- Athetose (= ungesteuert-ruckartige Muskelanspannung und bizarre Körperhaltungen),
- Ataxie (= Schlaffheit, Gleichgewichtsstörungen und Steuerungsschwäche),
- Hypotonie (= allgemeine Schlaffheit),
- Mischformen oben genannter Formen.

Je nach Schädigung sind verschiedene Körperregionen betroffen: In der

- Tetraplegie (oder Tetraparese) fast alle Bereiche: Kopf, Rumpf, Arme, Beine;
- Diplegie (oder Diparese) zumeist stärker die Beine als die Arme;
- Hemiplegie (oder Hemiparese) ist nur die linke oder rechte Körperhälfte betroffen.

### Spastik

Die spastische Bewegungsstörung zeigt sich in verkrampften, steifen und langsamen Bewegungsabläufen. Besonders die antagonistischen (wechselseitig oder entgegengesetzt) wirkenden Muskeln zeigen eine steife Lähmung und erhöhte Anspannung, so daß keine volle Bewegung – gleich, ob Strecken oder Beugen – möglich wird.
Nur unter großen Anstrengungen kann sich das Kind bewegen. Häufig entstehen durch assoziierte Bewegungen (z.B. Mitbewegen des linken Armes, wenn willentlich der rechte bewegt wird) zusätzliche Behinderungen und falsche, überflüssige Bewegungsmuster.
Spastizität kann sich auf den gesamten Körper verteilen (Tetraplegie). Zumeist ist aber nur eine Körperhälfte betroffen (Hemiplegie).

### Athetose

Beim Athetotiker werden die willkürlichen Bewegungen durch überraschende, ruckartige und ausfahrende (choreatische) Bewegungen behindert. So entstehen bizarre Bewegungsabläufe und Körperhaltungen. Stark betroffen sind zumeist die Hände. Schwer beeinträchtigt ist auch die Steuerungsfähigkeit, d.h. die Bestimmung zielgerichteter Bewegungen, die Dosierung der Kraft und die Bewegungskoordination. Zumeist ist – unbewußt – der Mund geöffnet, so daß Speichel herausfließt.

## Ataxie

Diese Störung der Willkürmotorik verhindert die Steuerung präziser, gezielter und in der Kraft fein regulierter Bewegungen.

Schlaffe Muskulatur, Zittern und Gleichgewichtsstörungen beeinträchtigen die motorische Entwicklung und den Aufbau variantenreicher Bewegungsmuster. Weil das Kind nur die wenigen, sicheren und erfolgreichen Bewegungsmuster bevorzugt, entstehen wenig neue Bewegungsmuster und folglich weitere Behinderungen. Aus Angst, umzufallen, wirkt sein Gehen ängstlich-steif, und Drehungen werden ängstlich vermieden.

## Hypotonie

Diese insgesamt schwache Muskelspannung und Schlaffheit tritt zumeist – auch vorübergehend – im Säuglingsalter auf. Unfähig, den Kopf zu halten, sich selbständig aufzurichten und zu sitzen, verzögert Hypotonie die sensomotorische Gesamtentwicklung und begrenzt das Wahrnehmungsfeld für das frühe Lernen.

## Mischformen

Die vorgenannten Erscheinungsformen kommen häufiger in Mischformen oder in kombinierter Weise, selten alle zusammen vor.

In den ersten 3 Lebensjahren und somit in der Phase schnellster Kindesentwicklung ändern sich auch schnell die Erscheinungsbilder. Im Säuglingsalter stellt die Hypotonie z.B. oft ein Durchgangsstadium dar und Aspekte der Athetose, Ataxie und/oder Spastik treten hinzu.

### *Gemeinsamkeiten aller CP-Kinder*

- Gestörte Sensomotorik, d.h. Erschwerungen der für das frühe Lernen grundlegenden Sinnes- und Bewegungsfunktionen, ihren Aufbau und ihres Zusammenwirkens.
- Schwierigkeiten im Aufbau und Vollzug präziser, koordinierter, kraftmäßig dosierter Bewegungsformen.
- Verharren auf primitiven, verzerrten Bewegungsmustern aus den Säuglingsjahren.
- Ältere und primitivere Bewegungsmuster behindern die Entwicklung neuer, flexibler Bewegungsmuster.

## 6.1.2. Hinweise zur Früherkennung und -diagnostik

*Welche Beobachtungen erwecken den ersten Verdacht?*[243]

In den ersten vier Lebenswochen:

- *Veränderungen der Hautfarbe*, wie auffällige Blässe oder Blaufärbung sowie eine abnorm frühe, starke oder langandauernde Gelbfärbung.
- *Atemstörungen*, anhaltendes Wimmern oder häufiges und evtl. schrilles Schreien, besonders nachts.
- *Schwierigkeiten beim Saugen und Schlucken*, Trinkschwierigkeiten.
- *Apathie oder Unruhe*, „Unzufriedenheit", Schlafstörungen.
- *Steifmachen* beim Baden, An- und Ausziehen sowie Schwierigkeiten beim Wickeln (Abspreizhemmung der Beine).
- *Asymmetrie* der Haltungen, der Spontanbewegungen und von provozierten Reaktionen (z.b. Moro-Reflex).
- *Pathologische Reflexaktivität*, Überstreckung des Kopfes bzw. Nackens („Kissenbohren").
- *Krampfanfälle* oder Zuckungen.

Im weiteren Verlauf des Säuglingsalters:

- *Verzögerte motorische Entwicklung*, d.h., die normalen Bewegungen treten zwar in regelrechter Form und Folge auf, aber wesentlich später als der durchschnittlichen Norm entspricht
- *Abnorme Körper- und Gliedmaßenhaltungen* oder -bewegungen, Bewegungsarmut oder -überschuß, fehlende Behandlungsvielfalt, Vernachlässigung oder Bevorzugung bestimmter Gliedmaßen.
- *Störungen des Muskeltonus* und der *Koordination* der Bewegungen. Mangelhafte Entwicklung oder fehlende Stell- und Gleichgewichtsreaktionen.
- *Entwicklungsrückstand der psychischen Reaktionen*, Kontaktschwierigkeiten zur Umwelt, Auffälligkeiten im Spielverhalten.

Die frühdiagnostischen Verfahren sind die medizinischen Reflexprüfverfahren, insbesondere:
Prechtl/Beintema: Die neurologische Untersuchung des reifen Neugeborenen,[244] Stgt. 2 1976; Bobath/Bobath: Die motorische Entwicklung bei Zerebralparesen, Stgt. 1977; Vojta, V.: Die cerebralen Bewegungsstörungen im Säuglingsalter, Stgt. 1976, Flehmig, I.: Normale Entwicklung des Säuglings und ihre Abweichungen, Stgt. 1979 (einschließlich Denver-Skalen). Bundesverband für spa-

stisch Gelähmte und andere Körperbehinderte e.V. Hg.: Merkblätter zur Früherkennung von Kindern mit infantiler Cerebralparese,
Stgt. 1976.

### 6.1.3. Frühförderung und Früherziehung

Die Komplexität der CP erfordert i.d.R. eine entsprechend ganzheitliche medizinisch-therapeutische Behandlung und Früherziehung.

Die Förderungserfolge von CP-Kindern hängen im wesentlichen vom Zeitpunkt der Früherkennung und -erfassung und besonders vom Lernverhalten des Kindes ab, das durch eine Frühförderung zentral beeinflußt werden kann.

Das Lernverhalten dieser Kinder ist durch folgende Merkmale bestimmt:

● Sie bleiben stärker an einmal Gelerntem haften;
● Unterscheidungs- bzw. Diskriminationslernen ist besonders schwierig und bedarf vieler Wiederholungen;
● der Lernprozeß ist allgemein langsamer und erfolgt in kleineren
  Schritten und erfordert demnach auch das Prinzip der kleinsten
  Schritte;
● bei jedem Kind verläuft die Lernentwicklung individuell, und dies erfordert einen dementsprechend individuellen Förderplan;
● das Lernen erfolgt oft schubweise, d.h., Still- und Rückstände sind
  normal für diese Kinder und
● „bei älteren cerebral bewegungsgestörten Kindern zeigt sich häufig
  eine Diskrepanz zwischen verbal-kognitiven und handlungsbezoge-
  nen Leistungen im begrifflichen Lernen; aus diesem Grunde ist es
  notwendig, den Spracherwerb und den sprachlichen Umgang immer
  wieder mit konkreten Handlungen zu verknüpfen", wie dies z.B.
  durch die Fröbel- und Montessori-Pädagogik geschieht.[245]

### *6.1.3.1. Frühförderung*

In Langzeit-Untersuchungen hat sich gezeigt, daß die drei ersten
Lebensjahre für die Effizienz der Frühförderung und damit für die
Steigerung des allgemeinen Entwicklungsniveaus entscheidend
sind, insbesondere für die Sensomotorik, die kognitive Entwicklung, für die Prävention bzw. den Abbau sozial-emotionaler Probleme und beim Aufbau der kommunikativen Kompetenzen.
Werden diese ersten Jahre für die Frühförderung voll genutzt, bestehen im Einzelfall gute bis sehr gute Aussichten zum Besuch eines Regelkindergartens und auch einer Regelschule, soweit diese
bereit sind, körperbehinderte Kinder zu integrieren.[246]

Generell dürfte aber gelten, was die Spezialistin *Köng* hinsichtlich der Prognose und Förderchancen feststellt: „Die Prognose einer cerebralen Bewegungsstörung ist umso schwieriger zu stellen, je jünger das Kind ist, am schwierigsten im Säuglingsalter ... Die Erfahrungen der letzten Jahre haben uns gezeigt, daß die Prognose der cerebralen Bewegungsstörung durch eine frühzeitige, eingehende Behandlung und Betreuung dieser Kinder unter Mitarbeit der Eltern wesentlich verbessert werden kann. Im Einzelfall läßt sich die Prognose erst aus dem Verlauf, aus der Reaktion auf die Therapie stellen."[247]

### 6.1.4. Verfahren zur Frühförderung von CP-Kindern

Die wichtigsten Verfahren im Bereich der Physiotherapie sind die o.g. Verfahren von *Bobath, Vojta* u.a. Aufgrund der Komplexität werden im Bereich der Früherziehung angeboten:

- Spiel- insbesondere Bewegungserziehung,
- Sprachförderung,
- Selbständigkeitserziehung (z.b. Essen und Trinken),
- Wahrnehmungsförderung (z.b. Farb- und Formunterscheidung),
- Förderung der Feinmotorik und Handgeschicklichkeit,
- Kognitive Förderung (z.b. kausales Denken, Mengenverständnis),
- sozial-emotionale Förderung und Kooperationsfähigkeit, Konfliktlösungshilfen,
- Elternberatung und -Anleitung.

### 6.1.5. Literatur[248]

## 6.2. Dysmelie-Syndrom (Gliedmaßenfehlbildungen)

### 6.2.1. Ursachen, Begriff, Statistik

In den Jahren 1961 und 1962 traten Häufungen angeborener Fehlbildungen der Gliedmaßen auf, die auf die Einnahme eines Medikamentes während der ersten Schwangerschaftsmonate zurückzuführen ist (Contergan bzw. Thalidomid). Man spricht daher auch von Thalidomid-Embryopathie.

Am 1.12.76 gab es davon 2600 registrierte Fälle[249]. Mit Stichtag 31.12.91 wurden 231 schwerbehinderte Kinder unter 6 Jahren mit Verlust oder Teilverlust von Gliedmaßen registriert. In einem anderen Teil der Bundesstatistik werden unter „Angeborene Behinderungen" und „Schwerste Behinderung" ohne Altersunterscheidung folgende Zahlen genannt:

| Verlust oder Teilverlust | Fälle |
|---|---|
| eines Armes | 1956 |
| eines Beines | 417 |
| beider Arme | 264 |
| beider Beine | 151 |
| eines Armes oder eines Beines | 113 |
| von drei oder vier Gliedmaßen | 3036 |

Funktionseinschränkungen von Armen und Beinen liegen bei 0–6jährigen bei 1750 Kindern.

## 6.2.2. Symptome

Fehlbildungen im Rahmen der Thalidomid-Embryopathie sind Schädigungen im Haltungs- und Bewegungsapparat, der inneren Organe und der Sinnesorgane,

● insbesondere fehlende, verkümmerte oder verkürzte Gliedmaßen (Finger, Daumen, Klumphand) und der Wirbelsäule,

● Herzfehler, Verstopfungen des Magen-Darmkanals und Nierenfehlbildungen sowie

● Genitalfehlbildungen.[250]

Daneben wurden festgestellt: Hör-Sprachstörungen, Taubstummheit und Debilität, Hypermotorik und Sehschäden.[251]

## 6.2.3. Frühförderung und Behandlung

Die krankengymnastischen und beschäftigungstherapeutischen Behandlungen stehen neben medizinischen, insbesondere chirurgisch-orthopädischen Behandlungen und Prothesenversorgung und -schulung zur Optimierung der Selbständigkeit im Vordergrund, insbesondere Gleichgewichts- und Geschicklichkeitsübungen, Treppensteigen, Reiten, Ein- und Aussteigen in Verkehrsmitteln usw.

Größere pädagogische Probleme gibt es bei der Sozialentwicklung dieser Kinder, die wesentlich mit der schweren Schocksituation nach der Geburt, seelischen Annahme des Kindes und psychischen Verarbeitungsprozessen innerhalb der Familie begründet sind (s.o. Elternreaktionen).

In der Frühförderung geht es wesentlich um die psychotherapeutische Hilfe für die Eltern bei der seelischen Verarbeitung und um praktische Hilfen bzw. Elternanleitung: Wie man mit diesem Kinde spielen kann, das richtige Maß zwischen Über- und Unterforderung zu finden und dem Kinde mit seinen Möglichkeiten die optimale Selbständigkeit zu stimulieren.

Es geht vor allem hier darum zu vermeiden, daß „durch inadäquate Zuwendung ... eine seelische Frühverwahrlosung" eintritt.[252]

Aufgrund der Mehrfachschädigungen sind die Fördermaßnahmen für Sprache, Intelligenz, Wahrnehmung und insbesondere die sozial-emotionale Förderung wichtig, indem diesen Kindern in Eltern-Kind-Gruppen für eine frühe soziale Integration mit anderen normalen Kindern ein Optimum an Anregungen gegeben wird.[253]

### 6.2.4. Literatur[253]

## 6.3. MCD, Hyperaktivität und POS

### 6.3.1. Begriffe und Symptome von MCD und POS

MCD (minimale zerebrale Dysfunktion oder auch: frühkindliches exogenes frühkindliches Syndrom) ist aller Wahrscheinlichkeit nach eine Gehirnschädigung, die aber durch Fehlerziehung und ungünstige soziokulturelle Entwicklungsbedingungen in ihren Auswirkungen verstärkt werden kann.

Sowohl als Begriff als auch in der Beschreibung ihres Problemkreises ist MCD medizinisch umstritten, obwohl sie als Tatsache anerkannt ist.[254]

Bei diesen Kindern wurden folgende Symptome festgestellt:

● Normale oder überdurchschnittliche Intelligenz;
● Sprachstörungen (bes. Stammeln, Dysgrammatismus, Stottern) und Lernstörungen vor allem beim Übergang vom konkret handelnden zum abstrakten Lernen;
● visuelle oder akustische Erfassungs- und Speicherungsschwächen bzw. Wahrnehmungsschwächen (Perzeptionsstörungen);

- allgemeine Koordinationsschwächen, wie z.b. geringe Ausdauer, leichte Ermüdbarkeit;
- Affektlabilität, z.b. distanzloses, aggressives, gehemmtes Verhalten und Probleme beim Aufbau stabiler Sozialkontakte, keine oder geringe Belastbarkeit unter Streß bzw. Leistungsdruck;
- Konzentrationsschwächen;
- geringe neurologische Störungen;
- Grenznormales oder abnormes EEG (Gehirnstrombefunde).[255]

In der Schulzeit fallen diese Kinder u.a. auf:

- Durch Einnässen und -koten;
- durch das Syndrom der sog. Teilleistungsstörungen, z.b. Legasthenie;
- Probleme im Schriftbild und beim Schreibenlernen,
- Aggressivität, Clownerien;
- mangelnde Spontaneität und Ängstlichkeit besonders im Sport; sie brauchen immer Aufforderungen und drücken sich gerne vor dem Sportunterricht;
- durch sog. vorlautes Verhalten, d.h., verbal können sie immer alles, nimmt man sie aber beim Wort, dann suchen und finden sie schnell Ausreden;
- geringe Ausdauer, sie finden immer Gründe zum Nichtmitmachen.[256]

*POS – das chronische organische Psychosyndrom*

*Nissen* unterscheidet einen akuten von einem chronischen Zustand des POS.

Als Ursachen *akuter POS* werden von Nissen genannt: Alle körperlichen und hirnorganischen Erkrankungen, wie z.b. schwere fieberhafte Allgemeinerkrankung, akute Hirnerkrankungen (Hirnhautentzündungen, Hirntumore und -blutungen), unfallbedingte Hirnverletzungen (Gehirnerschütterungen, -quetschungen). Eine akute POS kann sich *chronifizieren* und die genannten Ursachen eben auch als Ursache chronischer (dauerhafter) POS gelten; als besondere Ursachen *chronischer POS* werden genannt: Über- und Unterfunktionen hormoneller Drüsensysteme, wie z.b. der Schild- und Hirnanhangdrüse und der Nebenniere.[257] Die Erscheinungsbilder des POS sind in folgender Tabelle zusammengestellt[258]:

Infantiles organisches Psychosyndrom (POS): Symptomatik
Leistungsstörungen (Kognitiver Bereich)
Leistungsschwankungen, tageweise, evtl. tageszeitlich
Ermüdbarkeit erhöht, Ausdauer herabgesetzt
Konzentrationsfähigkeit schlecht und schwankend mit entsprechend
großer Ablenkbarkeit
Form- und Gestalterfassung (und -wiedergabe) gestört
Andere Wahrnehmungsstörungen
Schlechte Merkfähigkeit (Störung des Frischgedächtnisses)
Tendenz zur Lese-Rechtschreibschwäche
Schlechtes Körperschema
Asynchrone Entwicklung

Stimmungsstörungen (Affektiver Bereich)
Labile Affektlage, leicht störbar und große Schwankungen
Affektausbrüche (evtl. mit Gefährdung von sich und anderen)
Matinale Dysphorien
Häufig depressive Verstimmung, evtl. chronisch sub-depressiv (oft larviert mit aggressivem Verhalten)
Versagensängste, Schuldgefühle, Resignation
Sekundäre soziale Störungen wie aggressive Kontaktsuche und kompensatorische Clownerien

Körpersymptome
Adaptationsstörungen in den ersten Lebensmonaten
Eß-(Schluck-)störungen und Erbrechen beim Säugling
Sprachentwicklungsverzögerung und andere Sprachstörungen
Linkische, erschwerte Globalmotorik oder/und Hypermotorik
Gestörte Feinmotorik („hölzern", „Gstabi", Schrift!)
Gestörte Bewegungskoordination (z.B. Diadochokinese)
Hyperreflexie
Wetterfühligkeit, evtl. Kopfschmerzen
Pathologisches Elektroenzephalogramm

## 6.3.2. Frühförderung

Die Entwicklungschancen und Prognose hängen ab von Schädigungszeitpunkt und -umfang. Bei jüngeren Kindern (zwischen 0–6) sind die Behandlungschancen erheblich größer aufgrund der Gehirnplastizität, d.h., „Funktionen geschädigter Hirnpartien können von anderen Hirnabschnitten störungsfreier übernommen werden"[259]. Eine besondere Rolle im Rahmen der medizinisch-medikamentösen Behandlung nimmt die Beratung und Anleitung der Eltern ein, um bei ihnen erzieherische Fehlhaltungen ggf. zu korrigieren und ein dem Kind angemessenes Erziehungsverhalten aufzubauen. So haben sich z.B. in der Schweiz Eltern zusammengeschlossen, die POS-Kinder haben und die mit den Lehrern zusammenarbeiten (ELPOS).[260]

Für die pädagogisch-psychologische Behandlung der einzelnen von *Herzka* aufgelisteten Symptome kommen die Verfahren in Frage, wie sie auch bei der MCD bzw. Hyperaktivität genannt werden.

### 6.3.3. Hyperaktivität bzw. hyperkinetisches Syndrom oder hyperkinetische Psychose

Diese Begriffe umschreiben ein umfängliches Störungsbild mit zentralen Merkmalen, wie z.b.

- Bewegungsunruhe und allgemeiner Ruhelosigkeit, d.h. fahrige, ungeschickte und überschießende, ungesteuerte (athethotische) Motorik[261], aber auch Antriebs- und Haltungsschwäche im Handlungs- und Leistungsbereich wie z.b. „*Spielschwäche*";[262]
- Konzentrationsschwächen, Aggressivität und Ungehorsam;
- „*Reizüberempfindlichkeit*";
- Probleme mit Sozialkontakten u.v.a., wie sie schon vom Frankfurter Kinderarzt Dr. *Hoffmann* im Zappelphilipp beschrieben wurden.[263]
- In der Schule sind solche Kinder nicht selten ein ständiger „*Störungsherd*" mit „mangelhaften Lernleistungen" und sog. „*Teilleistungsschwächen*" (z.b. im Lese-Schreiblernprozeß, s. S. 216).

Es ist nach *Nissen* ein Behinderungs- und Störungsbild, das z.T. auf erhebliche erbgenetische, somatogene (Hirnfunktionsstörungen usw.), psychogene (Umwelt, Erziehung) und endogene (katatone, angeborene Schizophrenie) Ursachen zurückführt.[264] *Steinhausen* erwähnt außerdem Kinder alkoholkranker Eltern.[265]

Es ist unübersehbar, daß sich MCD und Hyperaktivität in ihren Symptomen sehr ähneln, so daß eine eindeutige Diagnose und Behandlung oder die Zuweisung zu einer bestimmten Sonderschule sich daraus nicht zwingend ableiten lassen. Wie noch auszuführen ist, zeigen sich bei potentiell und faktisch Lernbehinderten ganz ähnliche Störungssymptome (s. u.).

*6.3.3.1. Früherkennung und Diagnose*

Die Diagnose von MCD und Hyperaktivität erfolgt nach sechs Kategorien:

„1. die prä-, peri- und postnatale Anamnese,
2. die psychomotorische Entwicklung des Säuglings und Kleinkindes,
3. der kinder*psychopathologische* Befund,

4. der kinder*neurologische* Befund,
5. die EEG-Untersuchung, die akustischen und visuellen evozierten Potentiale und die computertomographische Untersuchung (CT), evtl. auch ein Kernspin-Befund (NMR) und
6. der *psychologische*, insbesondere der visomotorische Untersuchungsbefund."[266]

Nach *Nissen* müssen „mindestens 3, besser 4 positive diagnostische Merkmale vorliegen, wenn eine Hirnfunktionsstörung mit einer gewissen Sicherheit bestätigt werden soll"[267]. Eine Frühdiagnostik dieser Kinder ist nicht einfach. Kleinkinder fallen auf durch viel Schreien, Eß- und Trinkstörungen, Jaktationen (rhythmisches Schaukeln von Kopf und Körper), sinnlose Automatismen und Bewegungsstereotypen.

Am ehesten sind die motorische Gesamtentwicklung, Intelligenz, Sprache und Sozialverhalten zu diagnostizieren und damit Funktionen, die im Kindergarten aufgrund der Vergleichsmöglichkeiten mit normalen Kindern leichter erkennbar sind.

Im sonderpädagogischen Bereich werden außer Intelligenztests für diese Störungsbilder folgende Verfahren empfohlen:

● Körperkoordinationstest für Kinder KTD *(Kiphard/Schilling)*
● Checkliste motorischer Verhaltensweisen (CMV) von *Schilling*
● *Frostig* Entwicklungstest der Visuellen Wahrnehmung (FEW).

### 6.3.3.2. Frühförderung und Behandlung

Die Behandlung bzw. Therapie hyperaktiver Kinder ist teilweise medikamentös möglich, z.B. durch Ritalin (bzw. Captagon oder Cylert). Danach ist in 70–80% der behandelten Fälle eine Besserung eingetreten und nur in 10–20% der behandelten Fälle sprachen die Kinder nicht an bzw. ist eine Verschlimmerung festgestellt worden.[268] *Götze/Neukäter* verweisen auf bestimmte notwendige Diäten bzw. Nahrungsmittel, die nicht eingenommen werden sollten, weil sie Phosphate, Lecithin, Glycerophosphate, Alkohol enthalten.[269]

Aus pädagogisch-psychologischer Sicht werden als Behandlungen vorgeschlagen: die klientenzentrierte Spieltherapie[270], Entspannungsverfahren und Biofeedback, wie z.B. Autogenes Training und Muskelentspannungstraining, psychomotorische Übungen und Verhaltensmodifikation, die nach *Götze/Neukäter* zu eindeutigen und „dauerhaften" Verbesserungen besonders im schulischen Bereich führen kann.[271]

Die Behandlung von POS- und MCD-Kindern fußt im wesentlichen auf folgenden Verfahren:

- Krankengymnastik zur Förderung der Grob- und Feinmotorik, insbesondere der Koordinationsfähigkeiten.
- Beschäftigungstherapie zur Verbesserung der Feinmotorik und Wahrnehmung.
- Sprachtherapie in Verbindung mit Wahrnehmungs- und motorischer Förderung.
- Psychomotorische Förderung z.b. nach *Kiphard* zur Verbesserung der Grob- und Feinmotorik, Koordination und Konzentration, Körperbeherrschung und des Sozialverhaltens, des Selbstbewußtseins und der realistischeren Selbsteinschätzung.
- Graphomotorisches Training zur Verbesserung der Schreibfertigkeiten.
- Rhythmisch-musikalische Erziehung zur Verbesserung der Gesamtmotorik und des Körpergefühls und
- Yoga sowie Judo, um erfolgreiche Körperbeherrschung, bewußtere Selbststeuerung sowie Konzentration und die allgemeine Geschicklichkeit zu fördern.

Es wird im Einzelfall zu entscheiden sein, welche Therapie bzw. Therapiekombination zweckmäßig ist.

### Beratung

Eine Hauptaufgabe der Frühförderung und Schulpädagogik ist die Eltern-, Erzieher- und Lehrerberatung, wobei es hauptsächlich um die Entwicklung einer realistischen Einschätzung und Behandlung des Kindes geht: daß dieses Kind nicht böswillig oder unerzogen ist, keinen schlechten Charakter hat usw. Hier geht es darum, einen Prozeß zu vermeiden, der in Ablehnung und Stigmatisierung, Einweisung in eine Sonderschule z.B. für Lernbehinderte oder sozialer Ausgrenzung münden kann, den *Hellbrügge* mit Soziose umschreibt (siehe S. 71).

Wie die Beschreibungen und Symptome der MCD, POS, Hyperaktivität zeigen, liegen hier beachtliche Übereinstimmungen im Ursachenfeld, im Symptombereich und auch bei der Diagnose und Behandlung vor. Auch die Zahlen über solche Störungsbilder schwanken erheblich (zwischen 2–18% in den Untersuchungen lern- und leistungsgestörter Kinder), und *Nissen* fordert daher zu Recht „Übereinkünfte darüber zu treffen, wann eine zerebrale Schädigung diagnostiziert werden kann"[272], bzw., welches Störungs- und Behinderungsbild exakt vorliegt. Die gegenwärtige Begrifflichkeit von MCD.POS usw. ist jedenfalls unbefriedigend.

### 6.3.4. Literatur[273]

171

## 6.4. Geistige Behinderung

### 6.4.1. Begriffsprobleme/Statistik

Mit diesem Begriff wird eines der schwierigen, differenziertesten und in der wissenschaftlichen Diskussion umstrittensten Behinderungsbilder umschrieben.
Hauptelemente des komplexen Begriffs „geistige Behinderung" sind die „extremen" intellektuellen, sozial-emotionalen und organischen sowie sensomotorischen Schwächen bzw. Schädigungen. An der Begriffsbildung sind verschiedene Wissenschaften beteiligt, insbesondere die Medizin, die Psychologie und Erziehungswissenschaften bzw. Heilpädagogik. Sie alle entwickelten „ihre" Theorie und Begriffssysteme von „geistiger Behinderung"[274].

*Der heilpädagogische Begriff*

Dieser Begriff von geistiger Behinderung ist im wesentlichen ein *„administrativer Begriff"*.[275] Er bezieht sich vor allem auf den hohen pädagogischen Förderbedarf im Sinne von Frühförderung, Unterricht, Erziehung und Therapie.

Der Begriff umfaßt organisatorisch folgende Altersstufen und Institutionen:

● 0–6 Jahre: Frühförderung bzw. Kindergarten oder Elementarbereich,
● 6 bis mindestens 18/21 Jahre: Schule,
● 18–21/24 Jahre Berufserziehung,
● 18 und weiter: Erwachsenenpädagogik Geistigbehinderter

Schwerpunkt der Erziehung Geistigbehinderter ist die Verbesserung, Steigerung und Optimierung des Lernens durch die Gewährleistung des pädagogischen Mehrbedarfs (s.o.) unter Einschluß der notwendigen medizinischen, psychologischen und sozialen Maßnahmen und Hilfen. Aufgrund der nach bisheriger Erfahrung lebenslangen Behinderung ist eine umfassende Anregungs-, Förderungs- und Führungshilfe Geistigbehinderter notwendig.

*Statistik*

Eine exakte aktuelle Statistik der Geistigbehinderten gibt es nicht, sondern nur Schätzungen aufgrund einzelner Untersuchungen wie die o.g. von *Liepmann*. Danach liegt der Anteil Geistigbehinderter mit einem IQ<60 bei 0,6% der schulpflichtigen Kinder.

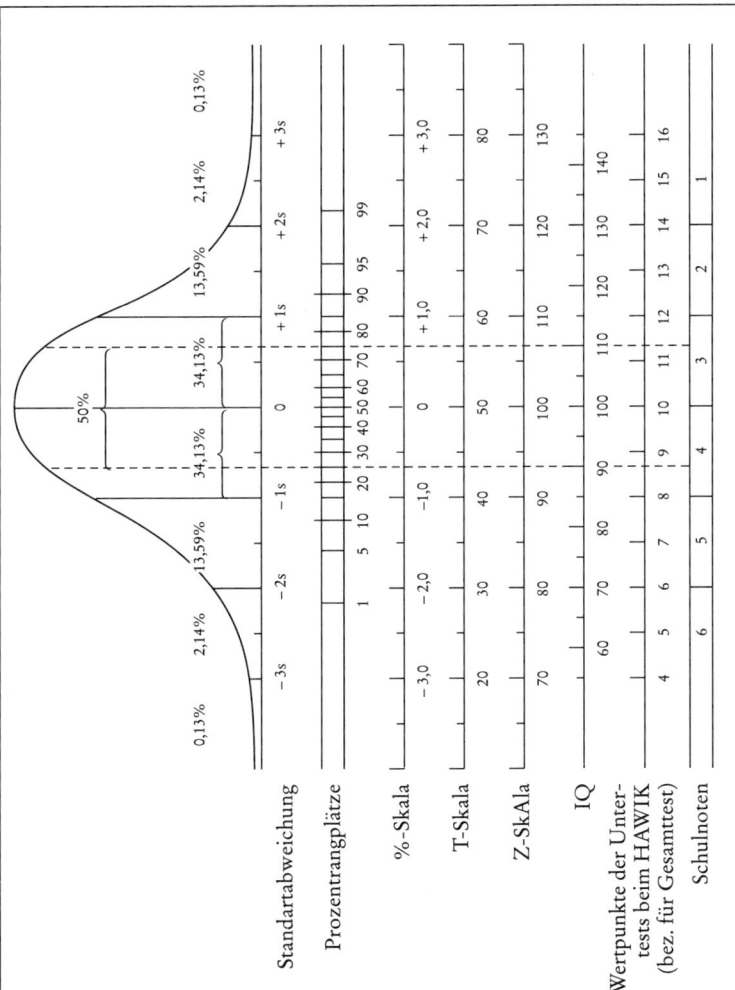

Diese Graphik der Normalverteilungskurve zeigt die verschiedenen Skaliserungsweisen, z.B. für Intelligenz, und die Beziehungen zwischen einigen statistischen Normierungs-Skalen, so z.B. zwischen Intelligenz-Quotienten und Schulleistungsquoten.

Beispiel von unten nach oben gelesen: Die Note „1" entspricht einem IQ von ca.130 und mehr, d.h. dies entspricht einer Standartabweichung „+ 2 s" (sigma), oder: 2,14% haben einen IQ von 130 und mehr, oder – bei der Häufigkeits- oder Prozentrangskala –: ca. 97% von 100 Fällen haben einen IQ von weniger als 130.

## Der medizinische Begriff

Die Medizin geht hauptsächlich von den *organischen Ursachen* aus: den Chromosomenschäden, Stoffwechselstörungen, Erbschäden und den prä-, peri- und postnatalen Schädigungen wie z.b. Sauerstoffmangel, geburtsbedingte Hirnschädigungen usw., aber auch zunehmend sog. exogene bzw. umweltbedingte Ursachen (siehe Kap.: Behinderung aus medizinischer Sicht, S. 26). Geistige Behinderung im medizinischen Sinne heißt *Oligophrenie* (Schwachsinn). In Fällen des Abbaus von Intelligenzleistungen im Kindesalter spricht die Medizin von infantiler *Demenz*.

Die Medizin spricht von folgenden Graden der Oligophrenie:

- von *hochgradiger Oligophrenie* oder Idiotie bei einem IQ von 0 bis 20,
- von *Imbezillität* bei einem IQ zwischen 20 und 50 IQ-Punkten und unterscheidet hierbei bis ca. 35 IQ-Punkten die
- *schwere, mittelgradige Oligophrenie* oder Imbezillität von der
- zwischen 35 bis 50 IQ-Punkten liegenden *mäßigen, mittelgradigen Oligophrenie* oder Imbezillität und der
- *Debilität* oder *leichten Oligophrenie* bzw. Debilität von 50 bis 70 IQ-Punkten.[276]

## Abgrenzung von den Schwerstbehinderten

Der medizinisch-therapeutischen Fragestellung und Therapie am nächsten liegt die Gruppe der sog. *Schwerst- und Intensivbehinderten*.

Geschädigt sind diese Kinder im Bewegungs- und Wahrnehmungsbereich, durch Ausfälle der Sinnesorgane, Anfallsleiden und chronische Krankheiten. Ihr Behinderungsbild ist dadurch gekennzeichnet, daß sie das vergleichbare Entwicklungsniveau eines halbjährigen Kindes nicht erreichen.

## Der psychologische Begriff

Bei der Bezugnahme auf die Intelligenz überschneidet sich die Medizin mit der Psychologie. Die Psychologie geht hauptsächlich von der Intelligenz, der Lernfähigkeiten bzw. Lerntheorie und den daraus möglichen praktischen, sozialen und kognitiven Entwicklungsmöglichkeiten aus. Aus psychologischer Sicht der Ursachen geistiger Behinderung sind insbesondere die pädagogisch-psychologischen Vernachlässigungen, vor allem die sog. Deprivationen zu nennen (vgl. oben: Interaktion, Soziose, Deprivation).

Geistige Behinderung ist eben nicht nur organisch verursacht, sondern kann auch zu einem erheblichen Teil das Ergebnis fehlgeschlagener „interaktionaler Prozesse" sein, die zwischen den organischen, emotionalen und kognitiven Entwicklungsprozessen einerseits und zwischen Individuum und Umwelt bzw. allgemeinen sozialen, familiären und materiellen Lernbedingungen des behinderten Kindes stattfinden[277] (vgl. Ursachen der Behinderung S. 26).

### Intelligenzschwäche als Leitsymptom

Die Intelligenz hat eine große praktische Bedeutung z.b: als Maßstab für die Einteilung geistiger Behinderung, für die Aufstellung und Überprüfung von Förderplänen bzw. -maßnahmen, für die schulische Einordnung und die Prognose der Lernmöglichkeiten. Trotzdem ist die Intelligenz als einziges Kriterium umstritten und besonders bei 0–6jährigen behinderten Kindern nur schwer genau zu ermitteln.[278]

Geistige Behinderung liegt demnach vor, wenn die Intelligenz niedriger als 60+/-5 Punkte liegt.

Geistige Behinderung schließt immer auch *„umfängliche, schwere und langfristige Beeinträchtigungen* des seelisch-geistigen Werdens (der Lernprozesse) und der sozialen Eingliederung eines Menschen" ein.[279]

### Abgrenzung von Störungen

Geistige Behinderung ist von einer Störung abzugrenzen, „die *als partielle, weniger schwere* und/oder *behebbare* beziehungsweise in absehbarer Zeit vorübergehende *Beeinträchtigung* gekennzeichnet ist", wie z.B. Sprach- und Lernentwicklungsstörungen.[280]

### Abgrenzung zu den Lernbehinderten

Als Geistigbehindert gilt das Kind mit einem IQ<60+/-5, und wenn es in einer Lernbehindertenschule (mit Kindern bei einem darüberliegenden IQ) nicht hinreichend gefördert werden kann. Hier liegt also ein schulisch-administratives Entscheidungskriterium vor. Es können in Grenzbereichen der Intelligenz Kinder im Einzelfall und je nach Umfang und Grad der Behinderung z.B. mit einem IQ um 60–70 sowohl in eine Sonderschule für Lern- oder Geistigbehinderte eingewiesen werden.

## 6.4.2. Besonderheiten Geistigbehinderter

Wesentliches Merkmal Geistigbehinderter ist das *„dauernde Vorherrschen des anschaulich-vollziehenden Lernens trotz optimaler Erziehungsbemühungen unter Berücksichtigung eventuell vor-*

*handener sensorieller oder motorischer Beeinträchtigungen des Lernens"*[281]. Sie liegen in fast allen Bereichen der humanen Kompetenzen, wie Sprache, Sozialverhalten, motorische Fertigkeiten, Kulturtechniken, wie Lesen, Schreiben und Rechnen usw. Geistige Behinderung ist nach dieser Definition in jedem Fall eine Mehrfachbehinderung, wobei die Intelligenzschwäche ein *„Leitsymptom"* darstellt für ein anfängliches Syndrom von *„Mehrfachbeeinträchtigungen"*[282].

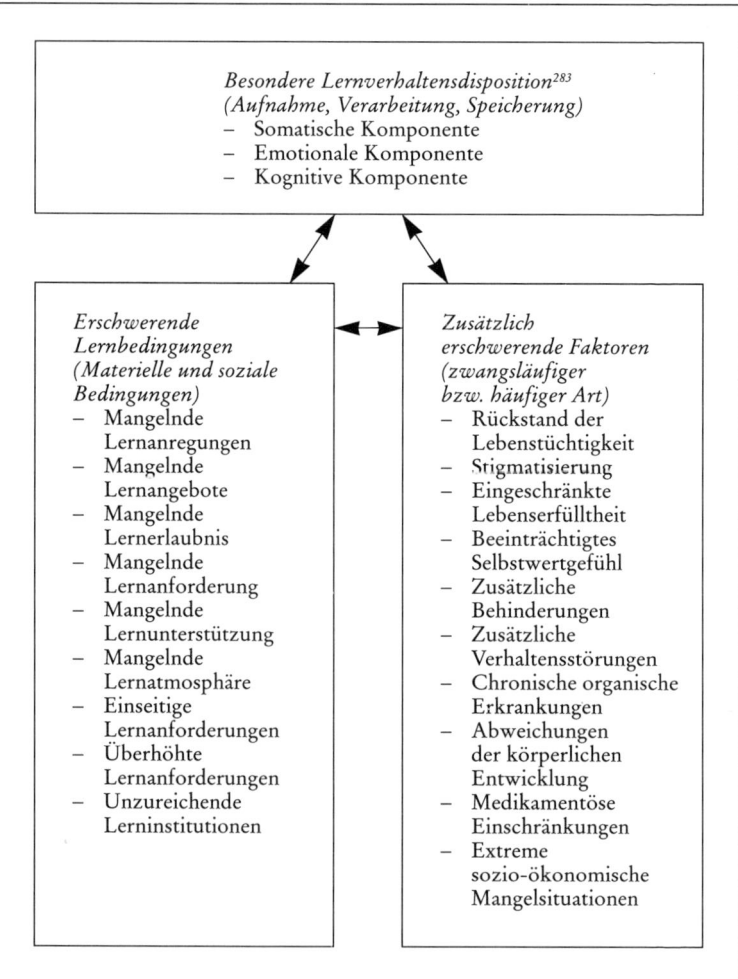

Besondere Lernverhaltensdisposition[283]
(Aufnahme, Verarbeitung, Speicherung)
– Somatische Komponente
– Emotionale Komponente
– Kognitive Komponente

Erschwerende Lernbedingungen (Materielle und soziale Bedingungen)
– Mangelnde Lernanregungen
– Mangelnde Lernangebote
– Mangelnde Lernerlaubnis
– Mangelnde Lernanforderung
– Mangelnde Lernunterstützung
– Mangelnde Lernatmosphäre
– Einseitige Lernanforderungen
– Überhöhte Lernanforderungen
– Unzureichende Lerninstitutionen

Zusätzlich erschwerende Faktoren (zwangsläufiger bzw. häufiger Art)
– Rückstand der Lebenstüchtigkeit
– Stigmatisierung
– Eingeschränkte Lebenserfülltheit
– Beeinträchtigtes Selbstwertgefühl
– Zusätzliche Behinderungen
– Zusätzliche Verhaltensstörungen
– Chronische organische Erkrankungen
– Abweichungen der körperlichen Entwicklung
– Medikamentöse Einschränkungen
– Extreme sozio-ökonomische Mangelsituationen

### 6.4.2.1. Beeinträchtigungen des Lernens Geistigbehinderter

Die Theorie der geistigen Entwicklung nach *Piaget* (s.o.) gilt zwar auch für die Geistigbehinderten, aber sie ist nach *Bach* beeinträchtigt durch eine Reihe von Besonderheiten, wie z.b.:

● die „Rigidität" oder Starrheit der operationalen Beweglichkeit im Denken und Handeln (nicht abrücken können von bestimmten Positionen, Reizen);

● ein allgemein schwaches Gedächtnis und speziell des Kurzzeitgedächtnisses, d.h., sich etwas über Minuten bis Stunden zu merken; außerdem bilden und behalten sie weniger klare Vorstellungen;

● eine „Aufgabengliederungsschwäche" bei der Lösung von Problemen;

● Aufmerksamkeits- bzw. Konzentrationsproblemen, z.B. den Blick auf einen bestimmten Reiz zu richten und festzuhalten;

● geringe Abstraktions- und Unterscheidungsfähigkeit (Reizdiskriminierung) z.b. zwischen bekannten und unbekannten, wichtigen und unwichtigen Reizen;

● ein geringes Lerntempo schon bei der Ausbildung elementarer Reiz-Reaktions-Verbindungen und Orientierungsreaktionen und

● schwaches Durchhaltevermögen.[284]

### 6.4.2.2. Allgemeine Entwicklungsverzögerung

Eine allgemeine Entwicklungsverzögerung ist schon im ersten Lebensjahr feststellbar, die unbehandelt zu einer ansteigenden Kumulation immer komplexerer Entwicklungsverzögerungen führt (siehe psychol. Aspekte S. 69). Die für das Bewegungslernen und die sensomotorische Entwicklung wichtigen Reflexe sind oft verlangsamt bzw. gestört, und das führt zu einer schwachen Lernbereitschaft durch geringe Bewegungslust, niedrigen neugierigen Betätigungsdrang (Explorationslust) und schwacher Nachahmung, die umso schwächer ist, je niedriger die Intelligenz ist. An einmal erworbenen Fertigkeiten wird relativ lange und starr festgehalten (Perseveration). Das zeigt sich auch im Spiel: einförmige, einfallslose, sich ständig über Wochen hinziehende variantenlose Wiederholungen und überwiegende Funktionsspiele wurden beobachtet.[285]

### 6.4.2.3. Wahrnehmungsprobleme

Mit der geistigen Behinderung geht eine Reihe von Wahrnehmungsstörungen oder gar -schäden einher:

● In der *visuellen* Wahrnehmung zeigen sich Schwächen in der Farbwahrnehmung (22–30%), im Formerkennen, in der Figur-Hintergrund-Unterscheidung, im Tiefensehen, in der Größenkonstanz, in der Bewegungswahrnehmung und in der visuellmotorischen Koordination;

Sehschäden sind besonders häufig: 18% einer Untersuchungsgruppe hatten Sehfehler, wovon die meisten Down-Kinder waren; 14% waren Brillenträger und 15% wurden als Schielende (Strabismus) ermittelt.[286]

● In der *auditiven* Wahrnehmung, die besonders wichtig ist für die Sprachentwicklung, zeigen sich 2–18mal mehr Fälle von Schwerhörigkeit als bei Normintelligenten; Schwierigkeiten bestehen auch in der auditiven Gestaltgliederung, z.b. bei Lautzerlegung von Wörtern.[287]

### 6.4.2.4. Motorische Probleme

Die Motorik ist gerade in der Frühentwicklung und -förderung wegen ihrer engen Koordination mit der Sensorik von grundlegender Bedeutung, zumal der Geistigbehinderte durch das vorherrschende anschaulich-vollziehende Lernen seine elementaren Kompetenzen entwickelt. Die motorischen Behinderungen sind außerordentlich hoch.

Nach einer Untersuchung von *Sondersorge* waren 50% bewegungsgestört, davon die Hälfte körperbehindert mit irreparablen Lähmungen, Dysmelien u.a. Mißbildungen.[288]

Die Motorik der Geistigbehinderten kann je nach Schädigung und Ursache sehr unterschiedliche Symptombilder haben. Es gibt Formen geistiger Behinderung, wie z.b. Down-Kinder, die aufgrund der bei ihnen häufigen Hypotonie (Schlaffheit der Muskeln) und spastischen Lähmungen oft eine schlaffe Gesamtmuskulatur haben bis zur Bewegungsstarrheit. Manche zeigen auch ein hypermotorisches bzw. hyperaktives Bild bis zum Bewegungschaos (vgl. o. CP-Kinder S. 146 ff.). Nicht selten gibt es auch das Erscheinungsbild motorischer Hemmungen und Ungeschicklichkeit aufgrund einer überbehütenden Erziehung.[289] *J. Wendeler* verweist auf die autistischen Kinder, die oft auch geistigbehindert sind. Sie „haben große Schwierigkeiten bei der Imitation motorischer Verhaltensweisen".[290]

### 6.4.2.5. Sprachverzögerungen und -Probleme

Der enge Zusammenhang von Sensomotorik und Sprache lenkt den Blick auf die Sprachprobleme Geistigbehinderter. *Spreen* faßt ihre Sprachprobleme wie folgt zusammen: „Grobe Schätzungen ziehen im allgemeinen die Intelligenzklassifizierung zum Vergleich heran und zeigen, daß bei Behinderten mit einem IQ von unter 20 in allen Fällen mit groben Sprachbehinderungen gerechnet werden muß. In der IQ-Gruppe 21–50 finden sich Sprachstörungen bei 90% der Behinderten. Bei leicht Behinderten (IQ 51–70) liegen immer noch 45% Sprachbehinderungen vor (im Vergleich dazu finden sich diese bei etwa 5–7% der Allgemeinbevölkerung). Eine ähnliche Beziehung findet sich, wenn man die Verzögerung des Spracherwerbs im Kindesalter beobachtet."[291]

Hörbeeinträchtigungen, Mißbildungen des Nasen-Rachenraumes und der peripheren Sprechwerkzeuge (z.B. übergroße Zunge, gestörte Gesichtsmuskulatur), Spasmen und Schäden des cerebralen Sprachzentrums führen zu einer Vielzahl verschiedener Sprachbeeinträchtigungen, insbesondere aber eine erhebliche *Sprachaufbauverzögerung* im späteren oder fehlenden Lallen und Spracheintritt erst zwischen 4–5 Jahren, sowie in einem begrenzten sprachlich-expressiven Verhalten.[292] *A. Atzesberger* erwähnt darüber hinaus eine „Sprachaufbaubegrenzung ... die letztlich ein Stehenbleiben bei undifferenzierteren, rudimentären, vorgestaltigen ... Sprachgebrauchsmustern beinhaltet – im Bereich der Lautgebung und Artikulation (mit Stammeln und Artikulationsschwäche), im Bereich des Begriffs- und Wortgebrauchs ... (und) auf der Ebene der Formung des Satzbaus (mit Agrammatismus bzw. Dysgrammatismus; Störung der Grammatik bzw. des Satzbaus, Verf.)."[293]

Die Ursachen dafür liegen bei Geistigbehinderten nicht allein in den organischen Schäden, der oft typischen Apathie und Sprechunlust, sondern auch an „mangelnder Stimulierung, Isolierung und Ablehnung ebenso wie eine übertriebene Beschützerhaltung der Eltern"[294].

Sie sind also auch das Ergebnis einer fehlentwickelten Interaktion, die zu vermeiden bzw. zu korrigieren die Chancen einer Frühsprachförderung erhöhen dürfte.

### 6.4.2.6. Geistigbehinderte = Mehrfachbehinderte

Die Forschungsergebnisse zeigen eindeutig, daß es sich bei Geistigbehinderten in der Regel um schwer Mehrfachbehinderte handelt.

So zeigten sich in vielen Untersuchungen – u.a. von *Liepmann*[295] –,
daß bei Geistigbehinderten

zusätzlich { 1 Behinderung bei 26,11%
2 Behinderungen bei 39,3%
3 Behinderungen bei 19,8%
4 Behinderungen bei 2,6% auftraten,

und nur 11,9% keine zusätzlichen Behinderungen aufwiesen.

Dieser Komplexität entsprechend schwierig und umfänglich ist die Diagnose und Therapie, die Früherziehung und schulische Förderung.

### 6.4.3. Probleme der Diagnose geistiger Behinderung

Die aufgezeigte Komplexität der geistigen Behinderung erfordert eine dementsprechend umfassende Diagnostik, d.h., eine rein medizinische oder nur pädagogisch-psychologische Diagnostik – etwa allein der Intelligenz – reichen ebensowenig aus wie eine einmalige, punktuelle Diagnostik. Aufgrund der Prozeßhaftigkeit geistiger Behinderung und der oft schubhaften unregelmäßigen Entwicklung einzelner Kompetenzbereiche wie Sprache, Motorik usw. gerade in den ersten Lebensjahren ist eine Diagnostik erforderlich, die kontinuierlich die Fördermaßnahmen begleitet und alle Kompetenzbereiche in ihren Wechselwirkungen umfaßt.

*Eggert* empfiehlt daher eine „*mehrdimensionale Profilbeschreibung*" in folgenden variablen Leistungsbereichen:

● „Wortschatz, Artikulation und Diskrimination als Faktor verbaler Merkmale;
● Problemlösen und Symbolfunktion als kognitive Merkmale;
● Selbsthilfe und Kommunikation als Merkmale sozialer Anpassung;
● Senso- und Psychomotorik;
● Sehen und Hören als Sinnesfunktionen;
● Lernverhalten;
● Sozialstatus, d.h. Sozialschichtenzugehörigkeit als grober Index der Sozialisationsbedingungen."[296]

Auf diese Weise könnte eine mehr pädagogisch individuelle, lernziel- und förderungsorientierte Diagnostik gegenüber der traditionellen, defizitorientierten Diagnostik entstehen.

### 6.4.4. Testverfahren

*Eggert* nennt u.a. für Geistigbehinderte folgende Tests[297]:

*1. Screening-Tests:*

| Bezeichnung | Erfaßte Merkmale bzw. Verhaltensweisen | Altersbereich bzw. Normgruppen |
|---|---|---|
| DENVER-Suchtest | Feinmotorik, Grobmotorik, Sprache, Sozialer Kontakt | bis zum 3. Lebensjahr |

*2. Standardisierte Tests:*

| Bezeichnung | Erfaßte Merkmale | Altersbereich bzw. Normgruppe |
|---|---|---|
| TBGB (Testbatterie für geistigbehinderte Kinder) Subtests: | | |
| CMM (Columbia Mental Maturity Scale) | allg. sprachfreie Intelligenz | Geistigbehindert: 7–12 Jahre Lernbehinderte: 9–12 Jahre Nichtbehinderte: 3–10 Jahre |
| BM + CM (Bunte und Progressive Matrizen) | allg. sprachfreie Intelligenz | GB: 7–12 Jahre LB: 9–12 Jahre |
| PPVT (Peabody Picture Vocabulary Test) | passiver Wort-Schatz (Sprache) | GB: 7–12 Jahre LB: 9–12 Jahre |
| BA (Befolgen von Anweisungen) | Merkfähigkeit | GB: 7–12 Jahre LB: 9–12 Jahre |
| KP (Kreise Punktieren) | Feinmotorik | GB: 7–12 Jahre LB: 9–12 Jahre |

| Bezeichnung | Erfaßte Verhaltensweisen | Altersbereiche bzw. Gruppen |
|---|---|---|
| LOS (Lincoln Oseretzky Motor Development Scale) | Motorischer Entwicklungsstand | |
| – Hamburger Version (Langform) | | GB: 7–12 Jahre LB: 9–12 Jahre |
| – Kurzform (LOS KF 18) | | GB: 7–13 Jahre LB: 8–12 Jahre NO: 5–13 Jahre |
| P-E-T (Psychologischer Entwicklungstest) | Spez. Lernfähigkeiten | NO: 4–10 Jahre |
| HMKTK (Hamm-Marburger-Körperkoordinationstest für Kinder) | Motorische Koordination | NO: 3–14 Jahre |
| Frostig-Test | Visuelle Wahrnehmung | |
| HAWIVA (Hannover-Wechsler-Intelligenztest für das Vorschulalter) | Verbale Intelligenz Organisation der Wahrnehmung | NO: 4–6; 6 Jahre |

**3. Verhaltensbeobachtungs- und Beurteilungsskalen:**

| Bezeichnung | Erfaßte Verhaltensweisen | Altersbereiche bzw. Gruppen |
|---|---|---|
| Kurzform der VSMS für Geistigbehinderte (Vineland Social Maturity Scale) | Soziale Reife | GB: 7–12 Jahre<br>NO: 2–7 Jahre |
| P-A-C und P-E-I (Päd. Analyse und Curriculum und Päd. Einschätzungs-Index) in folgenden Formen: | Selbsthilfe, Verständigungsvermögen, Sozialanpassung und Grobmotorik | |
| P-P-A-C und P-P-E-I | | jüngere und/oder erheblich behinderte Kinder |
| P-A-C 1 und P-E-I 1 | | GB von 6 bis 16 Jahren |
| M/P-A-C 1 und M/P-E-I 1 | | Spezielle Version für mongoloide Kinder von 6–16 Jahren |
| P-A-C 2 und P-E-I 2 | | für heranwachsende und erwachsene Geistigbehinderte |

Erläuterungen: GB = Geistigbehinderte; LB = Lernbehinderte; NO = Nichtbehinderte
Anmerkung: Es wurden nur Verfahren mit Normangaben in die Tabelle aufgenommen.

Zu erwähnen ist außerdem „Das Macquarie-Programm für Kinder mit Entwicklungsrückstand" von *S. Cairns/M. Pieterse/Treloar* zur Erfassung und Förderung von Grobmotorik, Sensomotorik und Wahrnehmung, Sprachverständnis, sprachlicher Ausdrucksfähigkeit und dem persönlich-sozialen Bereich von 0–5jährigen.

## 6.4.5. Frühförderung

Die Zeit scheint glücklicherweise vorbei zu sein, daß Geistigbehinderte als bildungs- oder erziehungsunfähig betrachtet und behandelt wurden. Das heutige Wissen über die Erziehbarkeit dieser Kinder, insbesondere aus der Gehirnforschung und die bisherigen praktischen therapeutischen und pädagogischen Erfolge belegen größere Förderchancen als bisher angenommen.

Erwähnt wird in der Literatur immer wieder das Experiment von Skeels und Dye. Sie untersuchten 26 Kinder mit einem IQ<70 in einem Waisenhaus und teilten sie im Alter von zwei Jahren in zwei Gruppen auf. Eine Gruppe gaben sie in eine persönliche Pflege von weiblichen Insassen einer Anstalt für Geistigbehinderte, die anderen blieben in der bisherigen Massenpflege. Die erste bzw. Beobachtungsgruppe zeigte nach 1 1/2 Jahren einen Intelligenzzuwachs um durchschnittlich 28 und nach weiteren 2 1/2 Jahren erreichten sie 101 Punkte. Die andere Gruppe in der Massenpflege fiel um 26 Punkte zurück. Die Kinder aus der ersten Gruppe erlangte durchaus normale Berufe von der Hausfrau bis zum Grundstücksmakler, Berufsberater usw., wogegen bei den Kindern aus der Massenpflege nur einer Schriftsetzer wurde, die anderen in Heimen blieben oder nur niedrigere Berufe (Geschirrspüler) erlangten oder früh starben.[298]

Unbestreitbar sind die nachgewiesenen Erfolge in der frühen Hör-Spracherziehung, in der physiotherapeutischen Frühbehandlung cerebral-geschädigter Kinder (s.o. Kalbe S. 144 f.) und in der Früh- und Entwicklungstherapie für mehrfachbehinderte Kinder. Für diese Kinder kommt *Schamberger*[299] zu dem Ergebnis, „daß Kinder mit Entwicklungstherapie bei hoher Signifikanz (0,01% Niveau) in allen Funktionsbereichen ein höheres Entwicklungsalter aufwiesen als jene, die keine Entwicklungstherapie erhalten hatten", und sie ergänzt: „daß die ... Entwicklungstherapie als wirksame Methode in der Frühtherapie bei Down-Syndrom nachgewiesen ist, wobei begründet angenommen werden kann, daß sich diese Ergebnisse auf andere geistig und mehrfachbehinderte Kinder übertragen lassen". Spezielle und integrierte Förderung in den Bereichen Motorik, Greifen, Perzeption, Sprache und Sozialentwicklung in Verbindung mit intensiver Elternanleitung bzw. -Training (vgl. o. E. Schmitz S. 153) und die Einbeziehung der Montessori-Pädagogik haben sich als ein wirksames Verfahren ganzheitlicher Frühförderung erwiesen. Diese optimistisch stimmenden Aussagen treffen nicht ohne Einschränkungen zu bei den schwerstbehinderten Kindern, für die *Fröhlich* das Konzept der „Basalen Stimulation" entwickelte.

Früherzieherische Ansatzpunkte liegen in den pädagogischen Konzepten von *Fröbel* und *Montessori*, die durch therapeutische Maßnahmen ergänzt werden müssen. Umfangreiche Hilfen im Sinne von entwicklungsfördernden Aufgabensammlungen und Materialien liegen vor.

### 6.4.6. Literatur[300]

## 6.5. Das Autismus-Syndrom

### 6.5.1. Begriff/Symptome

Erstmals erkannt und erforscht wurde dieses Syndrom von *L. Kanner* und *H. Asperger* (1939 und 1943), die unabhängig voneinander zu unterschiedlichen Erkenntnissen und Erklärungsansätzen über dieses Syndrom gelangten.

Autistische Syndrome

Frühkindlicher Autismus
Kannersches Syndrom
Autismus infantum

Autistische Psychopathie
Aspergsches Syndrom

Unter dem Begriff „Autismus" wird eine „Beziehungsstörung verstanden, und zwar zur menschlichen und zur dinglichen Umwelt, sowie eine intrapsychische (innerhalb der Person, Verf.) Beziehungsstörung. Die personale Beziehungsstörung ist bei beiden Syndromen stärker ausgeprägt als die dingliche"[301].

Für die (alte) Bundesrepublik rechnet man mit ca. 4000 autistischen und überwiegend männlichen Kindern zwischen 5 und 15 Jahren, einer höheren Zahl als der blinden, sehbehinderten und gehörlosen Kindern.[302]

Das *Kannersche Syndrom* des frühkindlichen Autismus wird als eine Störung bezeichnet, die sich bis zum sechsten, insbesondere zwischen dem zweiten und sechsten Lebensjahr voll entwickelt.[303]

Symptome sind nach Spiel/Spiel[304]: „Sie strecken die Arme nicht nach der Mutter aus, sie entwickeln kein Lächeln, die Zuwendung ist vom ersten Lebenstag an gestört; sie bleiben im Zuge ihrer Sprachentwicklung zurück, zwei Drittel der Fälle lernen später etwas sprechen, sie machen aber dann vom Ichbegriff keinen Gebrauch; sie sprechen über sich nur durch die Nennung ihres Vornamens oder in der dritten Person; manche Fälle erreichen überhaupt kein Sprachniveau, die Sprache wird als Ausdrucks- und Kommunikationsmittel nicht verwendet; selbst in schwersten Fällen bleibt die Fähigkeit, Melodien und auch Gedichte zu merken und darauf zu reagieren, erhalten".

Auffällig ist die positive Ding-Beziehung dieser Kinder, z.B. zu Puppen und Fellen, mit denen sie offensichtlich mit einem „relativ großen Gefühlsgehalt" hantieren.[305] Jedes Eindringen in ihr isoliertes Leben und Spiel wird als störend empfunden.

Weitere Symptome liegen im Vermeiden des Blickkontaktes zur Mutter, in der verzögerten bzw. unvollkommenen Sprachentwicklung (50% erwerben nach *Weber* keine Sprache), in Echolalie (Wiederholungen) und Ängsten insbesondere gegenüber jeglichen Veränderungen der Räume, des Essens, der Kleidung usw., in autoaggressiven Verhalten (sich schlagen, beißen, kratzen usw.) und in Bewegungsstereotypen.[306]

Auffallend sind die Selbststimulationen wie Augenbohren (Kind drückt mit einem oder mehreren Fingern das Augenlid auf das Auge), Fächerbewegungen vor den Augen oder das stundenlange Bewegen bestimmter Gegenstände vor den Augen usw., was insgesamt auf *„Störungen der Reaktion auf Sinnesreize"* hinweist.[307]

Dazu paßt auch die Entwicklung der Intelligenz, wonach ca. 60% geistigbehindert und ca. 20% lernbehindert sind, 17% im Grenzbereich zum Normalen und nur 3% im Normalbereich liegen.[308]

## 6.5.2. Ursachen

Die Ursachen dieses Syndroms werden nach *Spiel/Spiel* teils in einer „gestörten Mutter-Kind-Beziehung" gesucht. Es sind auch Fälle bekannt, wo die Eltern „selbst autistisch waren, daß sie keine empathische (liebevoll empfindende, Verf.) Erziehungshaltung zustande brachten bzw. daß sie ‚intellektuell' erziehen"[309].

Teils werden die Ursachen auch in „verkappten Sinnesdeprivationen" gefunden, d.h., daß diese Kinder taub waren, oder vermutlich prä- und perinatale Schädigungen hatten.[310]

*Weber* berichtet aus ihren Fällen 41% hirngeschädigte Kinder, und sie nennt bis zu 29%, die epileptische Anfälle im Jugendalter haben.[311]

Das *Asperger-Syndrom* zeigt sich durch die Mimik und Motorik dieser Kinder, die meist durch Ungeschicklichkeit, Tolpatschigkeit und durch Bizarrerien gekennzeichnet ist[312] und in ihrer Beziehung zu Menschen und Dingen schwer gestört sind.

Andere Merkmale sind: Schwierigkeiten, sich auf Veränderungen in der Umwelt einzustellen (oft starres Festhalten am Gegebenen) und verarmtes Gefühlsleben; „Belehrungen hinsichtlich ihrer sozialen und kommunikativen Schwächen nehmen sie nicht an. Sie haben schwere Einordnungs- und Anpassungsschwierigkeiten", anderseits haben sie oft eine sehr gute Intelligenz, entwickeln z.B. künstlerische Sonderbegabungen und neigen zu „skurrilen, sonderlingshaften Interessen"[313].

Die Ursachen sah *Asperger* in einer Psychopathie (krankhafte psychische Störung), andere Autoren in „unerkannt gebliebener schizophrener Psychose" oder in einer Beziehungsstörung zur Mutter.[314] Die hier vorgenommene Aufzählung von Symptomen und Ursachen ist bei weitem nicht vollständig. Die Fachleute selbst sind sich nicht ganz einig, und eine „fast unübersehbare wissenschaftliche Literatur"[315] über den Autismus, seine Ursachen und Behandlungschancen machen es dem Pädagogen nicht leicht. *Nissen* spricht sogar von einer „Modediagnose" ‚Autismus' bei *pseudoautistischen*, tatsächlich aber schwachsinnigen Kindern"[316].

### 6.5.3. Frühdiagnostik

Nach den „Empfehlungen des Bundesverbandes Hilfe für das autistische Kind" (Hamburg) müßte die Früherkennung „in vielen Fällen im zweiten Halbjahr möglich sein", und die „endgültige Diagnose sollte zwischen dem zweiten und vierten Geburtstag gestellt werden"[317].

Neben ärztlichen Untersuchungen (allgemeinpädiatrisch, neurologisch usw. und kinderpsychiatrisch) gehört die psychologische bzw. heilpädagogische Untersuchung und der Einsatz von Symptomfragebögen[318]:

**Wie erfolgt die Früherkennung?**
Das autistische Syndrom kann als Krankheitseinheit gelten. Die Erkennung erfolgt als Summationsdiagnose aus dem Zusammentreffen mehrerer typischer Symptome (abnormer Verhaltensweisen) und der Verlaufsbeobachtung.

Die ersten abnormen Verhaltensweisen werden zunächst von der Mutter beobachtet. Der Experte, z.b. der Arzt, sieht sie selten selbst – das kommt auch in der somatischen Medizin vor!

Die Früherkennung baut also auf folgenden Einzelpunkten auf:

1. Bericht der Mutter oder einer anderen Pflegeperson über abnorme Verhaltensweisen des Babies oder Kleinkindes.
2. Ähnliche Beobachtungen anderer Personen (Freunde, Verwandte etc.).
3. Beobachtung des Experten bei der Untersuchung, meist ambulant, selten stationär.
4. Ärztliche Untersuchungen:
   a) körperlich (allgemein-pädiatrisch), neurologisch, einschließlich aller Hilfsmethoden,
   b) kinderpsychiatrisch.
5. Psychologische und/oder heilpädagogische Untersuchung.
6. Als weiteres Hilfsmittel: Symptomfragebögen; z.B. Check-Liste für das erste Lebensjahr:

## a) Bereich Wahrnehmung
- Reagiert auf bestimmte akustische Reize gar nicht, scheint taub zu sein.
- Hat eine Vorliebe für bestimmte andere Geräusche.
- Dreht sich am Ende des 7. Monats nach einer Schallquelle oder einer Berührung nicht um.
- Kratzt häufig und langandauernd auf bestimmten Oberflächen.
- Fixiert langandauernd und häufig bestimmte visuelle Muster.
- Reagiert auf bestimmte andere visuelle Reize gar nicht.

## b) Bereich Sprachverhalten
- Bildet am Ende des 5. Monats noch keine Silben.
- Macht am Ende des 7. Monats noch nicht durch Sprechlaute auf sich aufmerksam (z.B. durch da-da).
- Spricht am Ende des 9. Monats noch keine Silben nach.
- Spricht am Ende des 12. Monats noch kein Wort in Kindersprache.

## c) Bereich Sozialverhalten
- Lacht am Ende des 3. Monats oft nicht, wenn es von der Mutter angesprochen wird bzw. sie ihr Gesicht nahe vor ihm bewegt (scheint sie nicht zu erkennen).
- Streckt am Ende des 6. Monats nicht die Arme nach der Bezugsperson aus.
- Scheint am Ende des 6. Monats nicht hochgehoben oder beschäftigt werden zu wollen (scheint mit sich selbst zufrieden zu sein, „ruhiges Baby").
- Macht am Ende des 10. Monats noch nichts nach.
- Zeigt am Ende des 12. Monats nicht auf Gegenstände der Umwelt (zeigt „wenig Interesse").
- Spielt nicht wie andere Kinder, sondern beschäftigt sich immer mit denselben, gleichartigen Tätigkeiten.

## d) Bereich Motorik
- Kraftlose, schlaffe oder wenig anschmiegsame, starre Körperhaltung auf dem Arm (wirkt „schwer").
- Langandauerndes Bewegen und Drehen der Hände im Gesichtsfeld, vor den Augen.
- Langandauerndes Bewegen und Drehen von bestimmten Lieblingsgegenständen im Gesichtsfeld, vor den Augen.
- Motorische Erkundung der Umwelt gering.

## e) Weitere Auffälligkeiten
- Verschiedene Störungen bei Nahrungsaufnahme.
- Damit verbundene Störungen in den Ausscheidungsfunktionen.
- Langandauernde unerklärliche Wein- und Schreiphasen.
- Langandauernde Phasen hoher Erregung bzw. tiefer Apathie.
- Schlafstörungen.
- Insgesamt ein ungewöhnlich ruhiges Allgemeinverhalten.
- Gesundes, attraktives Äußeres.

**Differentialdiagnose**

Die Diagnose „autistisches Syndrom" ist keine Alternative zu einer Oligophrenie (geistigen Retardierung).

Ähnliche Symptome wie beim autistischen Syndrom findet man beim sogenannten Hospitalismus. Sie sind hier weitgehend reversibel.

Ähnliche Symptome wie beim Autismus kommen auch bei verschiedenen Sinnesbehinderungen, aber auch bei Oligophrenen in unterschiedlicher Ausprägung vor. Hier ist meist die Diagnose: „Geistige Behinderung mit autistischen Zügen" zweckmäßig.

Ein wichtiger Schritt bei der Früherkennung ist die Feststellung eines eventuell vorhandenen Grundleidens (Hypothyeose, DOWN-Syndrom, frühkindlicher Hirnschaden etc.). Die Feststellung eines solchen Grundleidens ändert nichts an der Diagnose „autistisches Syndrom".

## 6.5.4. Frühförderung

Nach *Nissen*[319] ist inzwischen eine „therapeutische Resignation" bei den Behandlungsansätzen eingetreten, die an den Ursachen ansetzten, weil dadurch „kein durchgreifender rehabilitativer Erfolg erzielt werden konnte". Chancen und Erfolge sieht *Nissen* „durch konsequente *symptom*orientierte Behandlungsmaßnahmen", also der Frühförderung bestimmter funktioneller Schwächen.

In der Schrift „Kommunikation zwischen Partnern"[320] präzisiert *Feuser* die Schwerpunkte der Frühförderung autistischer Kinder. Schwerpunkte müssen demnach sein: Das Wahrnehmungs- und Assoziationslernen sowie das instrumentelle Lernen bzw. das operante Konditionieren. Als besonders wirksam bezeichnet *Feuser* die Verhaltenstherapie und die individuelle Förderung mit entsprechenden „speziellen und individuellen Lernprogrammen"[321].

Bei autistischen Kindern/Schülern werden nach *Feuser* zwei Stufen/Formen der Förderung notwendig sein. Dabei sind äußere räumliche Bedingungen wichtig für den Erfolg: „Die Arbeit mit einem autistischen Kind in einem möglichst ablenkungsfreien Raum und einer 1:1-(Schüler:Therapeut) Relation stellt ein Management des Lernumfeldes dar, mittels dessen eine hochgradige Anpassung an die Isolation des Kindes erreicht wird. So kann es lernen. „Aber es braucht auch die zweite Stufe/Form, das Lernen in der Gruppe, um die unter der ersten Bedingung erworbenen Fertigkeiten zu stabilisieren und das Kind durch soziale Integration integrationsfähig zu machen, denn die „segregierende (absondernde) Förderung erhält die Behinderung!" und baut sie also nicht ab.[322]

## 6.5.5. Literatur[323]

## 6.6. Blinde, Sehbehinderte, Taubblinde

### 6.6.1. Begriffe

#### 6.6.1.1. Blinde – Sehbehinderte

Die Schädigungen im Bereich des Sehens werden als Blindheit und Sehbehinderung definiert.

Die Übergänge sind zwar fließend, aber aus praktischen Gründen, z.b. durch das Sozialgesetzbuch und Schulrecht, werden hier bestimmte Unterscheidungen vorgenommen.

Man unterscheidet:

*Blinde* (Amaurose): Nach *D. Hudelmayers* Darstellung gelten Personen als blind:

- „Wenn ihre Sehfähigkeit wirtschaftlich nicht mehr verwertbar ist;
- wenn sie ihr Weltbild nicht mehr optisch aufzubauen vermögen;
- wenn sie sich in unbekannter Umgebung nicht ohne fremde Hilfe zurechtfinden können;
- wenn sie ihre Vorstellungen überwiegend mittels Gehör und Tastsinn erwerben müssen;
- wenn sie auf blindentechnische Hilfen angewiesen sind, insbesondere beim Lesen und Schreiben auf Braille-Schrift;
- wenn sensorisches Unvermögen, gegenständlich zu sehen, vorliegt;
- wenn sie höchstens noch Lichtschein wahrnehmen;
- wenn sie bestenfalls noch hell/dunkel unterscheiden können;
- wenn sie Fingerzählen auf 1 Meter Entfernung visuell nicht mehr leisten können;
- wenn ihre Sehschärfe (Visus, Verf.) nicht mehr als 1/50 beträgt;
- wenn ihre Sehschärfe nicht mehr als 20/200 (1/10) beträgt;
- wenn bei einer Sehschärfe von 1/20 oder weniger das Gesichtsfeld auf 15 Grad oder weiter eingeschränkt ist."[324]

Diese auf „Handlungsräume und Lebensvollzugsformen" sich beziehenden Merkmale wiederholen sich in den Sozial- und Schulgesetzen.[325]

*Sehbehinderte:* Die über der Blindheit liegenden Sehbehinderungen werden nach *Mersi*[326] sehr uneinheitlich definiert, so daß *Mersi* zu dem Schluß kommt:

- „Daß Sehbehinderung heute allgemein vom Sehen her definiert wird;

● daß z.Zt. für keine Bereiche zuverlässige und gültige Abgrenzungskriterien vorliegen;
● daß infolgedessen in Zweifelsfällen nur aufgrund längerer Feldbeobachtung bzw. Arbeitsproben entschieden werden kann;
● daß im Bereich der beruflichen Rehabilitation die differenziertesten Klassifikationen benötigt werden;
● daß im pädagogischen Bereich die Tendenz besteht, zwischen zwei Gruppen von Sehbehinderten von jeweils eigener pädagogisch-didaktischer Bedürfnislage zu unterscheiden (z.Z. „sehbehindert" von 1/3 bis 1/20, „hochgradig sehbehindert" von 1/25 bis 1/50 und
● daß in der Sozialgesetzgebung beide Gruppen als (hinsichtlich der Eingliederungshilfe) „wesentlich sehbehindert" anerkannt werden."[327]

Darüber hinaus gibt es noch Unterscheidungen wie ein- und beidseitig sehbehinderte und Blinde und diverse schwerwiegende Augenerkrankungen im Kindesalter, insbesondere bei den o.g. Risiko-Kindern.[328]

Die nachstehende Tabelle gibt einen Überblick häufiger Augenerkrankungen im Kindesalter.

Augenerkrankungen im frühen Kindesalter[329]

| Krankheitsbild | Folge von Allgemeinerkrankungen | vererblich | auffällig durch |
|---|---|---|---|
| Grauer Star | Stoffwechselerkrankungen, Röteln der Mutter während der Schwangerschaft (teilweise) | ± (teilweise) | „graue Pupille" Schielen, Augenzittern Vorgeschichte |
| Hornhauttrübungen | Infektionskrankheiten z.B. Lues | ± (teilweise) | graue Hornhaut, Schielen |
| Grüner Star | – | ± (teilweise) | „große Augen", Lichtscheu, Tränen |
| Erkrankungen der tieferen Augenabschnitte einschließlich Geschwülsten und Mißbildungen | Frühgeburten mit Sauerstoffmangel oder -überschuß, Infektionskrankheiten auch der Mutter während der Schwangerschaft (selten) | + (häufig) | Schlechtes Sehvermögen Kind fixiert nicht Schielen Augenzittern Vorgeschichte |
| Primäres Schielen und Augenzittern | — | + (häufig) | Im allgemeinen grob auffällig |

Aus dieser Zusammenstellung ergeben sich zwei wesentliche Tatsachen:
1. Die erkrankten Kinder gehören zum großen Teil zu den sog. Risiko-Kindern, weil sie aufgrund von Erbanlagen, von Erkrankungen der Mutter während der Schwangerschaft oder eigenen Leiden bereits von vornherein als erhöht gefährdet anzusehen sind. Beim Vorliegen dieser Faktoren sollten sie damit immer einer augenfachärztlichen Kontrolle zugeführt werden.
2. Diese Kinder zeigen im allgemeinen Symptome wie z.b. Schielstellungen oder Augenzittern, ungewöhnlich große Augen (grüner Star) oder graue Verfärbungen der Pupille (grauer Star), die auch dem medizinischen Laien oder Nichtaugenarzt auffällig sein müßten.

Schließlich sind die schweren Erkrankungsformen dadurch charakterisiert, daß diese Kinder Bewegungsstörungen zeigen und nicht altersentsprechend an Ereignissen ihrer Umgebung teilnehmen. Alle Kinder, die diese Erscheinungen bieten, sollten bald einer augenärztlichen Untersuchung unterzogen werden.

## 6.6.1.2. Taubblinde und andere Mehrfachbehinderungen

*Hudelmayer* führt noch eine Reihe von Mehrfachbehinderungen an: Lernbehinderte, geistigbehinderte, sprachbehinderte, körperbehinderte-hörgeschädigte blinde Kinder sowie die Kombination mit Verhaltensstörungen. *Hudelmayer*[330] bezieht sich hier auf ausländische insbesondere amerikanische und kleinere deutsche Untersuchungen, die ebenfalls Mehrfachbehinderungen feststellten:

| Zusätzliche Behinderung | bei allen vollblinden mehrfachbeh. Kindern (N = 4.309) % | bei vollblinden Kindern mit nur einer weiteren Behinderung % |
|---|---|---|
| Lern- u. Geistigbehinderung (mental retardation + slow learner; <IQ 90) | 93,6 | 17,9 |
| Sprachbehinderungen | 47,7 | 1,0 |
| Hirnschädigung | 44,8 | 0,9 |
| Verhaltensgestörte (emotional problems: autistic, psychotic, neurotic) | 19,3 | 2,5 |
| Cerebralparetiker | 15,5 | 1,0 |
| Epilepsie | 18,6 | 0,9 |
| Chronische Krankheiten u. Mißbildungen (z.B. Asthma, Hydrocephalus) | 7,8 | (keine Angaben) |
| Hörschädigungen | 10,8 | 1,2 |
| Entstellungen (cosmetic defect) | 6,3 | 0,8 |
| Gebißanomalien | 4,2 | 0,4 |
| Gaumenspalte | 0,8 | 0,0 |

Aus den Daten ist zu entnehmen, daß die Lernbehinderung und die geistige Behinderung ganz im Vordergrund der Mehrfachbehinderungen stehen, 68% der Mehrfachbehinderten haben einen IQ unter 75, 45% liegen unter IQ 49.

Ein besonderes Problem sind die „Verhaltensstörungen" bei Blinden und Sehbehinderungen, die schwer zu definieren sind und als ein Problem der frühen Interaktion zwischen Kind und Familie bzw. der „adäquaten Früherziehung" angesehen werden[331].

## 6.6.2. Beispiele früher Augenerkrankungen

**Augenzittern** (Nystagmus)
Hierbei gibt es verschiedene Formen und Schweregrade, und Augenzittern tritt oft in Verbindung mit Schielen u.a. Erkrankungen auf.

Die Augen dieser Kinder zeigen „langsame und oder rasche pendelnde Augenbewegungen", und die Sehschärfe ist fast immer schon herabgesetzt[332]. Eine frühe Behandlung ist möglich.

**Schielen** (Strabismus)
Ca. 6% aller Kinder schielen, und das bedeutet – unbehandelt – immer einen Verlust an Sehfähigkeit. Behandelbar ist Schielen ab ca. fünf Monaten durch eine Brille und das Abdecken und Ruhigstellen eines Auges oder durch eine Operation.

Schielende Kinder zeigen eine Lichtempfindlichkeit, Augentränen, Zukneifen eines Auges, Verstimmungen oder Reizbarkeit, chronische Lidrandentzündungen, schiefe Kopfhaltung und ungeschickte Bewegungen.[333]

**Kurzsichtigkeit** (Myopie)
Schwere Kurzsichtigkeit von über 10 Dioptrien (augenärztliche Meßskala) wird häufig vererbt, und solche Kurzsichtige bilden einen großen Teil der Kinder in Sehbehinderten- und teilweise auch in Blindenschulen. Sie tritt oft in Verbindung auf mit Netzhautablösung (ablatio retinae), die ohne Behandlung zur Erblindung führen kann.

**Grauer Star** (Katarakt)
Diese Linsentrübung gehört auch zu den häufigsten Fällen in Blinden- und Sehbehindertenschulen. Sie ist oft angeboren und hat ihre Ursache u.a. in Erbkrankheiten oder Infektionen der Mutter in den ersten drei Schwangerschaftsmonaten. Grauer Star kann auch Folge einer Diabetes mellitus (Zuckerkrankheit) des Kindes oder von Verletzungen sein.

Angeborene Linsentrübungen (kongenitale Katarakte) sind „häufiger einseitig als beidseitig. Bei einseitigen Linsentrübungen entwickelt sich die Sehfähigkeit des gesunden Auges in der Regel normal, das Sehvermögen des erkrankten Auges bleibt in seiner Entwicklung stark zurück".[334] Neuere Behandlungsmöglichkeiten wie frühe Operationen (Linsenentfernung) zwischen der 6.–8. Lebenswoche und der Einsatz von Haftschalen u.a. Hilfsmitteln lassen größere Entwicklungschancen erkennen.

### 6.6.3. Ursachen von Blindheit und Sehbehinderung sowie Statistik

Genannt wurden bereits die sog. Risiko-Kinder. *Hudelmayer* spricht bei den Ursachen von Blindheit von 15% erblicher bzw. genetischer und 7,4% angeborener Ursachen[335], und ein großer Teil der „*erworbenen Kinderblindheit*" gehen auf Erkrankungen zurück.[336]

Sehbehinderungen haben ihre Ursachen überwiegend im pränatalen Bereich (49,1%), in Infektionen (5,1%), in „nichtinfektiven Allgemeinerkrankungen" mit 11,6% und in Unfällen mit 1,2%.[337]

Die Statistik über Blinde und Sehbehinderte in Deutschland wird generell kritisiert, weil die Begriffe und Abgrenzungen von Blindheit und Sehbehinderung unscharf sind. In der jüngsten Statistik (Stichtag 31.12.91) werden unter „Blindheit und Sehbehinderung" (mit Schwerbehindertenausweis) die Kinder unter sechs Jahren mit 547, zwischen 6 und 15 Jahren 1377 angegeben. Andere Quellen nennen andere Zahlen: Nach W. *Rath* erhalten zwischen 2000–3000 Kinder und Jugendliche Frühförderung oder gehen in Schulen bzw. sind in der Berufsausbildung.[338]

### 6.6.4. Frühdiagnostik

Die Frühdiagnostik und -erfassung Blinder und speziell Sehbehinderter ist nach Einschätzung der Fachleute noch nicht optimal, d.h., gerade Sehbehinderte werden zu spät erkannt und heilpädagogisch erfaßt. Dadurch treten vermeidbare Probleme in vielen Entwicklungs- und Funktionsbereichen auf, insbesondere in der Intelligenz, Wahrnehmung, Motorik, Raumorientierung und im sozialemotionalen Verhalten.

Die ophtamologischen (augenärztlichen) Verfahren haben sich inzwischen wesentlich verbessert. So können schon im Säuglingsalter Schäden festgestellt werden.[339]

Wichtig ist noch immer die Beobachtung des Kindes durch die Eltern. Das oben erwähnte Heft der Aktion Sorgenkind[340] gibt praktische Hinweise zur Beobachtung und Prüfung der Sehleistungen.

### 6.6.5. Frühförderung

Generell wird beklagt, daß insbesondere durch die zu späte Früherkennung und -erfassung die Frühförderung zu spät einsetzt. Die Folge davon sind vermeidbare Folgebehinderungen. Eine besonders wichtige Aufgabe ist die Beratung und Anleitung der Eltern im Umgang mit ihrem blinden oder sehbehinderten Kind. Zentrum dieses Problems ist der Aufbau der Mutter-Kind-Beziehung.

### Kindbeobachtung und Aufbau von Interaktionsprozessen

Wie die Forschung von *Papousek* belegen, bauen sich die interaktionalen Beziehungen von der Mutter *und* vom Kinde her auf. Man spricht von der „Reziprozität" der Mutter-Kind-Beziehung und ihren Verhaltensdialogen. Dadurch aber, daß das blinde oder sehbehinderte Kind nicht die „normalen" Signale geben oder empfangen kann, kommt es bei den Müttern zu Irritationen und Streß bis zur Kontaktvermeidung oder Ablehnung des Kindes.

Ein erster Schritt, diese elementare Kommunikation aufzubauen, ist die sorgfältige Beobachtung der kindlichen Signale, die nicht mit dem Sehen verbunden sind: Vor allem die motorischen oder akustischen Signale. Im Gegensatz zu normalsichtigen Kindern verfallen blinde und sehbehinderte durch sprachliche und taktikte Anregungen notgedrungen in Bewegungslosigkeit und Stille, gerade weil sie auf die Signale von außen hin orientiert sind: „Es (das Kind) ist seelisch aktiv, obschon es für den gewöhnlichen Beobachter unbeweglich, in sich gekehrt und nicht aufnahme- und antwortbereit zu sein scheint. Nur ein sensibler Beobachter kann feststellen, wann das Kind im Alter von etwa drei Wochen aus der ursprünglichen Unbeweglichkeit in die Position ‚aufmerksame Stille' überwechselt. Im Ausdrucksgeschehen, insbesondere im Gesichtsausdruck, gibt es feine Unterschiede zwischen dem bloß unbeweglichen und dem aufmerksamen Stillehalten. Beim Aufmerken … hob das blinde Kind die Wangen, öffnete leicht den Mund, was als ruhige Zufriedenheit anmutete, und hielt die Arme entspannt … Die Mutter lockte das Kind, indem sie es ansprach, sanft bewegte und sagte: ‚Marci, hier ist Mama, es ist deine Mama'."[341] *Schmalohr* berichtet über den weiteren Aufbau solcher elementarer Verhaltensdialoge und elementarer Entwicklungshilfen, wie Greifen nach Gehör, Locken des Kindes in den Fernraum usw., um über die Bewegung und akustischen Orientierung dem Kinde den Weg in den personalen und dinglichen Lebensraum zu erschließen.

Dementsprechend sind die meisten Frühförderungsansätze aufgebaut: Schwerpunkte in der Frühförderung Sehgeschädigter sind, über die Körperschulung mehrerer Zielbereiche zu fördern:

● durch „Bewegungserfahrung" zur „Erfahrung des eigenen Körpers";

- zur Raumerfahrung, zur Materialerfahrung, Bewegungserfahrung, Wahrnehmungserfahrung;
- zur „Erfahrung des ‚Ich‘ und des ‚Anderen‘";
- zur „Erweiterung der Handlungsfähigkeit" und zur „reflektierten ... gewußten Erfahrung" zu gelangen.[342]

### 6.6.6. Literatur[343]

## 6.7. Gehörlose und Schwerhörige

### 6.7.1. Begriffe

Die Begriffe sind auch hier nicht ganz eindeutig definiert. Der Mediziner P. *Plath* definiert wie folgt: „Im medizinischen Sinne taub ist ein Kind, bei dem mit allen zur Verfügung stehenden Mitteln keine Hörreste nachweisbar sind, das also selbst höchste Schallintensität nicht über das Gehör wahrnehmen kann. Von ‚praktischer Taubheit‘ oder ‚subtotaler Taubheit‘ spricht man dann, wenn Hörreste nachweisbar sind, das Kind aber nicht in der Lage ist, sie zur Erlernung der Sprache zu nutzen"[343]. Bei Gehörlosigkeit sind i.d.R. Innenohr und Hörnerven betroffen. Bei der Schwerhörigkeit unterscheidet man zwischen „Mittelohr- (Schalleitungs-) Schwerhörigkeit und Innenohr- bzw. Nervenschwerhörigkeit (Rezeptionsschwerhörigkeit wegen der Konsequenzen für die Therapie"[344].).

Die Grenzen zur Schwerhörigkeit sind fließend: Man spricht von verwertbaren und nichtverwertbaren „Hörresten", je nachdem, ob sie mit Hilfe technischer Hörhilfen „zum Hören und Erkennen von Signalen genutzt werden können"[345]. In den Fällen, wo die Sprache noch verstanden werden kann, „wenn unmittelbar am Ohr gesprochen wird", liegt ein Grenzfall zur Schwerhörigkeit vor[346].

Die Unterscheidung von Gehörlosigkeit und Schwerhörigkeit wird in audiologischen (Gehör-)Messungen auch nach Dezibel – einer Maßeinheit für Schallintensität – vorgenommen. *H. G. Furth* unterscheidet danach die

- Gehörlosigkeit mit einem durchschnittlichen Hörverlust von 80 und mehr Dezibel,
- hochgradige Schwerhörigkeit mit einem durchschnittlichen Hörverlust mit 60 Dezibel.[347]

Die Schwerhörigkeit wird unterschieden nach folgender Einteilung:

---

Graduelle Einteilung der Schwerhörigkeit und einige Bezugswerte.[348]

| Grad der Schwerhörigkeit | Umgangssprache wird verstanden aus | % Hörverlust |
|---|---|---|
| GERINGGRADIG | mehr als 4 Meter | 10–40 |
| MITTELGRADIG | 1–4 Meter | 40–60 |
| HOCHGRADIG | 0,25–1 Meter | 60–80 |
| AN TAUBHEIT GRENZEND | weniger als 0,5 Meter | 80–95 |

---

## 6.7.2. Ursachen und Statistik

Die Ursachen werden unterteilt in prä-, peri- und postnatale Ursachen:

1. Zu den pränatalen Ursachen gehören:

● Die ererbte Gehörlosigkeit durch Mißbildungen des Innenohres, die oft kombiniert ist mit Schädigungen anderer Organe, wie Nieren, Herz und Gehirn;
● Hemmungen in der embryonalen Entwicklung z.b. durch Viruserkrankungen, wie z.b. Röteln, oder Medikamente;
● toxische Wirkungen von Medikamenten, wie z.b. Antibiotika, aber auch Nikotin, Alkohol usw.

2. Zu den perinatalen Schäden gehören insbesondere Schädelverletzungen, Sauerstoffmangel und krankhaft schwere Gelbsucht;

3. Zu den postnatalen Ursachen gehören:

● Mittelohrentzündungen;
● Infektionskrankheiten, wie z.b. Mumps, Keuchhusten, Masern, Röteln, Pocken;
● Medikamentenvergiftungen, z.B. durch Antibiotika, Kopfschmerzmittel;
● Neurovasculäre Regulationsstörungen (Durchblutungsstörungen), niedriger Blutdruck usw.;
● Knall- und Explosionstraumen;
● Kopfverletzungen und
● Nervenerkrankungen wie z.b. Morbus Recklinghausen.[349]

Die Statistik des Statistischen Bundesamtes gibt folgendes Bild für die 0–6jährigen:
Taubheit: 113 Fälle
Taubheit kombiniert mit Störungen der Sprachentwicklung und entsprechenden Störungen der geistigen Entwicklung: 202 Fälle
Schwerhörigkeit mit Gleichgewichtsstörungen: 249 Fälle
Gleichgewichtsstörungen: 4 Fälle
Der Deutsche Bildungsrat[350] schätzte den Anteil der Schwerhörigen auf 0,3% (ca. 13000) und der Gehörlosen auf 0,05% (ca. 2000) der 0–6jährigen.

### 6.7.3. Frühdiagnostik

Obwohl sich die medizinische Frühdiagnostik in den letzten Jahren wesentlich verbesserte, werden noch immer zu viele Kinder zu spät diagnostiziert und für die Frühförderung erfaßt. Der Zeitverlust zwischen Verdacht und Diagnose bzw. Behandlung kann sich über Jahre hinziehen. Der Mediziner P. *Biesalski* stellt fest: „Nach meinen Erfahrungen werden ca. 20% der hochgradig hörgeschädigten Kleinkinder zu spät, d.h. bei angeborenen Hörstörungen erst oft um das dritte Lebensjahr erfaßt. Bei mittelgradigen Hörstörungen sind es sicher 30%, die wesentlich verspätet, meist erst zwischen dem 3. und 6. Lebensjahr, bekannt werden. Leichtere Hörstörungen werden mindestens zu 40% zu spät erkannt. Dabei ist festzustellen, daß es in der Bundesrepublik mindestens 4000 gehörlose bzw. hochgradig hörgestörte Kinder im Alter zwischen 1 und 6 Jahren gibt."[351]

Es gibt in der Bundesrepublik eine Reihe sog. Pädoaudiologischer Beratungsstellen, die teilweise an HNO-Kliniken, Gesundheitsämtern oder an Hörgeschädigtenschulen angeschlossen sind oder mit ihnen kooperieren. Die Verfahrensweisen der Frühdiagnostik (Audiologie = Gehörmessungen) hat ausführlicher A. *Löwe* beschrieben.[352] Einen Ratgeber mit einfachen Diagnose-Spielen für Eltern hat die erwähnte Aktion Sorgenkind herausgebracht. Ein einfaches Verfahren ist: Man stellt sich für das Kind unbemerkt hinter das Kind und knistert mit Papier, läutet ein Glöckchen usw. einmal links und rechts am Ohr. Reagiert das Kind nicht, ist eine ärztliche Kontrolle angezeigt.

Die audiologischen Untersuchungen des Säuglings und Kleinkindes sind schwierig. Wichtig ist die mütterliche Beobachtung, ob und wie das Kind auf Geräusche reagiert. Risikokinder sollten regelmäßig untersucht werden.

„Bei Neugeborenen kann eine grobe Prüfung erfolgen durch das Auslösen der Reflexe und laute akustische Reize. Dies sind vor

allem der Lidreflex und ein Zusammenzucken des ganzen Körpers, verbunden mit einer Streckung des Rumpfes (Moro-Reflex)
oder ähnliche Gesamtreaktionen.

Nach spätestens sechs Monaten sollte ein normalhörendes Kind
gelernt haben, die Richtung zu erkennen, aus der die Schallsignale
kommen. Man beobachtet deshalb in diesem Alter die Hinwende-
reaktion der Kinder. Diese Prüfung kann schon erste Hinweise
dafür geben, daß eventuell eine einseitige Hörstörung vorliegt."[353]
In Kliniken oder Pädoaudiologischen Zentren können dann u.a.
Nervenstrommessungen durchgeführt werden („Computer-Au-
diometrie", Elektrocochleographie-ECoG- oder Electric Reponse
Audiometrie-ERA).

### 6.7.4. Frühförderung

Die medizinische Frühbehandlung Gehörloser hat in den letzten
Jahren folgende Möglichkeiten eröffnet:

- Durch elektrische Reizung der Nerven und Einpflanzung von
  Elektroden ins Innenohr läßt sich eine Verbesserung der Ton-
  höhenunterscheidung bewirken;
- durch medikamentöse und operative Behandlung läßt sich die
  Aktivität von Hörrestfunktionen steigern.[354]

Bei den Schwerhörigen ist durch medikamentöse und operative
Behandlung in vielen Fällen (z.B. bei Versteifung des Steigbügels,
Beseitigung sog. Polypen oder richtiger: zu großer Rachenman-
deln), Einsetzen von Elektroden, Behandlung von Durchblutungsstörungen eine Verbesserung bzw. Vorbeugung einer Verschlimmerung möglich. Entscheidend ist eine „frühestmögliche"
Hörgeräteversorgung.[355]

Unbehandelte Kinder haben in ihrer „Gesamtentwicklung ...
schwerwiegende Folgen" zu ertragen, und deshalb ist aus ärztlicher Sicht die Frühförderung und sonderpädagogische Behandlung „möglichst schon am Ende des ersten Lebensjahres" notwendig.[356]

Die Folgen liegen nach *A. Löwe* in den Bereichen der

- ausfallenden, verzögerten und unvollständigen Sprachentwicklung;
- in der begrenzten Teilnahme am Familienleben;
- in der sozialemotionalen Entwicklung;
- in der kognitiven Entwicklung;
- im Aufbau normaler Verhaltensmuster.

Dementsprechend muß die Früherziehung Gehörloser und Schwerhöriger ganzheitlich konzipiert sein. Einen Schwerpunkt bildet auch hier die Elternberatung und -anleitung, nicht nur, um sozial-emotionalen Fehlentwicklungen wie zu enges Anklammern an die Mutter oder zu starkes Sichzurückziehen zu verhindern, sondern auch der Mutter und Familie zu helfen, dem Kinde die nötigen Hilfen zu geben für den Aufbau seiner Kommunikationsmöglichkeiten und Selbständigkeit.

Gehörlose und schwerhörige Kinder werden verstärkt das Sehen einsetzen, um den Gehörausfall bzw. die -minderung zu kompensieren. Hier setzt die Frühförderung ein durch Hausspracherziehung und ggf. Kindergartenerziehung für Gehörlose.

Zu den besonderen Methoden der Gehörlosenerziehung zählen verschiedene *Gebärdenarten* und *Handzeichensystemen*. Dabei unterscheidet man konventionelle Gebärden als Gebärdensprache aufgrund von Übereinkünften in den Gehörlosengemeinschaften, dann das Fingeralphabet als schriftzeichenbezogene Handzeichen für bestimmte Buchstaben und Lautgebärden als lautsprachbezogene Handzeichen.[358]

Wichtig ist für die ersten Lebensjahre die Einführung des Kindes in die Gehörlosenkommunikation.

„Da die Lautsprache (bei Gehörlosen, Verf.) als verbindendes Element nicht wahrgenommen wird, müssen ihre Funktionen im Kleinkindalter zunächst von der Mimik und Gebärde übernommen werden. Immer aber sollten die Eltern mit ihrem Kind gleichzeitig sprechen, damit es so früh wie möglich an diese Formen der Kommunikation herangeführt wird. Dies bewahrt auch die Eltern vor Fehlverhalten und leitet zu seinem sinnvollen Miteinander von Lautsprache und Gebärde an. Die auch von den Hörenden je nach Temperament in unterschiedlichem Umfang gebrauchte Mimik und Gestik gilt es in verstärktem Maße bei der Unterhaltung mit gehörlosen Kindern einzusetzen."[359]

In der Früherziehung gehörloser und schwerhöriger Kinder gibt es neben der Kombination von Lautsprache und Gebärde noch folgende Ansätze:

1. Die ganzheitliche Lautsprachmethode von *Schmid-Giovanni* (für resthörige Kinder)
Man könnte diesen Ansatz auch als situativen Ansatz bezeichnen, der von der natürlichen Interaktion zwischen Mutter und Kind und dem alltäglichen Sprachgebrauch ausgeht. Weil Sprache nicht nur hörbar, sondern auch seh- und fühlbar ist, kann sie auch visuell, taktil oder vibratorisch vermittelt werden.

199

Nicht die Wort- und Begriffsmenge, sondern der tatsächliche alltägliche Gebrauchswert ist ihr Ansatz. Deshalb soll die Mutter in jeder Situation für das Kind sichtbar mit ihm sprechen, damit es den Zusammenhang von Sprache, Dingen und Handlungen erfahren und erleben kann. Spezielle Übungen sollen spielerisch durchgeführt werden, damit das Kind immer Freude an der Kommunikation erlebt und zur Kommunikation angeregt wird.

2. Sprachentdeckendes Lernen *van Udens*
Auch er geht wie *Schmid-Giovanni* von der Normalsprachentwicklung aus, allerdings setzt *van Uden* auf das „Gespräch" als didaktische bzw. interaktionistische Grundeinheit. Durch die sog. „Fangmethode" spricht die Mutter das aus, was das Kind eigentlich sagen möchte, aber nicht oder noch nicht sagen kann. Tritt z.b. die Mutter an das Kinderbettchen und sieht das Kind strampeln oder lachen, dann sagt sie: „Hast du Hunger? Komm her, Liebling!" usw.
Die Mutter nimmt eine „Doppelrolle" ein: Sie spricht für das Kind und ihre Rolle: „Im ersten Satz ‚fängt' die Mutter, was das Kind sagen will, und suggeriert die richtigen Worte. Sie folgt der Fangmethode, hier spielt die Mutter gewissermaßen die Rolle des Kindes. Im zweiten Satz spielt die Mutter ihre eigene Rolle: ‚Komm her Liebling!'. Auf diese Weise ‚spielt sie eine Doppelrolle': die Rolle des Kindes und ihre eigene Rolle."[360]
Diese Methode wird bis zum ca. vierten Lebensjahr praktiziert. Indem sie die unvollkommenen Äußerungen des Kindes auffängt und korrekt wiederholt, steigert sie die Sprachfähigkeit des Kindes.
Das Kind entdeckt dabei nicht nur den Sinn, sondern zunehmend auch die Möglichkeiten, mit der Sprache etwas anfangen oder bewirken zu können, bzw. es lernt „immer wieder neue Sprachformen und Strukturen, (und) es reflektiert über seine Sprache"[361].

### 6.7.5. Literatur[362]

## 6.8. Sprachbehinderte, -gestörte und -entwicklungsverzögerte Kinder

### 6.8.1. Mensch und Sprache

Die Sprache ist das einzig dem Menschen verfügbare und hochkomplexe Organ der geistigen Selbst- und Welterfassung, Träger und Vermittler von Wissen und Gefühlen, Mittel des Denkens und der Kommunikation. Sie reicht von nonverbalen, mimisch-gestisch komplexen und wenig definierten Symbolisationen von Bedeutungen bzw. Sinngehalten bis zu den abstrakten Formen schriftlicher, verbal-begrifflicher und sozial definierter allgemeingültiger Zeichensysteme für bestimmte Bedeutungen bzw. Sinngehalte oder auch für Handlungen, wie etwa das Stop-Schild im Straßenverkehr.

Mündliche wie schriftliche Sprache steuert unser individuelles und soziales Verhalten und verbindet oder trennt Menschen in dem Maße, in dem sie an Sprache teilhaben, sie wahrnehmen und verstehen, sprechen, lesen und schreiben können oder nicht. Die Sprachkompetenz kann daher zum Lebensschicksal werden.

Die Erforschung der Sprachentwicklung und -behinderungen und ihre Behandlung hat die Wissenschaften früh beschäftigt. Der Arzt *Hieronimus Mercurialis* schrieb 1584 ein Buch über Stottern, und *Heinicke* gründete 1778 in Leipzig eine Anstalt zur Behandlung von Stummen und Sprachgebrechlichen.[363]

### Anmerkung zur Sprachentwicklung:

Bevor das Kind zur korrekten Sprache gelangt, verfügt es durch eine Mobilisierung des Organismus über eine Spracherlebnis-, Sprachverstehens- und Lernbereitschaft für Sprache durch spontane Lautproduktion und Reaktionsbereitschaft auf menschliche Sprache z.B. der Mutter. Das Kind hat eine angeborene Sensivität für Sprache (vgl. Kap. 4.4.5.). Sinz definiert „sensible Phasen der Entwicklung (als) genetisch determinierte Zeitnischen, in denen sensibilisierte Neuronenbahnen selektiv auf Außenreize abgestimmt und somit funktionell verifiziert werden", insbesondere bezogen auf die frühe Wahrnehmungs-, Sozial- und Sprachentwicklung.[364] Es sind reifungs- wie milieuabhängige spezifische Lernbereitschaften, die auf frühe Sprachkontakte, gute Sprachmodelle und -erziehung angewiesen sind. Sprachentwicklung zeigt frühe Geschlechtsunterschiede insofern, als bei den Mädchen die

Gehirnreifung (Myelinisierung; s. S. 78) anfangs etwas schneller als bei den Jungen verläuft, d.h. die Mädchen dementsprechend früher sprechen, ein Unterschied, der durch Sozial- und Bildungsschichteinflüsse verstärkt werden kann. Der Beginn und Verlauf der Sprachentwicklung ist beim Kind außerordentlich regelmäßig, so daß man zurecht von einer gewissen „Normalität" und folglich ebenso von Verzögerungen der Sprachentwicklung, Sprachstörungen und -behinderungen sprechen kann.

## 6.8.2. Begriffe

Im sonderpädagogischen Bereich hat sich der Begriff der Sprachbehinderung als Oberbegriff durchgesetzt. Der Deutsche Bildungsrat definiert wie folgt:

„Als sprachbehindert gilt, wer infolge einer Schädigung der zentralen und peripheren Anteile der Organe (s.u. Physische Determinanten, Verf.), die an der innersprachlichen Vorbereitung, dem Sprechen und dem Sprachverständnis beteiligt sind, oder durch Funktionsmängel in seiner Mitteilungs- und Ausdrucksfähigkeit sowie im Sprachverständnis auffällig beeinträchtigt ist. Sprachschädigungen wirken sich in den Bereichen des Sprachaufbaus, der Rede und des Sprechens sowie im Sprachverständnis aus. Sie beeinträchtigen je nach Art der individuellen Schädigung das Kommunikationsgeschehen und führen in unterschiedlicher Ausprägung zu Abweichungen im Lern- und Sozialverhalten."[365]

Sprachbehinderungen als vorübergehende, längerfristige oder bleibende Phänomene sind individuell komplexe Behinderungen als umfassende oder teilweise Unfähigkeit, die Umgangssprache mündlich oder schriftlich regel-, alters- und entwicklungsgemäß zu lernen und zu gebrauchen. Dadurch sind die Betroffenen in ihrer psychisch-geistigen und sozialen Kommunikation bzw. Interaktion sowie in ihrem Denken, Erleben und Handeln beeinträchtigt.

## 6.8.3. Ursachen und Symptome

*Bedingtheiten des Sprachverhaltens –*
*Ursachen der Sprachbehinderungen und -störungen*

*Heinelt* brachte diese Determinanten des Sprachverhaltens in drei Gruppierungen:

| | | |
|---|---|---|
| Persönlichkeits-<br>determinanten | Intelligenz<br>Affekte, Stimmungen<br>Selbstgefühl<br>Geschlechtszugehörigkeit<br>Sprechantrieb | |
| Physische<br>Determinanten | Hörvermögen<br>Hirnphysiologische<br>u. neurologische Grundlagen<br>Motorische, anatomische,<br>muskuläre | Sprachverhalten |
| Milieu-<br>determinanten | Familiäres Milieu<br>Sozio-kulturelle Faktoren | |

Allgemein gilt hinsichtlich der Persönlichkeitsdeterminanten, „daß es Kindern mit guter und sehr guter Intelligenzausstattung zu einem frühen Zeitpunkt der Entwicklung und verhältnismäßig rasch gelingt, sich ein Wortverständnis, einen reichen Wortschatz und die syntaktischen Gundformen anzueignen"[366]. Bei Geistigbehinderten und anderen Intelligenzschwachen ist die Sprachentwicklung generell verzögert und in den Fällen von Debilität oder gar der Idiotie schwer und umfänglich eingeschränkt (s. S. 72ff).

Daß Stimmungen, Affekte und Emotionen die Sprachentwicklung beeinflussen, erkennt man nicht nur an dem Einfluß von Alkohol und Drogen, sondern auch an den Gefühlen, die ein Gespräch zwischen den Kommunikationspartnern auslöst: Sympathie erhöht zweifelsohne die Sprechfreude; gehemmtes oder gestörtes Selbstgefühl bzw. Selbstwertgefühl – wie z.B. Unsicherheit und Minderwertigkeitsgefühle, Streß, Angst, Schocks – beeinflussen ebenfalls Sprechbereitschaft und Sprachverhalten bis zur Sprechangst oder zum Mutismus (Stummheit, Sprachverweigerung, s.u.).

Physische Determinanten sind im Falle von Behinderungen Schädigungen und Funktionsmängel in den Stimm- und Sprechorganen, wie z.B. Kehlkopf, Luftröhre und anderen Artikulationsorganen im Gesichts- und Mundbereich einschließlich Zähne, Gaumen, Kiefer und Nase und ihrer Nervensysteme und der für die Sprache zuständigen Gehirnstrukturen. Dazu kommen diverse sensorische Schädigungen und Funktionsschwächen des Gehörs, aber auch des Sehens (vgl. Kap. 6.6.) und des Gehirns bzw. seiner Informationsverarbeitung. Daher sind bei anderen Behinderungen Sprachstörungen fast immer wesentliche Bestandteile des Behinderungsbildes.[367]

Seitenansicht der linken Hälfte des Kortex. Die Felder, in denen die Verarbeitung sprachlicher Form stattfindet, sind gepunktet markiert und zwar links, im Frontallappen, das Brocasche Sprachfeld und rechts, vor allem im oberen Temporallappen, das Wernickesche Sprachfeld. Der Schall wird in den Ohren in den Kern des Wernickeschen Sprachfeldes übertragen und dort analysiert. Vom Brocaschen Sprachfeld aus werden die rechts dahinter an der Rolandischen Furche liegenden, die Mundbewegungen auslösenden Neuronen aktiviert.

Milieudeterminanten und ihre Wirkungen auf die Sprachentwicklung haben in den letzten drei Jahrzehnten mehr Aufmerksamkeit in der Forschung gefunden, insbesondere bzgl. Grammatik, Syntax, Semantik bzw. Wortschatz und Begriffsbildung. Dabei wurden schwerwiegende Unterschiede zwischen Kindern verschiedener Sozial- und Bildungsschichten festgestellt, was sich besonders deutlich bei den lernbehinderten Kindern und Schülern zeigt (s.u.). „Zusammenfassend läßt sich feststellen, daß dem sozialen Milieu aufgrund der verbalen und kommunikativen Zuwendung ein nachhaltiger, oft sogar entscheidender Einfluß auf die Förderung bzw. Vernachlässigung der sprachlichen Entwicklung zukommt. Dabei liegen die Unterschiede nicht allein im Entwicklungstempo, sondern im zeitlich verschiedenen Auftreten der sprachlichen Äußerung. Entwicklungsrückstände können zwar aufgeholt werden, jedoch ist der Zeitpunkt für den Erfolg ausschlaggebend."[368]

204

## Exemplarische Ursachen und Symptome

Die an der Sprachforschung beteiligten Wissenschaften wie Medizin, Psychologie, Linguistik und Sprachheilpädagogik entwickelten je eigene Begriffs-Systematiken und uneinheitliche bzw. sich inhaltlich teilweise deckende Begriffe für die Symptome. Daher beschränken wir uns hier auf die Sprachheilpädagogik.[369]

1. Entwicklungsnormale Probleme
Die Ausreifung des Gehirns (vgl. Kap. 4.4.4.) und der damit für die Sprache erforderlichen sensorisch-motorischen Organe und ihrer Funktionen bringt es mit sich, daß nach *Knura* bestimmte Sprachentwicklungsschwierigkeiten als „normal" gelten, wie z.b.: Wort- und Lautbildungs- bzw. Aussprachschwierigkeiten, die Ein- und Zweiwortsätze als Schwierigkeiten beim korrekten Satzbau (Grammatik, Syntax) und der richtigen Verwendung der Wortbedeutungen (Semantik), sowie bei besonders sprechfreudigen Kindern die überstürzte Rede und das Lautwiederholen, solange das dritte bis vierte Lebensjahr nicht überschritten ist.

2. Sprachentwicklungsverzögerungen (Synonyme: Alalie, prolongierte Alalie, Hörstummheit bzw. Audimutitas, allgemeine Unterentwicklung der Sprache) lassen sich nach *Knura* „kennzeichnen als ausbleibender, verspäteter, verlangsamter, nicht altersgerechter Spracherwerb", der als „zeitlich stark verzögert, strukturell jedoch regelhaft verlaufender Spracherwerb" zu verstehen ist. Betroffen sind in der Regel alle Sprachbereiche, wie z.b. die Aussprachfähigkeiten, Syntax und Grammatik, Semantik und Wortschatz.

Unterbegriffe sind hier nach *Knura:*

- *Auditive Agnosie* (sensorische Hörstummheit) als „Unfähigkeit, Schallereignisse auditiv zu erkennen". Die Unfähigkeit, Sprache auditiv zu erkennen, obwohl sie gehört wird, nennt man *verbale auditive Agnosie* bzw. angeborene Worttaubheit oder *rezeptive Aphasie;* allerdings können diese Kinder sich räumlich orientieren und mit Blicken, Gesten, Gebärden usw. visuell verständigen.
- *Verbale visuelle Agnosie* (Dyslexie) bezeichnet die „beeinträchtigte Fähigkeit, Buchstaben und geschriebene Wörter visuell zu erkennen und zu behalten".
- *Verbale Apraxie* bezeichnet die „Beeinträchtigung der Fähigkeit, die Bewegungsmuster der Sprechlaute zu erwerben, zu behalten und zu produzieren".

# Dyslalien (Aussprachestörungen) lassen sich so gruppieren:[370]

Schaubild: Zum möglichen Bedingungshintergrund von Aussprachestörungen

Aussprachestörungen

| Biologische und neurophysiologische Störungskorrelate | Störungen im soziokulturellen und familiären Umfeld |
|---|---|

*1. Störungen der Aufnahme und Verarbeitung von Sinneseindrücken*

*1.1 Audiogene Dyslalie:*
Sprachstörungen bei nachweisbaren Hörstörungen (besonders bei Hochtonverlust)

1.2 Sensorische Dyslalie:
Störungen der zentralen Verarbeitung von Höreindrücken bei intaktem Mittel- und Innenohr im Sinne einer herabgesetzten Fähigkeit der Unterscheidung klangverwandter Laute (phonematische Differenzierungsschwäche, akustische Lautagnosie)

*1.3 Zentrale Dyslalie:*
Störungen der impressiven, mnestischen und koordinierenden Wahrnehmungsfunktionen im serialen Ablauf

*2. Störungen der Sprechwerkzeuge und der neuromuskulären Koordination*

*2.1 Dysglossien:*
Aussprachestörungen als Folge organischer Veränderungen der Sprechwerkzeuge (z.B. LKG-Spalten, Lippen- und Zungenparesen, Kieferanomalien ...)

*2.2 Motorische Dyslalie:*
Artikulationsstörungen als Folge einer gestörten taktil-kinästhetischen Rückkoppelung (z.B. reduzierte Wahrnehmung des Lage- und Spannungsgefühls der Zunge, Lippen ...)

*2.3 Dysarthrien:*
Zentral bedingte Störungen der Artikulation und Stimmbildung aufgrund von Verletzungen oder Erkrankungen der am Stimm- und Sprechvorgang beteiligten Zentren, Bahnen und Kerne

*1. Wenig anregende Lebens- und Umweltbedingungen*

– Schichteinflüsse (umstritten)
– fehlerhaftes oder mangelndes familiäres Sprachvorbild
– Deprivationssyndrom durch Hospitalisierung oder ungenügende sensorische Anregung

*2. Störungen der Eltern-Kind-Interaktion*

Aussprachestörungen als Ausdruck
– einer ungünstigen familiären Rollenkonstellation (Kind als Sündenbock)
– von Projektionen unerfüllter Wünsche der Eltern an das Kind
– bestimmter Geschwisterpositionen und -rivalitäten durch Entthronungserlebnisse (Regression und Babysprache)
– überfordernder, überbehütender und ambivalenter elterlicher Erziehungsstile

Störungen beim Aufbau funktionaler Hirnsysteme

*Stottern/Poltern/Sprechangst/Mutismus[371]*

Diese Begriffe werden nach *Grohnfeldt* unter dem Oberbegriff „Redeflußstörungen" zusammengefaßt, wobei eine genaue Abgrenzung nicht immer möglich ist und Kombinationen untereinander oder mit anderen Störungen auftreten.

**Stottern** (Synonyme: Dysphemie, Spasmophemie, Balbuties, Laloneurose)
Typisch sind hier Wort und Silbenwiederholungen, stummes Pressen mit Muskelverkrampfungen; Fehlformen der Atmung, unwillkürliche Mitbewegungen (z.B. Nasenflügelsymptom), so daß der gesamte Redefluß und damit die Kommunikation gestört ist. Man unterscheidet:
- klonisches Stottern, d.h. rasche Phonem(Laut)-, Silben und Wortwiederholungen und
- tonisches Stottern als eine Verkrampfung bzw. Blockierung und Störung der Koordination der Artikulations-, Phonations(Lautbildungs)- und Atmungsmotorik.

Zumeist beginnt Stottern im Vorschulalter als vorübergehendes Phänomen in der Phase des Satzbaus (ca. zwischen 1 und 3 Jahren) und dauert in der Mehrzahl der Fälle weniger als ein Jahr (max. bis zum 5. Lebensjahr). Allerdings kann sich dieses Stottern durch ungünstige Erziehungsbedingungen fixieren. In der Regel zeigt der Großteil (bis zu 80%) der späteren Stotterer im Alter von 3 1/2 bis 5 Jahren erste Symptome. Nur bei ca. 1% aller Kinder hält das Stottern länger an, so daß eine Therapie (stottertherapeutische Frühförderung) angezeigt und die Heilungswahrscheinlichkeit sehr groß ist. Bei Kindern, die länger als fünf Jahre stottern, sinkt diese auf ca. 20%. Auffallend ist das Geschlechterverhältnis: Auf drei bis zehn stotternde Jungen kommt ein Mädchen, was darauf schließen läßt, daß neben hirnorganischen Ursachen (die Zahlen schwanken zwischen 40 und 61%) Erziehungs- und Milieueinflüsse, bestimmbare Situationen, die Stottern auslösen, und fehlende Frühförderung/Elternberatung wesentlichen Einfluß auf die Stotterentwicklung haben.

**Poltern** (Synonyme: Tachyphemie, Paraphrasia praeceps, Tumultus sermonis)
Poltern ist gekennzeichnet durch hastiges Sprechen, Wiederholungen von Silben und Wörtern, Verkürzungen und Umstellungen. Es ist schwierig vom Stottern abzugrenzen und tritt in komplexer Weise auf in Verbindung mit Dysgrammatismus, Aussprachestörungen und Legasthenie, verlangsamter Sprachentwicklung und sensomotorischen Störungen. Dies zeigt sich spätestens beim schulischen Schriftspracherwerb (Abschreibfehler, Buchstabenauslassungen, schlechtes Schriftbild) und beim Mathematikunterricht (Unsicherheiten im Zahlenschema, Zahlenumstellungen, fehlerhafte Stellenwerte, Richtungswechsel

bei Subtraktions- und Divisionsaufgaben). In 50–90% der Fälle von Polterern sind Abnormitäten im EEG festgestellt worden. Es zeigen sich neben neuropsychologischen bzw. sensomotorischen Störungen Schwierigkeiten, die Ordnung aufeinanderfolgender Reize und Seriationen zu erfassen, sie in der Ordnung wiederzugeben oder zu produzieren. Probleme bestehen oft in der Raum-Zeit.Orientierung, mit der Folge, daß das Kind Schwierigkeiten hat, Handlungspläne aufzubauen, zu steuern und daran festzuhalten.

**Sprechangst** (Logophobie)
Sie wird in der leichten Form auch „Lampenfieber" genannt. Man spricht auch vom „inneren" Stottern, das häufig bei psychisch und organisch labilen Personen beobachtbar ist und oft in Verbindung mit Stottern auftritt.

**Mutismus**
bezeichnet das Schweigen oder den Rückzug aus der sprachlichen Kommunikation. Man unterscheidet:
a) nach selektivem/elektivem Mutismus, wenn nach vollzogenem Spracherwerb die Lautsprache gegenüber bestimmten Personen bzw. in bestimmten Situationen trotz erhaltener Hör-Sprechfähigkeit verweigert wird. Die Ursachen liegen bei Milieubedingungen, Konflikten, traumatischen Erlebnissen (z.b. Trennungsschock), Ängsten und Depressionen und ggf. frühkindlichen Hirnschädigungen;
b) nach totalem Mutismus, einer völligen Verweigerung der Lautsprache ebenfalls bei erhaltener Hör-Sprechfähigkeit. Die Ursachen sind jene des elektiven Mutismus. Zumeist treten die Phänomene gehäuft um das 3./4. Lebensjahr auf – man spricht hier vom „Frühmutismus" – bzw. zwischen dem 5. und 7. Lebensjahr – man spricht hier vom „Spät"- oder auch „Schulmutismus". Betroffen sind häufig Kinder aus der Landbevölkerung, stark Dialekt sprechende, linkshändige und entwicklungsverzögerte Kinder sehr isoliert lebender Familien, verbunden mit Fehlerziehung wie z.B. mütterlicher Überprotektion oder/und harter Erziehung seitens des Vaters.

## Stimmstörungen (Dysphonien)

zeigen sich nach *Knura*[372] „in einer Unfähigkeit, stimmlichen Anforderungen in üblicher Weise zu entsprechen. Charakteristisches Symptom ist neben der eingeschränkten Leistungsfähigkeit Heiserkeit in verschiedenen Ausprägungen". Man unterscheidet:

- entwicklungsbedingte Stimmstörungen, wie sie z.B. in der Pubertät und in anderen kritischen und hormonell bedingten Umstellungen späterer Lebensphasen auftreten;
- psychogen bedingte Stimmstörungen, z.B. Streß und abnorme Belastungssituationen;

● organisch bedingte Stimmstörungen, wie z.b. Krankheiten, Entzündungen, Lähmungen usw. und angeborene Deformationen der Stimmorgane, wie z.b. des Kehlkopfes.

Bei Kindern kommt es oft (Zahlen liegen nicht vor) zu:
a) *Phonoponosen* als „Ausdruck von automatisierten Fehlfunktionen der inneren und äußeren Kehlkopfmuskulatur";
b) *hyperkinetischer Dysphonie* als Teilgruppe der Phonoponosen, d.h., „unökonomischer Stimmgebrauch bewirkt subjektive Beschwerden im Kehlkopfbereich (Mißempfinden, Schmerzen … Räusperzwang, Trockenheit)";
c) *Stimmlippenknötchen;* sie treten außer bei stark belasteten Stimmen (Erzieher/innen, Lehrer/innen) auch bei Kindern im Vorschulalter auf, wobei vor allem Jungen betroffen sind, und können in der Regel behoben werden.

## Aphasie

Damit bezeichnet man „zentrale Störungen der bereits erworbenen Sprache"; sie betrifft vor allem die „Symbolfunktion" (Zeichen- und Bedeutungsverständnis und -gebrauch). Die Ursachen liegen u.a. in Erkrankungen des ZNS und in mechanischen bzw. unfallbedingten Verletzungen des Gehirns. Es gibt sehr unterschiedliche Klassifizierungen, u.a. unterscheidet man:

● *totale Aphasie,* bei der weder gesprochen noch Sprache verstanden wird;
● *amnestische Aphasie,* deren Leitsymptom Wortfindungsstörungen bei ansonsten intaktem Sprachfluß und Satzbau sind und bei der irgendwelche Wörter oder Ersatzausdrucksformen (Mimik, Gestik) für das Gemeinte eingesetzt werden;
● *motorische Aphasie* (nach *Broca*) mit einem gestörten, extrem langsamen Redefluß, gestörter Artikulation und Dysgrammatismus;
● *sensorische Aphasie* (nach *Wernicke*), bei der das Kind zwar sprechen, aber Gesprochenes nicht hinreichend verstehen kann und oft irgendwelche Wortneuschöpfungen (Neologismen) in seine Rede einbaut.

Auffällig werden diese Kinder besonders zwischen dem 4. und 10. Lebensjahr. Betroffen sind:

● Sprachverständnis; Namen behalten und benennen, die Bedeutungserfassung von Bildern;
● die Fähigkeit, geometrische Figuren visuell und taktil zu unterscheiden und entsprechende Muster zu zeichnen und zu legen;

- die Fähigkeit, typische Merkmale bestimmten Begriffen (Haus, Fenster, Tür, Dach) zuzuordnen, und
- der Vollzug des Lesens und Schreibens sowie die Rechenfähigkeit (Dyskalkulie, Akalkulie).

Bei der Fülle an Varianten dieser Störung wird u.a. von Dysphasie, Dyslexie (das Lesen betreffend) und Dysgraphie (das Schreiben betreffend) gesprochen.

*Dysgrammatismus*

Im Gegensatz zu entwicklungsnormalen und vorübergehenden Problemen des Grammatikerwerbs kann man bei Dysgrammatismus von einem eigenständigen und komplexen Störungssyndrom sprechen, das den Wort- und Satzaufbau bzw. deren Strukturen betrifft und die Semantik, Lexik (Wortschatz) und Lautbildung einschließt. Beispiel dafür sind Wortauslassungen, Deklinations- und Konjugationsfehler, Schwierigkeiten bei Präpositionen und Pluralbildungen, Wortstellungsfehler usw. sowie Wort- und Satzstrukturen, die in der Normalentwicklung des grammatischen Regelsystems nicht auftauchen. Die Ursachen liegen

- in sensomotorischen und intellektuellen Grundstörungen der Zeit- und Rhythmusverarbeitung;
- in der auditiven Wahrnehmungsorganisation, Gedächtnis- und Abrufkapazität;
- in der Problemlösungsfähigkeit;
- in familiär-soziokulturellen Einflüssen (Milieu) und
- in hirnorganischen Schädigungen.[373]

### 6.8.4. Sprachbehinderungen als individuelles und behinderungsübergreifendes Problem[374]

Bei fast allen Behinderungsformen können sich Sprachprobleme entwickeln und finden sich Sprachbehinderungen und -störungen in den unterschiedlichsten Schwere- und Komplexitätsgraden:

Körperbehinderungen schließen fast immer Sprachbehinderungen ein. Sie sind unterschiedlichster Art, Ausprägung und Genese. Dabei fällt auf, daß neben der hohen Anzahl Sprachbehinderter aufgrund zerebraler Bewegungsstörungen ein beträchtlicher Teil der Schüler nicht in der Lage ist, die Lautsprache rezeptiv oder expressiv zu verwenden, und schreibmotorische Probleme hat.

*Blinde und sehbehinderte Kinder* haben Sprachprobleme relativ zur Sehbeeinträchtigung bzw. Blindheit, d.h., daß die Zahl zusätzlicher Sprachbehinderungen bei Vollblinden größer ist als bei Sehbehinderten, daß sie häufiger bei jüngeren als bei älteren Kindern auftreten und häufiger bei Personen, deren Sehschädigung in sehr frühem Alter eingetreten ist; sie betreffen neben den Schreib- und Leseproblemen insbesondere „sprechtechnische Mängel".
Auf *Gehörlose* und ihre Besonderheiten wurde bereits hingewiesen (s. S. 195). Vertiefend soll hier angemerkt werden, daß bei Gehörlosen häufig Störungen des aktiven und passiven Wortschatzes und in der Grammatik auftreten und sie über weniger Oberbegriffe und Synonyme verfügen, in deren Anwendung unsicher sind, mehr unvollständige Sätze produzieren und Schwierigkeiten bei der Sinnerfassung von Texten haben.

Bei *geistiger Behinderung* kann man pauschal sagen, daß nahezu 100% der Behinderten als sprachlich auffällig zu gelten haben und daß 80% dieser Gruppe keine Sprache zur Kommunikation verwenden. Darüber hinaus sind folgende Symptome zu nennen: Sprachentwicklungsverzögerungen bzw. Spracherwerbsstörungen, Dysgrammatismus, Stammeln bzw. Dyslalien, Dysphonien, Stottern und andere Redeflußstörungen, Mutismen und Kommunikations-und Entwicklungsstörungen u.a. in bezug auf Mimik, Gestik, Wachheit und Konzentration und das Mitteilungs- und Aufnahmebedürfnis.

*Lernbehinderte bzw. potentiell lernbehinderte Kinder und Schüler* fallen schon im Vorschulalter durch ihre umfänglich verzögerte, eingeschränkte und undifferenzierte sprachliche Entwicklung auf, so daß man geradezu von einem gleichermaßen lern- und sprachbehinderten Kind sprechen muß.

Die Merkmale sind:
● die Sprache ist unmittelbar auf situative persönliche Bedürfnisse und akute Erlebnisbereiche bezogen und verharrt in symbolisch-vorabstrakten Stadien;
● Unterschiede zwischen mündlichem und schriftlichem Sprachgebrauch, d.h., nur die Hälfte des vorhandenen Wortschatzes wird mündlich tatsächlich gebraucht;
● weniger Grammatikfehler im Mündlichen als im Schriftlichen. Insgesamt zeigen diese Kinder bessere Leistungen im Mündlichen als im Schriftlichen. Darüber hinaus stellte man fest: weniger Adjektive, Schwächen in der Begriffsklarheit, bei Sätzen, Nebensätzen und Satzverbindungen, bei direkter und indirek-

ter Rede. Die verschiedenen Satzarten sowie der Gebrauch von Verben, Pronomen, Adverbien, Adjektiven usw. weist erhebliche negative Unterschiede auch im Vergleich zu jüngeren Regelschülern auf;

● neben Sprachentwicklungsverzögerungen wurden Stammeln, Stottern, Poltern, unverständliche Sprache und Mehrfachschädigungen festgestellt. Diese therapiebedürftigen Defizite sind oft zu komplex, als daß den schulischen Standards entsprochen werden könnte, und so können die Kinder den schulischen Instruktions- und Lernvorgängen nur mühsam folgen.

*Verhaltensauffälligkeiten und Sprachstörungen bzw. -behinderungen* sind vielfach untersucht worden, und man hat dabei viele Überschneidungen zwischen Sprachbehinderungen und Verhaltensstörungen sowohl im Vorschul- als auch im Schulalter nachgewiesen. Diese Überschneidungen umfassen ein vielfältiges und uneinheitliches Bild von Sprach- und Sprechstörungen in Verbindung mit Konzentrations- bzw. Aufmerksamkeitsstörungen, Schüchternheit/Gehemmtheit, Hyperaktivität, Überempfindlichkeit, Aggressivität und sozialer Unangepaßtheit (vgl. Kap. 6.10.), die in unterschiedlichen Kombinationen auftreten. Dabei ist nicht hinreichend geklärt, ob die Verhaltensauffälligkeiten die Sprach-Sprech-Probleme begründen bzw. beeinflussen oder umgekehrt.

## 6.8.5. Lese-Rechtschreibschwäche LRS, Legasthenie

Lese-Rechtschreibschwäche kann als vorläufiger Endpunkt einer allgemein verzögerten und/oder gestörten Gesamt- oder speziell Sprachentwicklung bezeichnet werden. Es ist ein wissenschaftlich umstrittenes, komplexes Störungssyndrom von Wahrnehmungs- und Artikulationsstörungen, phonematischen (lautlichen) Differenzierungs- und Merkschwächen für Sprache und Wortschatz. Probleme des Schriftspracherwerbs (Legasthenie, Dyslexie, Dysgraphie/Agraphie) treten beim Schulanfang auf und können – unbehandelt – den gesamten Schulleistungsbereich beeinträchtigen und generelles Schulversagen sowie erhebliche langfristige Verhaltensschwierigkeiten hervorrufen. Vordergründig auffallend sind Buchstabenverdrehungen und -auslassungen, Probleme der Graphem-(Buchstaben)erkenntnis und -merkfähigkeit, Schwierigkeiten bei optisch-akustischen Graphem-Phonem(Laut)-Synthesen, bei Phonem- und Graphem-Analysen, der Merkfähigkeit von Schriftbildern, in der Schreibmotorik (Dysgraphie bzw. Agraphie). Es kommt

● zu syntaktischen Dysgraphien, bei denen das Schreiben von Sätzen nicht gelingt, Worte fehlen oder falsch im Satz stehen;
● zu linguistischen Dysgraphien, bei denen einzelne Wörter falsch geschrieben werden, und
● zu graphematischen Dysgraphien, bei denen einzelne Buchstaben mißlingen.

Die Ursachenforschung reicht von der vorgeburtlichen Entwicklung bis zum Schuleintritt. Sie umfaßt sowohl sensomotorische, grob- wie feinmotorische als auch Gedächtnis- und Intelligenzprobleme, familiäre Erziehungsprobleme und Defizite der familiären Sprache bzw. des Sprachmilieus einschließlich der Dialekte, ohne daß es bisher zu einer statistisch gesicherten eindeutigen Erkenntnis gekommen ist. Dementsprechend gibt es viele Förderansätze und Therapien.[375] Weniger untersucht wurden „Lehrschwächen" der Lehrer und ihre fehlende oder mangelhafte Ausbildung in den Erstlese- oder Schreiblernverfahren sowie die Effizienz bzw. individuelle Brauchbarkeit der einzelnen Erstlese- und Schreiblernverfahren. International angewandte, erfolgreiche Verfahren, wie z.B. die individualisierende und ganzheitliche *Montessori*-Methode, haben in Deutschland bisher wenig Verbreitung gefunden (vgl. Kap. 5.6.2. und Kap. 7).

### 6.8.6. Statistik

Die Zahlen schwanken außerordentlich. In Frühförderstellen nimmt die Zahl der sprachentwicklungsverzögerten und -behinderten Kinder auffallend zu, und es entstehen auch bei den Logopäden beachtliche Warteschlangen. Von 1075 Schulanfängern wurden nach *Zuckrigl* 31,4% als sprachauffällig, 22% als sprachgestört und 8% als behandlungsbedürftig bezeichnet, und nach *Bleidick* finden sich in der Häufigkeitsreihe an erster Stelle 23,4% Lispeln, 5,6% Stammler, 2,5% Stotterer, 2,1% Stimmstörungen und 1,6% Näseln.[376]

### 6.8.7. Frühdiagnostik

Die fachärztliche Frühdiagnostik deckt sich im wesentlichen mit den Untersuchungen, wie sie auch bei Hörgeschädigten praktiziert werden. Hinzu kommen neurologische und psychiatrische Untersuchungen der Gehirnfunktion, kieferchirurgische Untersuchungen des Mundbereiches und Untersuchungen seitens des HNO-Arztes (Schallwahrnehmung und Stimmbildung). Gute Erfolgsaussichten bestehen durch die Frühdiagnose und -behandlung z.B. bei Kindern mit Lippen-Kiefer-Gaumenspalte, die schon im zweiten Lebensjahr operiert und logopädisch weiterbehandelt werden kann.

Die sonderpädagogische und logopädische Diagnostik verfügt über eine Reihe von Testverfahren, wie sie bereits oben (s. S. 85ff) genannt wurden. Leider ist auch hier festzustellen, daß sprachverzögerte und -behinderte Kinder oft zu spät der Diagnose und Frühförderung zugeführt werden.

Verlaufsschema der Diagnostk[377]:

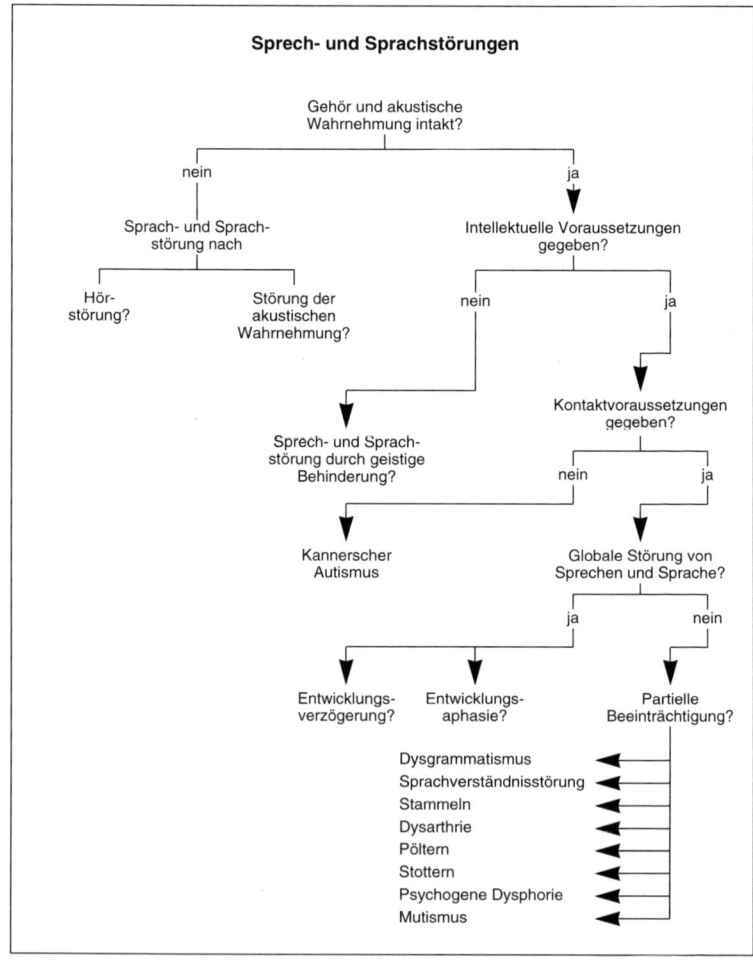

## 6.8.8. Frühförderung

Sprachentwicklung und -behinderungen sind von einer Vielzahl sich wechselseitig bedingender psychisch-geistiger, neurologischer, sensomotorischer Funktionen und vor allem von der sozial-emotionalen, sprachlichen Anregung und Zuwendung abhängig und eben dadurch auch störanfällig. Auch die Tatsache, daß in den meisten Behinderungsarten die Sprache mit beeinträchtigt ist, bedeutet, daß Sprachbehinderung sowohl ein individuell-spezifisches als auch ein behinderungsübergreifendes und soziales Phänomen darstellt. Heute wird die Auffassung vertreten, daß eine eindeutige und strikte Trennung der Ursachengruppen und eine entsprechende Zuordnung der Störungs- bzw. Behinderungssymptome nicht aufrechterhalten werden kann.

Die Komplexität des Sachverhaltes „Sprache" und „Sprachbehinderung" erfordert daher entsprechende interdisziplinäre wissenschaftliche Erforschung, Erklärung und Behandlung:
a) eine individual-genetische Erklärungsweise, die als „Personorientierung" die gesamte „Lebenssituation" in ihrer „biographischen" Gewordenheit und damit anthropogenen Einmaligkeit und den sprachbehinderten Menschen ganzheitlich versteht. Sprachbehinderung kann zwar theoretisch nach isolierten Einzelfaktoren analysiert werden, aber sie muß nach Maßgabe der personalen Ganzheit interpretiert und dementsprechend pädagogisch-therapeutisch erfaßt und behandelt werden;
b) es ist eine Tatsache, daß sich sprachlich-individuelle Personwerdung nur in einem sozial-ökologischen Kontext vollziehen kann. Also muß die individuelle Sprachentwicklung als Teilsystem im System der Wechselwirkungen zwischen „Organismus und Milieu" betrachtet werden. So ist Sprachbehinderung immer auch ein individuelles wie soziales Phänomen im Austauschprozeß zwischen Kind und Familie, Gesellschaft und Kultur, das unter dem Blickwinkel der „Systemorientierung" betrachtet und behandelt werden muß. Das erfordert die Zusammenarbeit von Spezialisten und die Einbeziehung der Familie in die Behandlung.

Frühförderung sprachbehinderter und -entwicklungsverzögerter Kinder wird durchgeführt in Sprachheilkursen, Sonderschulkindergärten für Sprachbehinderte, in Frühförderstellen und bei niedergelassenen Logopäden. Die Erfolgsaussichten sind bei einer Frühbehandlung zwischen dem zweiten und dem sechsten Lebensjahr gut.

Die Methoden sind dem Problem entsprechend ganzheitlich angelegt: Spielpädagogik, Basteln, Gestalten mit diversen Materialien, Malen, rhythmisch-musikalische Förderung, sensomotorische Förderung und die speziellen Maßnahmen und Übungen zur Sprechmotorik, Konzentrationsförderung, Lautbildung, Neubildung und Übung fehlerhaft gesprochener Laute. Häufig wird Sprachförderung auch mit der Verhaltenstherapie kombiniert, so daß es zu nachweisbaren Erfolgen gerade bei geistigbehinderten Kindern gekommen ist.

### 6.8.9. Literatur[378]

## 6.9. Lernbehinderte

### 6.9.1. Begriffliches

Sie bilden mit ca. 80% die größte Gruppe von Sonderschülern. Sonderschüler werden diese Kinder i.d.R. dann, wenn sie nicht den Anforderungen der Regelschule (Primarstufe) gerecht werden oder auch die Regelschule ihnen nicht gerecht werden kann.

Die Einweisung in eine Sonderschule für Lernbehinderte ist für viele dieser Kinder mit einer umfänglichen pädagogisch-psychologischen und medizinischen Diagnose verbunden (Sonderschulaufnahmeverfahren, SAV). Die Einweisung ist immer auch ein Schlußpunkt und Urteil über ihre frühen Entwicklungs- und Lebensbedingungen, für die diese Kinder selbst keine Verantwortung haben können, aber die Konsequenzen dieser Entscheidung voll zu tragen haben: geringste Chancen bei der Berufswahl, größere Chancen, arbeitslos zu werden, und vielfach Rückkehr in die deprivierenden Lebensverhältnisse, aus denen sie gekommen sind. Das bedeutet für viele: Obdachlosen- und soziale Randgruppensituationen, soziale Ausgrenzung und Armut, und nicht selten kriminelle Karrieren schon als Jugendliche.[379] Der Verfasser geht von folgendem Vorverständnis aus: Als Lernbehinderte bezeichnet man Kinder, die wesentlich in ihren Lernfähigkeiten und damit in ihrem gesamten Verhaltens- und Persönlichkeitsaufbau schon im Vorschulalter beeinträchtigt sind und von ihrer Altersgruppe hinsichtlich der organischen Gesundheit, Intelligenz, Lernfähigkeit und im Sozialverhalten soweit abweichen, daß eine besondere individuelle Förderung des Kindes und seiner familiären Lebensbedingungen sowie ein differenzierter pädagogischer Mehraufwand bereits im Kindergartenalter und spätestens in der Schule notwendig sind.

## *Probleme der Begriffsbildung*

Die Begriffsbildung von Lernbehinderung ist schwierig und oft sehr einseitig, je nachdem, von welchem wissenschaftlichen oder subjektiven Vorverständnis (-urteil, Paradigma) oder welchen Ursachen von Lernbehinderung ausgegangen wird (vgl. S. 16 ff.). Medizinisch-organische Betrachtungsweisen gehen überwiegend von den organischen Ursachen aus, wie z.b. Hirnschädigungen.[380]

Der Deutsche Bildungsrat definiert primär medizinisch-personenorientiert: „Als lernbehindert im Schulalter gelten Kinder und Jugendliche, die infolge mangelhafter Entwicklung oder einer Schädigung des zentralen Nervensystems oder soziokultureller Deprivation bei erheblich verminderten Intelligenzleistungen vornehmlich in ihren schulischen Lernleistungen soweit beeinträchtigt sind, daß die Aufnahme, Speicherung und Verarbeitung von Lerninhalten nicht in altersentsprechender Weise gelingt. Soziale Determinanten und biologische Faktoren interagieren oft in der Weise, daß die Entstehungsursachen der Lernbehinderung nicht in altersentsprechender Weise gelingt. Soziale Determinanten und biologische Faktoren interagieren oft in der Weise, daß die Entstehungsursachen der Lernbehinderung nicht eindeutig nachweisbar sind."[381] Hier werden also organische Ursachen, Funktionsschwächen und Symptome wie Schulleistung, intellektuelle, entwicklungs- und lernpsychologische sowie soziale Ursachen in der Definition angeführt.

Soziologische Ansätze gehen von den sog. soziokulturellen und ökonomischen bzw. familiären Bedingungen bzw. Ursachen aus.[382]

Pädagogisch-psychologische Ansätze stellen das Lernen, den Lernaufbau und die zumeist feststellbaren auffallenden Schulleistungs- und Intelligenzschwächen in den Mittelpunkt ihrer Betrachtung.[383]

*Bleidick* schreibt: „Lernbehindert ist, wer eine Schule für Lernbehinderte besucht."[384] In dieser systemtheoretischen Definition liegt der Ausgangspunkt in der Regelschule, die diese Kinder entweder nicht hinreichend fördern kann bzw. will (Versagen der Schule) oder weil die Kinder nicht die Voraussetzungen für den erfolgreichen Schulbesuch mitbringen (Versagen der Kinder). Gründe für das mögliche Versagen der Schule sind u.a.: die Klassengrößen, mangelnde Individualisierung, unzureichende inhaltliche und methodische Differenzierung des Unterrichts, Lehrermangel, häufiger Lehrerwechsel oder auch eine unzulängliche Lehrerausbildung und -qualifikation u.v.a. So kann Lernbehinderung auch als sozialnormative Schulausgrenzung und als Versagen der Schule vor den Lernbehinderten verstanden werden.

### 6.9.1.1. Lernbehinderung – Lernstörung – generalisierte Lernstörung

Die umfassendste und differenzierteste nicht schulbezogene Definition liefert *Kanter*, der das behinderte Lernen und den Lernaufbau in den Mittelpunkt der Definition stellt: „Alle am Lernprozeß und den Lernaufbau (damit die psychische Entwicklung, die Bildungsgenese und letztlich Persongenese) negativ beeinflussenden Momente werden Beeinträchtigungen des Lernens genannt.

Als lernbehindert wird ein Mensch bezeichnet, der in seinem Lernen schwerwiegend, langdauernd und umfänglich so beeinträchtigt ist, daß deutlich normabweichende Verhaltens- und Leistungsformen sichtbar werden", also z.b. in der üblichen Jahrgangsklasse der Regelschule nicht hinreichend gefördert werden kann; weiter heißt es: „Bei weniger gravierenden, temporären oder partiellen Beeinträchtigungen spricht man von Lernstörungen", d.h., hierbei liegt keine Sonderschulbedürftigkeit, sondern lediglich ein zeitlich begrenzter zusätzlicher Förderbedarf z.B. in Sprache oder Mathematik usw. vor: „Der Übergang zwischen den Formen und Gradausprägungen ist fließend. Vor allem können sich Lernstörungen unter ungünstigen Bedingungen und über den Weg von Wechsel- und Kumulationswirkungen ausweiten und verfestigen und als ‚generalisierte Lernstörungen' das Erscheinungsbild der Lernbehinderung hervorrufen."[385]

**Beispiel:** Minimale sensomotorische Störungen oder Schwächen (z.B. Konzentrationsschwächen) u.a. psychosoziale Belastungen (Scheidungskrisen, Gewalt in der Familie usw.) führen zu Schwierigkeiten beim Schriftspracherwerb, und diese weiten sich auf den Mathematiklehrgang aus, wo ja ebenfalls Lesefertigkeiten verlangt werden. Parallel dazu entwickeln sich Versagens- und Schulangst, Schulschwänzen, „Bauchschmerzen", weitere Unterrichts- und Stofflücken, Konflikte mit Eltern, Lehrern, Mitschülern, Aggressionen usw.

## 6.9.2. Abgrenzung zu anderen Behinderungen

Nicht zwangsläufig lernbehindert sind nach *Kanter* die Sinnesgeschädigten, wie z.B. die Seh- und Hörgeschädigten, die Körperbehinderten (z.B. Dysmelie- und Spastikerfälle) und Sprachbehinderten sowie die Geistigbehinderten mit einem IQ unter 55, Kinder mit Anfallsleiden (z.B. Epileptiker), angeborenen Verhaltensstörungen usw.[386]

Damit soll ausgesagt werden,

● daß es auch Lernbehinderte mit solchen Merkmalen, wie z.B: Sinnesschäden oder -schwächen, Verhaltensstörungen usw. gibt, aber die Lernbehinderung im definierten Sinne ist die Hauptbehinderung, und
● daß es Sinnesgeschädigte und andere Behinderte gibt, die auch Lernbehinderungen haben können (z.b. Spastiker, Verhaltensgestörte bzw. Erziehungsschwierige und Mehrfachbehinderte).

Eine besondere Schwierigkeit ist die eindeutige Abgrenzung zu den Verhaltensgestörten und Erziehungsschwierigen. Das liegt daran, daß sich sowohl Ursachen und Symptome als auch die Entwicklungsverläufe oft decken.[387]

## 6.9.3. Sonderschulbedürftige Lernbehinderte

Für die in Deutschland übliche schulische Einordnung (SAV) der Lernbehinderten spielt der IQ eine wichtige, wenn auch nicht entscheidende Rolle. Er liegt i.d.r. mindestens eineinhalb bis zwei Standardabweichungen unterhalb des Mittelwertes (100), also zwischen ca. IQ 55 bis 75. Die besondere schulische Förderbedürftigkeit wird wie folgt definiert: „Als sonderschulbedürftig lernbehindert sind Kinder anzusehen, die (I.) schwerwiegend, umfänglich und langdauernd in ihrem Lernen beeinträchtigt sind, (II.) dadurch deutlich normabweichende Leistungs- und Verhaltensformen zeigen und (III.) aus diesem Grund im Unterricht der allgemeinen Schule auch unter Ausschöpfung spezieller Förder- und Stützmaßnahmen nicht hinreichend gefördert werden können"[388].

Der IQ ist nach *Kanter*[389] „lediglich soweit von Bedeutung, wie er sonderpädagogische Maßnahmen zum Zwecke einer differenzierten Abklärung und der Entwicklung von Förderstrategien auslöst" bzw. Förderpläne, -maßnahmen und ihre Kontrolle erleichtert.

Ob die besondere Förderung dieser Kinder letztlich in Sonderkindergärten, speziellen Schulkindergärten, in Sonderschulen, in Sonderklassen, an Regelschulen, in Regelschulklassen mit heilpädagogischer Zusatzförderung stattfindet, bleibt eine bildungspolitische Entscheidung.

### 6.9.4. Ursachen und Symptome der Lernbehinderung

Hier richtet sich unser Blick vor allem auf Ursachen und Symptome, die bereits im Vorschulalter und für die Frühförderung von Bedeutung sind.

Die Ursachen können

- angeboren sein, z.b. angeborene allgemeine oder speziell diagnostizierte konstitutionelle Schwäche;
- sozialer Art (Deprivation, Mangel- und Fehlerziehung, Mangel- und Fehlernährung usw.) und /oder
- das Ergebnis von biosozialen Wechselwirkungen sein.

Sog. monokausale (auf eine Ursache zurückzuführende) Erklärungen haben sich als falsch erwiesen.[390]

#### *6.9.4.1. Soziale Ursachen: Obdachlosigkeit und soziale Randgruppen*

Unbestritten ist, daß bis zu 80% der Lernbehinderten aus der sozialen Unterschicht mit extrem deprivierenden Entwicklungsbedingungen kommen, d.h., die Väter bzw. Eltern haben einen niedrigen schulischen und beruflichen Ausbildungsstand bzw. keinen Beruf, sind oft Gelegenheitsarbeiter, haben ein niedriges Einkommen, kleine Billigwohnungen (ca. 40 qm) bzw. wohnen in Obdachlosensiedlungen bei gleichzeitig hoher Kinderzahl: 40% haben zwischen 5 bis 14 Kinder.[391] Hinzu kommen soziale Isolierung, Ächtung und Diskriminierung.[392] Darüber hinaus ist ein schlechter Gesundheitszustand vor allem bei den Obdachlosen und ein gehäuftes Auftreten von Epidemien in diesen Siedlungen festzustellen.

Die oft extrem jungen Mütter sind durch mehrere Geburten geschwächt und in der Kinderbetreuung generell überfordert: Mangel- und Fehlernährung, erhöhte Krankheitsanfälligkeit, Haut- und Erkältungskrankheiten und Entwicklungsstörungen sind die Folge.[393]

Medizinisch unbetreute Hausgeburten erhöhen die Lebens- und Entwicklungsrisiken der Kinder, und so entfallen auch die notwendigen Routinevorsorgeuntersuchungen (U 1 bis U 9) und damit die Früherkennung von Schädigungen und Entwicklungsstörungen. So erklärt es sich, daß 54% der Obdachlosenkinder nicht mit sechs Jahren schulreif sind.[394]

### 6.9.4.2. *Deprivierende Erziehungsbedingungen*

Erschwerend für die Entwicklungschancen dieser Kinder sind nach *Klein*[395] psycho-soziale Erziehungsfaktoren wie Gewaltanwendungen, unerwünschte Kinder, hohe Scheidungsraten, aber auch Drogen- und Alkoholabhängigkeit sind überdurchschnittlich häufig festzustellen. Das pädagogische Verhältnis zu den Kindern ist bestimmt durch regellose und widersprüchliche Erziehung, mangelnde Zuwendung zu den Säuglingen (z.b. tagelanges Schreienlassen), Apathie und Resignation des Kindes, physische Vernachlässigung (kein oder zu spätes Trockenlegen, unregelmäßige Ernährung u.v.a.), fehlendes Spielzeug und unzureichende Sprach- und Lernanregungen, keine kindgemäßen Spiel-, Experimentier- und Betätigungsmöglichkeiten, fehlende Anregungen für die Leistungsmotivation und Erziehungs- bzw. Sozialisationsmuster, die dem Kinde das Lernen erschweren (z.b. die Praxis, Konflikte gewalttätig auszutragen oder die Kinder mit Gewalt erziehen).

### 6.9.4.3. *Organische Ursachen*

Hierbei darf nicht übersehen werden, daß eine eindeutige Zuordnung von Lernbehinderung zu einer bestimmten Ursachengruppe aufgrund der o.g. biosozialen Interaktionen (siehe medizin. und psychologische Aspekte, S. 42; 69–73) oft kaum möglich ist, d.h., daß Vernachlässigung, Mangel- und Fehlernährung usw. organische Konsequenzen haben können. Allerdings muß man festhalten, daß bei den leichteren Formen der Lernbehinderungen eher die exogenen, ungünstigen psychosozialen Bedingungen ursächlich überwiegen, bei den schweren Formen der Lernbehinderung aber überwiegend organische Ursachen. Denn es gibt zunehmend gesicherte Befunde darüber, daß Lernbehinderung in vielen Fällen eindeutig auch organische Ursachen hat.

*Nissen* faßt zusammen: „Insgesamt gelingt es aber nur in etwa 20–25% aller Fälle, die Ursache des Schwachsinns sicher festzustellen, etwa 10% beruhen auf exogenen Schäden und 10 bis 15% auf *genetischen* Störungen ... Einige Autoren ... vermuten dagegen, daß in 90% der Fälle genetische oder pränatale Ursachen vorliegen, während andere für den Generalfaktor einer ‚sozialen Vererbung' plädieren. Die *Zwillingsforschung* ergab bei EZ (eineiige Zwillinge, Verf.) eine Konkordanzrate von 50 bis 100%, bei ZZ (zweieiige Zwillinge, Verf.) von 20–50%. Die Konkordanz (Übereinstimmung, Verf.) bei den EZ ist damit etwa doppelt so hoch wie bei den ZZ, das weist auf Anlagefaktoren hin."[396]

Die Vielzahl der Ursachen in diesem organischen Bereich läßt sich hier nicht aufzählen. *Nissen* nennt Chromosomen- und Hirnschäden, Drüsenerkrankungen (z.b. Hirnanhangdrüse), allgemeine konstitutionelle Schwächen und extreme Entwicklungsverzögerungen (Retardierung) oder -beschleunigung (Akzeleration), erbbedingte Persönlichkeitsanomalien (Angst, Depression, Zwangsverhalten, Hysterie), schizophrene Erkrankungen usw. mit vielen Untergruppen und Symptomen.[397]

Als Beispiele seien genannt:

1. Partielle Lernbehinderungen sind z.b. „isolierte Begabungsschwächen im verbalen und nichtverbalen Bereich, etwa Rechen-, Schreib- und Leseschwächen, Schwächen im Körperschema, der Raumorientierung und der sozialen Anpassung"[398].

2. Erbliche Legasthenie, die auf eine Genveränderung zurückzuführen ist, und wobei überwiegend Jungen betroffen sind.[399]

3. Zu den chromosomalen Lernbehinderungen zählt z.b. das Klinefelter-Syndrom, das mit folgenden Merkmalen gekennzeichnet wird: leichte geistige Behinderung, Antriebsarmut und Infantilität, feminines Gehabe, Tendenz zur Homosexualität, Kontakt- und Bindungsschwäche und teilweise „überdurchschnittlich langandauernde Mutterbindung"[400].

4. Sexueller Infantilismus usw. ist eine Ausprägungsform der Drüsenstörungen, und sie zeigt sich in normaler intellektueller Entwicklung bei gleichzeitiger Schwäche der Lernmotivation, Stimmungsschwankungen, mangelnder Bindungsfähigkeit, sozialer Desintegration und Unselbständigkeit.

5. Drüsenerkrankungen: Auch die Hypothyreose (Schilddrüsenunterfunktion) ist eine häufige Erkrankung und zeigt folgende Merkmale: geistige Behinderungen von leichten bis schweren Formen, Antriebsschwäche, verlangsamte Motorik und schwache Muskulatur, Sprachentwicklungsverzögerungen und Rechenschwäche.[401]

6. Eine große Ursachengruppe bilden auch die „Konstitutionellen Lernbehinderungen", wie z.B. vegetative Anomalien des sog. vegetativen (autonomen) Nervensystems, das für die Atmung, Verdauung, Blutkreislauf usw. zuständig ist. Kinder mit solchen Störungen werden auffällig durch Schweißausbrüche, Schlafstörungen usw. sowie durch „vorzeitige Ermüdbarkeit und Kon-

zentrationsschwäche ... Jähzornausbrüche", und sie neigen „in der Lernsituation zum vorzeitigen Aufgeben" aufgrund ihrer generell herabgesetzten körperlichen und geistigen Leistungsfähigkeit.[402]

7. „Affektive (manisch-depressive) und schizophrene Erkrankungen werden als endogene Psychosen bezeichnet, weil sie sich nicht psychoreaktiv oder psychogen und nicht als exogen-hirnorganisch erklären lassen."[403] Sie treten zumeist erst im Schulalter zwischen dem 10. und 14. Lebensjahr auf durch einen sog. „Entwicklungsknick". Schüler lassen plötzlich in ihren intellektuellen Leistungen in Fächern nach, wo sie vorher gute Leistungen hatten, ziehen sich von anderen Kindern zurück und zeigen Wahnvorstellungen, hören Stimmen und reden mit ihnen und sind stark selbstmordgefährdet.

8. Vielfach findet man unter den Lernbehinderten auch Kinder mit *Teilleistungsschwächen* oder -störungen.[404] Als relativ geringfügige Behinderungen können sie in mehreren Funktions- und Fertigkeitsbereichen behindernd wirken.

Als *„neurophysiologische Teilfunktionsstörungen"* zeigen sie sich als verbale und nicht-verbale Funktionsschwächen. „Beiden liegt eine Störung der zentralen *Erfassung* oder *Entschlüsselung, Speicherung* oder *Abrufbarkeit* von akustischen oder visuellen, motorischen oder sozialen, zeitlichen oder körperlichen Eindrücken zugrunde, die zu einer umschriebenen Leistungsstörung führen. *Verbale* Teilleistungsstörungen kommen bei etwa 7%, *nicht-verbale* bei etwa 5,5% der Schulkinder vor. Bei den verbalen Teilleistungsstörungen handelt es sich in erster Linie um die *Lese-Rechtschreib-Schwäche (Legasthenie)* und um die *Rechenschwäche (Dyskalkulie)*"[405].

Wie sich eine solche Schwäche beim Kind in Wechselwirkung mit der Familie und anderen Bezugspersonen auswirken kann, zeigt das nachstehende Schema[406] (Seite 216).

## 6.9.5. Frühdiagnostik

Das Schicksal der Lernbehinderten ist die späte Diagnostik, d.h., sie werden i.d.R. erst beim Schuleintritt erkannt, wenn sie mit den im Vorschulalter erworbenen und unzulänglichen Fähigkeiten gegenüber den Anforderungen der Schule nicht fertig werden.

Dennoch sind im Vorschulalter und besonders im Kindergarten einige wichtige Symptome erkennbar, die auf leichte Hirnschädigungen schließen lassen und eine ärztliche und pädagogisch-psychologische Untersuchung erfordern. *H. G. Schlack*[407] nennt:

*Was sind Teilleistungsschwächen?*

= Leistungsschwäche in Teilbereichen der kindlichen Entwicklung, die vom übrigen Fähigkeitsniveau des Kindes deutlich abweicht und seine psychosoziale Integration behindert.

– kommt bei verschiedenen Intelligenzgraden vor
– Sinnesbeeinträchtigungen und psychogene Lernstörung als Ausschlußkriterien
– oft verdeckt durch eine Verhaltensstörung
– oft kombiniert mit „Teilleistungsstärken"

Betroffene Bereiche

Eigentliche Leistungsbereiche

Wahrnehmung in verschiedenen Sinnbereichen
Verarbeitung und Integration von Wahrnehmung
Planung und Ausführung von Aktivitäten
Höhere kognitive Prozesse (Seriation, Gedächtnis, Analogien, Abstraktion)
Sprache
Kulturtechniken

Reizempfindlichkeit

Voraussetzungen
für Leistungen
Aktivitätsniveau
Aufmerksamkeit
Emotionale Stabilität
Soziale Kompetenz

Auswirkungen von TLS ⟶ auf Eltern/Bezugspersonen

auf das Kind

Versagen in Teilbereichen der Anpassung

Resignation, Erwartungsangst, Leistungsabfall

Inadäquate Reaktionen der Umwelt: „… will nicht"
„ist dumm"

Weitere Mißerfolge

Negative Selbsteinschätzung

Vermeidungsverhalten oder Selbstüberforderung

Sekundäre Leistungs- und Verhaltensstörungen

Verunsicherung

Fehleinschätzung als generelle Minderbegabung oder als „Nichtwollen" des Kindes

Über- oder Unterforderungstendenz

Schuldbewußtsein, resp. Schuldzuweisung an andere

„Verzögerte motorische Entwicklung,
Verzögerte sprachliche Entwicklung,
Motorische Ungeschicklichkeit,
Unruhe, geringe Ausdauer,
Vermeidungsverhalten, z.b. beim Malen, Basteln, Puzzle u.ä.,
Geringes Selbstvertrauen,
Außenseiterstellung unter Gleichaltrigen."

*Schlack* stellt weiter fest, „daß bereits im Kindergartenalter die bestehenden Schwächen von den Kindern offensichtlich als starke Verunsicherung und Beeinträchtigung des Selbstwertgefühls erlebt werden. Untersucht man die Außenseiter in einer Kindergartengruppe, so findet man in einem hohen Prozentsatz neurologisch auffällige Kinder".[408]

Frühere Diagnosen wären durch die längerfristige Beobachtung sog. Risikokinder und durch die kostenlosen Vorsorgeuntersuchungen des Kindes (U 1 bis U 9) möglich, wenn die Kinder auch zum Arzt gebracht würden.[409]

Darüber hinaus sind nach § 124 des Bundessozialhilfegesetzes (Sicherung der Beratung Behinderter) all diejenigen Fachkräfte (z.b. Erzieherinnen, Hortnerinnen, Heimerzieher usw. bzw. deren Eltern, Vormünder, Sorgeberechtigten) verpflichtet zur Beratung und Hilfe für die Kinder, sie einem Arzt zuzuführen oder dem Gesundheitsamt zu melden.[410]

*Testverfahren*: siehe Psychol. Teil, S. 85 ff.

### 6.9.6. Frühförderung potentiell Lernbehinderter

Unter Berücksichtigung der gesamten Ursachenkomplexion von Lernbehinderung und des vielfältigen sowie völlig uneinheitlichen Störungsbildes schließt sich eine Frühförderung aus, die allein auf das Kind oder allein auf die Effizienzsteigerung von Einzelfunktionen wie Intelligenz, Sprache usw. hin orientiert ist.

Alle einschlägigen Forschungen und Förderprogramme zeigten in der *Gruppenförderung von Kindern*:

● Wesentliche Steigerungen der IQ-Werte, die aber nach ein bis zwei Jahren nach der Förderung auf unter 90 IQ zurückfielen;
● daß nach dem Eintritt in den Schulkindergarten oder in die Grundschule der stärkste Leistungsabfall eintrat;
● daß Kinder aus sozioökonomisch schwächsten Verhältnissen die geringsten Fortschritte erzielten und am schnellsten zurückfielen;

225

dagegen zeigte eine *Förderung von Eltern und Kind*:

● Wesentliche Steigerungen der IQ-Werte mit langanhaltenden Wirkungen bis zu fünf Jahren nach Förderungsabschluß;
● stetige Steigerungen der Leistungsfähigkeit über den Förderprogrammabschluß hinaus;
● eine größere Zunahme der IQ-Steigerung, je früher (mit 1–2 Jahren) die Förderung einsetzte, und
● die Wirkung der Förderprogramme war umso geringer, je schwächer die sozioökonomische Lage der Eltern war.[411]

*U. Bronfenbrenner* kommt nach der Auswertung amerikanischer Förderprogramme zu folgender Erkenntnis: „Die entscheidenden Kräfte der Zerstörung liegen weder im Kind noch in seiner Familie, sondern in den hoffnungslosen Umständen, unter denen die Familie leben muß. Benötigt wird darum eine Form der Förderung auf der ökologischen Ebene, Maßnahmen also, die totale Veränderungen in der unmittelbaren Umgebung der Familie und des Kindes bewirken."[412]

Eine solche ökologisch-ganzheitliche Intervention müßte also präventiv ansetzen:

● Bei der Steigerung der Erziehungskompetenz zukünftiger Eltern, z.B. durch eine Erziehungskunde (Familienbildung) in der Schule und durch die Erwachsenenbildung (VHS, Fernsehen usw.);
● bei einer Verbesserung des Mutterschutzes und der Schwangerschaftsbetreuung, insbesonders lediger und sozioökonomisch schwacher Mütter, sowie der Ausweitung des Erziehungsurlaubs bis zum vollendeten 3. Lebensjahr des Kindes bzw. seinem Eintritt in den Kindergarten/Hort;
● Verbesserung der Geburtshilfe und nachgeburtlichen Betreuung von Mutter und Kind, insbesondere in den sozialen Brennpunkten;
● Bereitstellung ausreichender und qualitativ hochwertiger Kindergartenplätze.[413]

*Rehabilitative und frühförderische Maßnahmen sind:*

● Die regelmäßigen ärztlichen und pädagogisch-psychologischen Untersuchungen der Risiko-Kinder bis zum Schuleintritt;
● die aufspürende Früherfassung entwicklungsgefährdeter Kinder in Problemfamilien, z.B. alkoholabhängiger und süchtiger Eltern, Obdachlosensiedlungen, in Familien, in denen es bereits

Lernbehinderte gibt (siehe Institutionen der Frühförderung S. 103) und die
● Verbesserung der Frühförderung und pädagogischen Qualität der Kindergärten u.a. Vorschuleinrichtungen.

So gibt es in Deutschland bis heute keine Standards für die Mindest-Einrichtung von Frühförderstellen hinsichtlich der personellen, räumlich-materiellen und finanziellen Grundausstattung und Qualifikationen der Mitarbeiter. Ein nicht weniger problematischer Zustand herrscht in den Kindergärten, wo die Früherkennung und -erfassung entwicklungsverzögerter und potentiell lernbehinderter Kinder sowie eine entsprechende Diagnose bzw. Frühförderung noch größte Chancen hätte.

### 6.9.6.1. Spezielle Maßnahmen und Förderansätze

Eine spezifische Frühförderung Lernbehinderter oder potentiell Lernbehinderter gibt es nicht. Vielmehr handelt es sich hier um die Anwendung allgemeiner pädagogischer Ansätze und spezifischer Schwerpunktsetzungen nach Maßgabe des individuellen Behinderungsfalles und Störungsbildes. Daraus folgt, daß für jedes einzelne Kind ein Förderplan erstellt und eine individuelle Verlaufs- bzw. Entwicklungskontrolle durchgeführt werden muß (vgl. dazu Oy/Sagi S. 128 ff. und Teil Psychologie, Testverfahren S. 85 ff.).

### 6.9.6.2. Schwerpunkte in der Frühförderung

Notwendig ist für die potentiell Lernbehinderten und entwicklungsverzögerten Kinder allerdings eine Schwerpunktsetzung, Verdichtung der pädagogischen Maßnahmen und ein pädagogischer Mehrbedarf in Bereichen, wo die Schwierigkeiten gehäuft auftreten:

● Sensomotorik und insbesondere Feinmotorik als Grundbedingungen schulischen Lernens und speziell Schriftsprache und Mathematik;
● Wahrnehmungs- und basale Intelligenzförderung, z.B. nach *Piaget*;
● Sozial-emotional positiver Grundhaltungen (z.B. Selbststeuerungs- und Kooperationsfähigkeit) und Selbstwertgefühle sowie Lernmotivationen;
● Sprachkompetenzen, insbesondere Wortschatz und Satzbau;
● Begabung und Kreativität durch kindgemäße Sachbegegnung und musisch-künstlerische Elementarbildung;

227

● Sachkompetenzen, also der Aufbau eines basalen Wissens, um die Kluft zwischen familiärer Erziehung, Kindergarten- bzw. Früherziehung und Schulpädagogik so gering wie möglich zu halten und so eine pädagogische, didaktisch-methodische Kontinuität zur Schule hin zu ermöglichen.

### 6.9.6.3. Hinweise zur Praxis

Dementsprechend sind diese Förderbereiche didaktisch-methodisch zu akzentuieren:

● Spielförderung, wie sie z.b. von *Fröbel, Montessori, Oy/Sagi*, in der Psychomotorik bzw. Motopädagogik entwickelt wurde, und die Anleitung der Eltern zu Spiel- bzw. Beschäftigungsformen mit dem Kinde.[414]
● Die Wahrnehmungs- und damit Intelligenzförderung, z.b. nach *Frostig, Montessori* u.a.[415]
● Die Förderung *sozial-emotionaler* und *musisch-kreativer Kompetenzen* durch rhythmisch-musikalische Erziehung, der Ausdrucksfähigkeit in Farbe, Bewegung, Tanz, plastischem Gestalten[416] (siehe auch MCD, POS, CP-Kinder S. 166 f.).
● Förderung von *Identität* und *positivem Selbstkonzept*.[417]
● Förderung der *Sprache* und *Hinführung zur Schrift*, z.b. nach *Montessori.*[418]
● Förderung *kognitiver und mathematischer Grundfunktionen*, z.b. nach dem Montessori-Sinnes- und Mathematikmaterial.[419]
● Die Förderung der *lebenspraktischen Selbständigkeit* und *Selbstversorgung* (Körperpflege, An- und Ausziehen usw.), z.b. nach *Montessori* (siehe auch CP-Kinder S. 146 ff.).[420]
● Die Förderung der *Sachlichkeit* und *Sachkompetenz* durch Hinführung zur Natur und Technik z.b. nach *Montessori.*[421]

### Reform der Schuleingangsstufe

Unübersehbar sind heute die Probleme der Schuleingangsstufe: Immer mehr entwicklungsverzögerte, erziehungsschwierige, teilleistungsschwache Kinder und immer mehr Kinder verschiedener Kulturen, Religionen und Nationen mit spezifischen Anpassungsproblemen erfordern neue, individualisierende Konzepte. Es wird die Aufgabe der Schule sein, sich endlich zu einer pädagogischen Reform der Schuleingangsstufe (1. und 2. Schuljahr) durchzuringen und einen altersunabhängigen fließenden Übergang vom Kindergarten/Frühförderung zur Schule zu ermöglichen, d.h. z.B. mehr Elemente der Früherziehung in ihr schulpädagogisch-leistungsorientiertes Konzept aufzunehmen.[422]

# 6.10. Verhaltensauffällige Kinder und Schüler

## 6.10.1. Begriff

Heutzutage wird in einem inflationären Ausmaß geklagt über verhaltensgestörte und -schwierige, lern-, schul- und erziehungsschwierige, verhaltensbehinderte, psychosozial gestörte, psychisch kranke oder anpassungsschwierige Kinder und Schüler. Dies alles sind gängige und zumeist sehr subjektive Umschreibungen von Problemen, die Eltern, Erzieherinnen und Lehrer/innen mit den Kindern erleben. Es scheint so, als trügen die Kinder Verhaltensauffälligkeiten wie die Augenfarbe oder andere organischen Merkmale.

*Die Normalität von „Verhaltensauffälligkeiten"*: Man kann diese Perspektive in Gestalt einer Frage auch umkehren: Zeigen Kinder solche Probleme bzw. Verhaltensweisen, weil sie Kinder sind, sich und ihr Verhalten in einem bestimmten soziokulturellen Umfeld entwickelt und weil sie erzogen werden müssen als unabdingbare Voraussetzung für ihr Menschwerden? Sind in diesem komplizierten Prozeß des Lern- und Verhaltensaufbaus des Kindes Schwierigkeiten nicht „normal"?

*Die Normalität von Schwierigkeiten bei der Erziehung*: Ebenso gibt es Erziehungsschwierigkeiten, die Eltern, Erzieherinnen oder Lehrer erleben, Schwierigkeiten als Ausdruck ihrer mehr oder weniger vollkommenen Erziehungskompetenz.

## 6.10.2. Definition

Eine einheitliche, verbindliche und eindeutige Begriffsbestimmung von „Verhaltensauffälligkeit" ist z.Zt. nicht gegeben. Jeder Fachautor hat seine Definition. Der Deutsche Bildungsrat definierte wie folgt: „Als verhaltensgestört gilt, wer aufgrund organischer, vor allem hirnorganischer Schädigungen oder eines negativen Erziehungsmilieus in seinem psychosozialen Verhalten gestört ist und in sozialen Situationen unangemessen reagiert und selbst geringfügige Konflikte nicht bewältigt."[423]

## 6.10.3. Ursachen und Symptome

Eine eindeutige Zuordnung bestimmter Symptome von Verhaltensauffälligkeiten zu bestimmten Ursachen ist generell nicht möglich. So kann z.B. das Symptom „Verstöße gegen soziale Regeln" in Beziehung stehen zur Angst, inneren Konflikten (z.B.

Familienproblemen, seelischen Spannungen), Versagensängste, Mangel an Selbststeuerung, falsche Gewohnheiten, Mangel an Bekräftigung, erhöhte Reizbarkeit usw. (siehe Postnatale Risiken S. 42).[424]

Es gibt aber bestimmbare Ursachenkomplexe, die Verhaltensauffälligkeiten hervorrufen können.

*1. Nichterfüllung basaler Bedürfnisse des Kindes:* Das Kind hat offensichtlich angeborene basale organische Bedürfnisse, wie Hunger, Durst, Wärme, Sicherheit, Geborgenheit und Liebe sowie nach Anerkennung oder Geltung. Basale Bedürfnisse bauen in einer sinnvollen Hierarchie aufeinander auf. Daraus erwachsen die Motive für sein Handeln und Verhalten als seine individuell sinnvolle Antwort auf seine augenblickliche und zukünftige Situation. Ist der Hunger oder das Geborgenheitsgefühl als basales Bedürfnis nicht gestillt, wird das Kind keinen Grund haben, höhere Motive zu entwicklen oder sich „höheren" Motiven zuzuwenden, also z.b. etwas zu lernen, das nicht diesem basalen Bedürfnis entspricht. Es wird aber alles tun, dieses basale Bedürfnis zu stillen, weil das Motiv, seine basalen Bedürfnisse zu stillen, vorrangiger und stärker ist, als eine geforderte Verhaltensweise oder Fertigkeit zu lernen oder dem Erzieher gehorsam zu sein. Die Unterdrückung oder Nichterfüllung primärer Bedürfnisse und Motive führt beim Kinde zu Ersatzbefriedigungen oder -handlungen, wie z.B.:

● Naschsucht, Freßsucht u.a. Formen der „Abhängigkeit", Schnullern, Daumenlutschen usw. über das sechste Jahr hinaus;
● sich z.b. emotional an die Erzieherin hängen oder ihre Zuwendung in irgendeiner Form erzwingen: durch Ungehorsam, Provokationen, Zerstörung von Gegenständen oder Schlagen anderer Kinder;
● Autoaggressionen, wie z.b. Haaredrehen und -ausreißen, Nägelkauen u.a. Selbstverletzungen, Grimassieren, Tics;
● Bewegungsstereotypen bzw. Jaktationen (Schaukelbewegungen);
● Zielloses Herumlaufen, Streunen, Trebegängerei.
● Wutanfälle, Jähzorn, hysterische Ohnmachtsanfälle usw.;
● Bettnässen (Enuresis), Einkoten (Enkopresis) über das 6.–8. Lebensjahr hinaus, um die mütterlich-elterliche Zuwendung aggressiv zu erzeugen. Enuresis und Enkopresis können zwar in seltenen Fällen auch organisch oder durch eine Fehlerziehung (z.B. zu früh, zu streng) bedingt sein, aber sie sind für das Kind

vielfach auch ein Mittel im Kampf mit dem Erwachsenen in der
Form aggressiven Einnässens oder Einkotens.[425]

Modell der Bedürfnishierarchie nach Maslow.[426]

*2. Organische bzw. hirnorganische Ursachen:* Diese umfänglichen
und schier endlosen Ursachen und Ursachenkomplexe wurden
schon weitgehend oben dargestellt.[427]

In den letzten Jahren haben Forschungen zur pränatalen Entwicklung des Kindes die pränatalen Ursachen eine zunehmende
Bedeutung erlangt (vgl. auch *Janov, Gross, Hau, Schindler*).

Insbesondere Kinder mit angeborener Hyperaktivität, MCD, POS
zeigen folgende Symptome:

- Stimmungslabilität und schwache Affektkontrolle, geringe Fru-
  strationstoleranz, Schwächen im Aushalten von Spannungszu-
  ständen, z.B. beim Warten, bis man „drankommt", oder bei auf-
  kommenden Bedürfnissen, wie Hunger, Durst usw.; Neigung
  zu „Kurzschlußhandlungen";
- Konzentrationsschwäche und -schwankungen;
- Schwierigkeiten bei der Mutter-Kind-Bindung und Sozialbin-
  dungsfähigkeit überhaupt;
- Schwierigkeiten bei der Aktivitätskontrolle bzw. -steuerung:
  Ziel- und Planlosigkeit, Hast und überflüssige Aktionen um der
  Aktion willen, Fahrigkeit, unstete und regellose Aktivitäten.[428]

Es ist aber bei den organischen Ursachen und den Interaktionen in
den Erziehungsprozessen, im Wechselspiel zwischen Kind und
Umwelt nicht immer eindeutig, in welchem Ausmaß die Erziehung und Lebensbedingungen des Kindes Verhaltensauffälligkei-

ten verstärken oder abschwächen.[428] Bejahende oder kühle, feindliche Erzieherhaltungen gegenüber dem Kind, überforderte Erzieher, unangemessene Erziehungsnormen und -praktiken spielen besonders beim organisch geschädigten Kind eine große Rolle, und sie können selbst beim organisch gesunden Kind eine Ursache bei der Entstehung von Verhaltensauffälligkeiten sein.

3. *Erzieherhaltungen, Erziehungsnormen und -praktiken* bestimmen den pädagogischen Bezug, das Verhältnis und die Wechselwirkungen zwischen Erzieher und Zögling.[430] Sie setzen sich u.a. zusammen:

a) Aus den *emotionalen Einstellungen zum Kind* (liebend-bejahend, feindlich-ablehnend, wie z.b. oft gegenüber ungewollten Kindern, aus Vergewaltigungen usw.)

b) Aus den *pädagogischen Grundeinstellungen* der Erzieher, wie z.b. die logothrope Einstellung: Man liebt primär das Fach Pädagogik, die Psychologie usw., oder die pädothrope Einstellung: Man liebt die Kinder, den pädagogischen Umgang mit ihnen, man möchte ihnen helfen und dienen, damit sie unabhängige, lebenstüchtige und liebenswerte Menschen und Persönlichkeiten werden. Hier geht es also auch um die persönlichen Erziehungsvorstellungen und -ziele.

c) Aus der *eigenen Erziehungsbiographie*, ob man z.b. selbst eine liebevolle und gute Erziehung erhalten hat oder geschlagen bzw. hart erzogen wurde. Nachgewiesenermaßen zeigen in ihrer Kindheit mißbrauchte oder mißhandelte Eltern oft selbst bei ihren eigenen Kindern ähnliche Verhaltensweisen.

d) Sichtweisen oder *Anthropologien des Kindes*. Sie umfassen unser pädagogisches, medizinisches, psychologisches usw. Wissen von Kindern und ihrer Entwicklung und unseren persönlichen Erfahrungen im Umgang mit Kindern. Dies erklärt z.b., daß erfahrene Pädagogen oft gelassener gegenüber „Verhaltensauffälligkeiten" sind als Berufsanfänger.

Dieses Wissen und die Erfahrung bestimmen darüber, ob der Erzieher das Kind eher als passives, plastisches Wesen sieht, das man nach den eigenen Vorstellungen „prägen" kann, oder mehr als aktives, und mit der Hilfe des Erziehers sich selbstgestaltendes individuelles Wesen?

Solche Anthropologien können wissenschaftlich mehr oder weniger korrekt, vollständig bzw. ganzheitlich sein, d.h., das Kind wird in seiner leibseelischen, sozialen und geistigen Ganzheit gesehen, oder *ein* Aspekt wird als besonders „wichtig" angesehen, während andere vernachlässigt werden:

● das Kind wird primär als soziales Wesen gesehen, d.h., hierbei wird das soziale Lernen überbetont,
● das Kind wird primär als intellektuelles Wesen gesehen, d.h., hier wird die Intelligenz überbetont usw. und andere Seiten, wie z.b. der entwicklungsnormale Bewegungsdrang, die Freude an sinnlich-emotionaler Erfahrung, Kreativität usw. werden nicht hinreichend beachtet oder gefördert.

Hinsichtlich der Verhaltensstörungen können *Anthropologien weit oder eng* gefaßt sein, d.h., dann werden entweder viele Verhaltensweisen bzw. sog. „Auffälligkeiten" als „normal" angesehen oder – bei enger Sicht – wird vieles, was ein Kind macht oder nicht macht, als „auffällig" definiert und dementsprechend als „behandlungsbedürftig" gesehen. Hier setzen problematische Behandlungs-Konzepte ein:

● Die *Medikalisierung* des Kindes, d.h. medizinisch-medikamentöse Behandlungen, z.b. bei Schulleistungsschwächen, Lernstörungen, Konzentrationsschwächen, wo es sich vielleicht um Erziehungsprobleme handelt, die in der Familie bestehen (Scheidung, häufige Auseinandersetzungen, elterlicher Ehrgeiz und Überforderung des Kindes).
● Die *Psychiatrisierung und Psychologisierung* des Kindes, d.h. der Einsatz psychiatrischer Untersuchungen und psychologischer Maßnahmen, wie z.B. medikamentöse Hilfen (Psychopharmaka[431]) und Therapien (z.B. Verhaltenstherapien) bei Eß- oder Trinkstörungen, Bettnässen, Einkoten usw.[432]
● Die *Kriminalisierung* des Kindes, insbesondere des Jugendlichen, wenn z.B. pubertierende, um die Gunst eines Mädchens rivalisierende Jugendliche in körperliche Auseinandersetzungen geraten, wenn sie gelegentlich stehlen, um dieselben Dinge zu haben wie Erwachsene, um zu protzen oder andere entwicklungsnormale „Mutproben" ablegen.[433] Um diesen Entwicklungsbedürfnissen zu entsprechen, wurde z.B. die Erlebnispädagogik entwickelt.[434]

c) *Erziehungsnormen bzw. Ziele.* Sie bestimmen die Bandbreite erwünschten und unerwünschten Verhaltens sowie den vorläufigen Endzustand (Erziehungsziel) der Erziehungs- und Bildungsarbeit in der Familie, im Kindergarten und in der Schule. *Grissemann*[435] weist zurecht auf die Problematik vieler unserer Normen hin:
● Die Orientierung an teststatistische Durchschnitts-Normen

233

können zu leicht zur unberechtigten Ausgrenzung von Kindern und zur Etikettierung „abnorm" führen;

● diesen Effekt bringen auch sog. *„Mehrheitsmeinungen der Bevölkerung"* oder einer „Gruppe", z.b. der Familie, der Erzieher oder Lehrer über „normales" und „abnormes" Verhalten;

● sog. persönliche Selbst- und *„Sollensforderungen"*, die man den Kindern einimpfte, können zu einer Selbstüber- oder Unterforderung des Kindes führen und entsprechende Verhaltensauffälligkeiten hervorrufen (z.b. überzogener Ehrgeiz, Faulheit, Bequemlichkeit usw.);

● *„funktionale"* oder *„dysfunktionale"* (abweichende) Normen bezüglich der Fähigkeiten, wie Schreiben, Rechnen, Feinmotorik usw. können zu eng gefaßt sein und daher Verhaltensauffälligkeiten als kindliche Reaktion darauf hervorrufen;

● *„Idealnormen"* stehen immer in einem Spannungsverhältnis zu den anderen Normen. Werden diese aber starr und ohne Rücksicht auf die „Individuallage" des Kindes angewandt, werden viele Kinder und Jugendliche als „verhaltensauffällig" erscheinen.

f) *Erziehungspraktiken und -methoden:* Exemplarisch für dieses umfangreiche Problem seien zwei Erziehungsstile genannt. Der sog. *autoritäre Stil* ist eine rigorose und extreme Form der Führung und Durchsetzung der Absichten des Erwachsenen gegenüber dem Kind ohne Rücksicht auf seine individuelle Entwicklung, Fähigkeiten, Begabungen oder Interessen. Eine solcherart praktizierte Reinlichkeitserziehung führt nicht nur oft zum Gegenteil, sondern auch zu einer Reihe von konkreten und schwer korrigierbaren Verhaltensauffälligkeiten wie aggressives Einnässen und Einkoten[436].

Autoritäre Erziehung kann im Extremfall die Entwicklung einer autonomen Persönlichkeit verhindern und zu einer extremen Anpassungsschwäche bzw. Starrheit führen. Im Kindergarten wird das Kind versuchen, andere Kinder zu unterwerfen oder, weil sich die anderen das nicht bieten lassen, selbst aus dem Feld gehen bzw. ausgeschlossen oder zum Außenseiter werden.

Eine überzogene und mißverstandene *„antiautoritäre"* Erziehung kann bis zur Vernachlässigung und Kindesmißhandlung führen. Sie verursacht beim Kinde Orientierungs- und Haltlosigkeit, weil es die für das Zusammenleben notwendigen elementaren Sozialnormen, die für seine Leistungs- und Fähigkeitsentwicklung notwendigen Funktionsnormen und die für die eigene Lebensgestaltung notwendigen Sollens- und Ideal-Normen weder kennt noch anstreben lernt. Gute Erziehung verlangt eine individuell ausgewogene Balance zwischen Führen und Wachsenlassen *(Litt)*, vorschreibend-nachgehender Erziehung *(Fröbel)* oder Freiheit und Bindung *(Montessori)*. Fröbel nannte dies eine lernbare „Erziehungskunst"[437].

### 6.10.4. Frühdiagnostik

Neben den bereits oben (siehe Psychol. Aspekte S. 85 ff.) genannten Verfahren werden noch folgende Verfahren genannt:

- Verhaltensbeobachtungen in der natürlich-familiären Situation, im Labor (z.b. Videoaufzeichnungen von Mutter-Kind-Interaktionen) und durch die teilnehmende bzw. nichtteilnehmende Beobachtung;[438]
- Elternfragebogen;[439]
- Tests für die sozialemotionale Entwicklung (siehe Rennen-Allhoff/Allhoff S. 85 ff.):
  - Vineland Social Maturity Scale
  - Fragebogen zur Erfassung praktischer und sozialer Selbständigkeit
  - Beobachtungsbogen für Kinder im Vorschulalter
  - Skala zur Erfassung des Sozialverhaltens von Vorschulkindern
  - Burk's Behavior Rating Scales Preschool and Kindergarten
  - P-A-C
  - Infant Security Scale

### 6.10.5. Frühförderung

Aus der Komplexität des Problemfeldes „Verhaltensauffälligkeit" konnte ersichtlich werden, daß es nicht „die" eine richtige Behandlungsmethode geben kann. Die medizinische, pädagogisch-psychologische Abklärung der Ursachenfelder ist insofern schon ein Gewinn, weil man dadurch das Problem eingrenzt und der Pädagoge auch seine Grenzen bzw. Mitverantwortung und Möglichkeiten erkennen kann. Es wurden in den letzten Jahren diverse Ansätze zur Verbesserung des Erziehungsverhaltens als Grundbedingungen für die Prävention und Behandlung von Verhaltensauffälligkeiten entwickelt.

*1. Verbesserung des Erzieher- und Elternverhaltens:* Zu den bekannten Verfahren zählt das Münchener Trainingsmodell von *P. Innerhofer.* Er beschreibt dieses Modell wie folgt: Es „ist eine Methode, Eltern und Erziehern im Spielen, Beobachten und Analysieren von Erziehungsproblemen erzieherische Verfahren und Fertigkeiten zu vermitteln".[440]

235

*2. Spieltherapeutische Ansätze:* Spieltherapeutische Ansätze fußen auf der natürlichen Neigung des Kindes zum Spiel als seiner entwicklungsnormalen Lernform. Kinder, die nicht spielen, sagt der Volksmund, sind krank. Ziel der spieltherapeutischen Ansätze ist die Entwicklung der Spielfähigkeit überhaupt und dadurch eine indirekte Förderung des normalen Verhaltensaufbaus, insbesondere der Entwicklung positiver sozial-emotionaler Beziehungen, der Motivation, Wahrnehmung, Motorik, Kreativität und Kommunikation.

Spiel ist daher zurecht eine pädagogische Grundform in vielen Ansätzen der Frühförderung. Nach einer „Spieldiagnostik" (z.B. Sceno-Test von *G. v. Staabs* oder „Welt-Test" von *M. Lowenfeld*[441]) folgt die Spieltherapie. Es werden verschiedene Ansätze verwendet:

● die nicht-direktive Spieltherapie z.B. nach *Axline*[442] und die
● psychoanalytisch orientierte Spieltherapie.[443]

Die Leistungen der nicht-direktiven Spieltherapie sind beachtlich. Nach *W. Jaede*[444] kann sie

● Angst und Neurotizismus verringern;
● Selbständigkeit und Sozialanpassung verbessern;
● geistige Wendigkeit und Denkfähigkeit erhöhen;
● Kreativität und Einfallsreichtum erhöhen und
● Verhaltensstörungen vermindern.

Die Spielpädagogik und -therapie hat auch im Schulalter bei verhaltensauffälligen Kindern noch eine große Bedeutung.[445]

*3. Verbesserung des Lehrerverhaltens:* Die Lehrerausbildung hat sich in den beiden letzten Jahrzehnten mehr und mehr zu den fachwissenschaftlichen Schwerpunkten verlagert, d.h., pädagogisch-praktische Kompetenzen gerieten in eine Randsituation. Schwierigkeiten im pädagogischen Umgang mit den Kindern blieben nicht aus, d.h., daß die Vielzahl verhaltens- und erziehungsschwieriger Schüler dadurch noch weiter gefährdet wurden. Also müssen nun nachträglich durch Fort- und Weiterbildung diese pädagogischen Kompetenzen entwickelt werden. Auf den Schulbereich hin orientiert können folgende Ansätze genannt werden: *Tausch/Tausch*[446], *Wagner, A. C.* u.a.[447], *Lorenz, R.* u.a.[448] Diese Ansätze zielen auf eine Verbesserung der Lehrer-Schüler-Interaktion und werden besonders in der Schule für Erziehungsschwierige angewandt.

# 7. Das behinderte und lernschwache Kind in der Regel-Schule

## 7.1. Sonderschulbedürftigkeit

Das behinderte Kind hat als Grundrechtsträger verfassungsrechtlich einen Bildungsanspruch (Art. 7 GG). Die Schulpflicht und die Einrichtung der Sonderschulen sowie das Recht auf individuelle Bildung und Erziehung stellen einen großen Fortschritt für behinderte Kinder dar. In den letzten 200 Jahren hat sich in Deutschland ein hochdifferenziertes Sonderschulwesen mit entsprechend spezialisierten Lehrern entwickelt. Sie sollen behinderten Schülern jene individuellen speziellen Hilfen geben, die ihnen gesetzlich zustehen: z.b. Schutz, Kenntnisse und Fertigkeiten, Hineinwachsen in die Gesellschaft (soziale Integration), Chancengleichheit, freie Entfaltung der Persönlichkeit (Art. 20 GG).

Das geschieht nach Maßgabe der behinderungsspezifischen Förderbedürfnisse und schulischen Fördermöglichkeiten in einer Schule für Lern-, Geistig-, Körperbehinderte, Gehörlose oder Schwerhörige, Blinde oder Sehbehinderte, für Sprachbehinderte und Erziehungshilfe (Erziehungs- oder Verhaltensschwierige) oder bei kranken Kindern durch Krankenhausschule bzw. Hausunterricht. Über die Sonderschulbedürftigkeit in Regelschulen entscheiden Schulgesetze bzw. das Sonderschulaufnahmeverfahren.

## 7.2. Sonderschulaufnahmeverfahren (SAV)

Wird ein behindertes Kind schulpflichtig oder ein schulpflichtiges Kind behindert (z.b. durch Unfall, Krankheit, Entwicklungsprobleme), dann entscheiden die Schulaufsichtsbehörden durch ein SAV über die geeignete Sonderschule. Das SAV ist ein verwaltungsgerichtlich überprüfbares Verfahren, zu dem medizinische (Gesundheitsamt und ggf. Fachärzte), psychologische, schul- bzw. sonderschulpädagogische Gutachten und die Elternbeteiligung gehören (Einzelheiten regeln die Kultus- bzw. Schulminister der Bundesländer).

Wenn heute ein Schüler sonderpädagogischen Förderbedarf hat, kann er trotzdem in der Regel-, d.h. z.B. Grundschule verbleiben, wenn dort sonderpädagogische Förderung möglich ist. Aufgrund schulgesetzlicher Veränderungen gibt es zunehmend behinderte oder von Behinderung bedrohte Schüler auch in Regelschulen, und die Lehrer/innen stehen hier vor der schweren Aufgabe der gemeinsamen oder integrativen Erziehung und Unterrichtung mit nichtbehinderten Schülern.

## 7.3. Sonder- oder Regel-Schule?

Fragwürdig wurden die Sonderschulspezialisierung und Einweisung der Schüler in Sonderschulen durch Forschungsergebnisse über die Effizenz der Sonderschulen und Modellversuche zur Integration[449] sowie durch die „Empfehlungen des Deutschen Bildungsrates zur pädagogischen Förderung behinderter und von Behinderung bedrohter Kinder und Jugendlicher" (1973), die für mehr sozialintegratives bzw. „soziales Lernen" von behinderten und nichtbehinderten Schülern in Schulen plädierten.

Das führte zu einer bis heute offenen Diskussion über den Abbau von Sonderschulen und die Neuorganisation unseres Schulbildungswesens unter dem Stichwort „Integration" (s. S. 59). Dabei geht es um die zentrale Frage, ob und wie Schulen insgesamt faktisch so verändert werden können, daß sie möglichst allen Schülern und ihren individuellen Erziehungs- bzw. Bildungsbedürfnissen optimal entsprechen und möglichst wenige Schüler aussondern - ein Anspruch, der z.B. in den Gesetzen zur NRW-Grundschule erhoben wird:

Die Integration hat „alle Schüler unter Berücksichtigung ihrer individuellen Voraussetzungen in ihrer Persönlichkeitsentwicklung, in den sozialen Verhältnissen sowie in ihren musischen und praktischen Fähigkeiten gleichermaßen umfassend zu fördern,

- grundlegende Fähigkeiten, Kenntnisse und Fertigkeiten in Inhalt und Form so zu vermitteln, daß sie den individuellen Lernmöglichkeiten und Erfahrungen der Kinder angepaßt sind;
- durch fördernde und ermutigende Hilfe zu den systematischen Formen des Lernens allmählich hinzuführen und damit die Grundlagen für die weitere Schullaufbahn zu schaffen;
- die Lernfreude der Schüler zu erhalten und weiter zu fördern"[450].

Trotz dieses Anspruchs, eine Schule für „alle" Schüler zu sein, wurden und werden behinderte Schüler nach wie vor in Sonderschulen überwiesen.

Dagegen läuft der Trend zu mehr sozialer Integration, die aber nicht so problemlos zu sein scheint, denn es gibt schwerwiegende Integrationsdilemmata.

### 7.3.1. Integrationsdilemmata

Mehr als hundert unterschiedliche integrative Schulversuche haben bisher stattgefunden.[451] Die wissenschaftliche Bewertung der Versuche ist insgesamt nicht eindeutig positiv oder negativ. Sie deckt aber Probleme der Schulorganisation auf, wie z.b. mangelnde Differenzierung und Individualisierung, das überholte, biologisch und nicht entwicklungspsychologisch fundierte Jahrgangsklassensystem, fehlende technische, bauliche und mediale Ausstattung und Mängel in der Lehrerqualifikation.

*Bleidick,* ein führender Fachmann, spricht heute vom „Dilemma mit der Integration"[452], weil viele notwendige Bedingungen einer erfolgversprechenden gemeinsamen Erziehung und Bildung behinderter, von Behinderung bedrohter und nichtbehinderter Kinder nicht hinreichend gewährleistet sind. Das zeigt sich z.b.

- in den Widersprüchen von politisch gewollter Integration und den verfügbaren personellen und sächlichen Mitteln und in dehnbaren Gesetzesformulierungen, wie z.b.: „soweit es die organisatorischen, personellen und sächlichen Gegebenheiten erlauben" (Niedersächs. Schulgesetz von 1993);
- in der fehlenden Übereinstimmung von speziellem Förderbedarf der Schüler und der Bereitstellung der entsprechenden heilpädagogischen Hilfe, Therapie und Kompetenz;
- in der unzureichenden Entwicklung individueller Förder- und Bildungspläne und einer dementsprechenden individualisierenden Schul- und Unterrichtsorganisation, die den individuellen Fähigkeiten, Interessen, Lernzeiten usw. gerecht werden. Gerade die Lernzeit- und damit Schulzeitfrage z.b. lernbehinderter Schüler spielt eine erhebliche Rolle, weil sie u.a. in ihren kognitiven Kompetenzen oft um 1–3 Jahre zurückliegen;
- in dem ungelösten Problem der Leistungsbeurteilung, d.h., sollen Schüler mit den Mitschülern (soziales Bezugssystem) verglichen oder z.b. in ihrem individuellen Lernfortschritt (ipsativ) oder in bezug auf ihren sachbezogenen Lernfortschritt gemessen werden?

● in der Frage der Lehrerqualifikation; selbst wenn – wie dies in Modellversuchen der Fall ist – ein Regel- und ein Sonderschullehrer gemeinsam in einer Klasse von behinderten und nichtbehinderten Schülern unterrichten, müssen beide behinderungsspezifische Kompetenzen haben, um optimal zusammenarbeiten und fördern zu können.

Ein erfolgversprechender und hinreichend abgesicherter Weg von Modellversuchen bis zur generellen Integration ist bisher nicht in Sicht.

### 7.3.2. Was tun? Hinweise und Materialien

Trotz der Widersprüchlichkeiten wird es immer behinderte und von Behinderung bedrohte Schüler in Regelschulen geben,
a) bei denen sonderpädagogischer Förderbedarf festgestellt wurde und die spezieller sonderpädagogischer individualisierender Hilfen bedürfen;
b) die schulpflichtig, aber nicht oder nur partiell schulfähig sind und/oder während der Schulzeit spezieller Förderung bedürfen, wie z.b. potentiell lernbehinderte und entwicklungsverzögerte Kinder.

● 10–15% der Schüler verfügen nicht über die schulnotwendigen Lernvoraussetzungen im sprachlichen, sensomotorischen, kognitiven und sozialen Bereich.
● 33% der später in die Lernbehindertenschule überwiesenen Schüler werden ein- bis zweimal zurückgestellt bzw. bleiben sitzen[453] (1995 ca. 250.000 in allen BRD-Schulen), wobei die Sonderschüler-Rückschulung sehr unbefriedigend verläuft.[454]
● mind. 1,6 Millionen funktionale Analphabeten verlassen die Schule.
● Ca. 30 Millionen DM werden wöchentlich für Nachhilfe ausgegeben.
● 1,3 bis 2 Millionen Jugendliche werden bis zum Jahr 2000 die Schule ohne formal berufsqualifizierenden Abschluß verlassen – davon sind ca. 50% lernbehindert.[455]

### 7.3.3. Schwerpunkt: Lehrerqualifikation und Schulorganisation

*Lehrerqualifikation*

Die Kultusministerkonferenz (vom 6.5.1994) hat ein neues Lehrerleitbild formuliert, das sowohl allgemeine als auch sonderpädagogische Kompetenzen umfaßt. Da heißt es: „Das Personal muß befähigt sein, die Aufgaben in Unterricht und Erziehung, in Sonderschulen und allgemeinen Schulen, in besonderen behinderungsspezifischen Fördermaßnahmen und im Bereich der Versorgung und Pflege unter Berücksichtigung der individuellen Bildungsmöglichkeiten behinderter Kinder und Jugendlicher in einem abgestimmten pädagogischen Gesamtkonzept kompetent wahrzunehmen... Die Ausbildung ... vermittelt nicht nur die Grundkompetenz für die eigene Aufgabe, sondern auch einen Überblick über den Gesamtbereich der Erziehung und Unterrichtung von Kindern und Jugendlichen mit sonderpädagogischem Förderbedarf. Aufgabenbezogene und sonderpädagogische Zusatzausbildungen müssen absolviert werden können."

Dabei geht es u.a. um Kompetenzen in pädagogisch-psychologischer Diagnostik und die Erstellung individueller Förderpläne z.B. für sensomotorische, kognitive, sprachliche und soziale Unterrichtsvoraussetzungen, unterrichtsmethodische Konzepte der Individualisierung und Differenzierung und sozialpädagogische Fähigkeiten beim Umgang mit erziehungsschwierigen Kindern. Diese Qualifikationen könnten heute in Zusatz- und Aufbaustudien an Universitäten (z.B. Fernuniversität Hagen) und durch die Lehrerfortbildung erworben werden.

Inhaltlich richtungsweisend könnte das nachstehende Schema sein:

| LEHRERBILDUNG | | | | |
|---|---|---|---|---|
| *Schwerpunkt Unter-/Mittelstufe* | | | *Schwerpunkt Oberstufe* | |
| Grundschule | Sonderpädagogik | | Hauptschule | Sonderpädagogik |
| Anteile Sonderpädagogik Anteile Sozialpädagogik Grundstrukturen Erstlesen Erstrechnen | Spielförderung Früherziehung Entwicklungsförderung Sozialpädagogische Aspekte Förderdiagnostik LRS-Förderung Dyskalkulietherapie Erziehungsschwierigenpädagogik | | Anteile Sonderpädagogik Arbeitslehre Sozialpädagogische Aspekte | Berufsvorbereitung Arbeitslehre Kontakt Berufsschule Kontakt Industrie- und Handelskammern Berufsberatung Sonderlehrgänge Tutoriale Begleitung |

241

## Schulorganisation

Optimalere Entwicklungs-, Förder und Integrationschancen bestehen m.E. nur dann, wenn sich die Regelschule, die Frühförderung bzw. der Kindergarten ändern, d.h.,
a) wenn Grundschule und Frühförderung bzw. Kindergarten enger zusammenarbeiten und eine pädagogisch-kontinuierliche Einheit bilden, wie dies z.b. in den Niederlanden der Fall ist, wo Kinder mit vier Jahren in die „Schule" gehen, oder wie dies in der *Montessori*-Konzeption der Fall ist (s.u.) und vom Europarat seit 1975 in den Empfehlungen von Versailles gefordert wird;
b) wenn die Ausbildungen der Kindergarten- und Schulpädagogen angeglichen und gemeinsame Curricula zumindest bis zur Schuleingangsstufe (1.–2. Schuljahr) entwickelt werden, damit sich eine pädagogisch-didaktische Kontinuität und ein bruchloser Übergang zum Schulunterricht ergeben, Entwicklungsverzögerungen sowie Behinderungen in der Phase höchster Lern- und Entwicklungsfähigkeit früher erkannt und behandelt werden können;
c) wenn die Grundschule vom Jahrgangsklassensystem und 45-Minuten-Unterrichtstakt abrückt und konsequent pädagogisch-didaktisch individualisiert und differenziert.

Ein solches zur Früherziehung und -förderung offenes Konzept könnte wie folgt aussehen:

| Eingangsstufe | Grundschule | Sekundarstufe I |
|---|---|---|
| Frühförderung | Flexible | Kooperierende Klassen |
| Basale Förderung | Organisation | lernschwacher, |
| Wahrnehmung | Individualiesierung | lernbehinderter Schüler |
| Motorik | Differenzierung | |
| Bewegung | Sonderpädagogische | |
| Kognition | Förderung | Projekte |
| Sprache | Lesen, Mathematik | Handelnder Unterricht |
| Spielförderung | Freiarbeit | Sonderpädagogische |
| Prosoziale | Wochenplanarbeit | und sozialpädagogische |
| Entwicklung | | Aspekte |
| | | Werkklassen |

| 4 | 5 | 6 | 7 | 8 | 9 | 10 | 11 | 12 | 13 | 14 | 15 | 16 |

### 7.3.4. Schwerpunkt:
### Freiarbeit-Individualisierung-Differenzierung

Als Orientierungsbeispiel für gemeinsamen Unterricht und die
Erziehung behinderter und nichtbehinderter Schüler bietet sich
das von *Montessori* entwickelte und von *Hellbrügge* (München,
„Aktion Sonnenschein") heilpädagogisch modifizierte pädagogische Konzept der Einheit von Kindergarten- und Schulerziehung
auf der Basis der Freiarbeit an.

Kinder gehen mit ca. drei Jahren in den Kindergarten, an den
sich in fließendem pädagogischen Übergang die Schule anschließt
(s.S.118), wobei Montessori-Pädagogik, -therapie und spezielle
medizinische wie heilpädagogische Fördermaßnahmen miteinander verbunden sind.[456]

Eine erleichternde Voraussetzung dafür sind eine zusätzliche
Qualifikation in Montessori- und Heilpädagogik und die Ausstattung der Schule/Klasse mit entsprechenden individualisierenden
didaktischen Materialien.

*Aspekte der Freiarbeit*

Freiarbeit bedeutet hier kurz gesagt,

● daß Schüler/innen ihren Lerngegenstand/ihre Aufgabe frei
  wählen und nach einer Anleitung damit selbständig arbeiten;
● daß sie nach Maßgabe ihres individuellen Lerntempos lernen
  und
● daß sie auch ihren Lernpartner frei wählen, d.h. helfen und sich
  helfen lassen bzw. zusammen lernen.

Das sind „relative Freiheiten", denn die Lernaufgaben wie die
Lernzeiten sind begrenzt

● durch die pädagogische Auswahl und Bereitstellung individuell
  angepaßter Aufgaben (zumeist aufeinander aufbauender Serien
  z.B. für Mathematik, Sprache), die in der Schule/Klasse als
  „vorbereitende Umgebung" bereitstehen;
● durch Fachunterricht, gemeinsame Arbeiten und Projekte und
● durch Einzelförderungen oder Therapien.

Pädagogischer Kern der Freiarbeit ist die Herausforderung
und Freiheit zu individueller wie sozialer Selbständigkeit und
die Absicht, die Selbstorganisation und Selbsttätigkeit der Schüler
in sach-, selbst- und sozialgesteuerten Lernprozessen hervorzuru-
fen.

## Die andere Lehrerrolle

Der Lehrer hat eine überwiegend didaktisch-vorbereitende, anleitende, beobachtende und beratende Funktion. *Didaktisch-vorbereitend* heißt, daß er didaktische Materialien, spezielle Fördermaterialien (s. S. 112) und Hilfen für das einzelne Kind (individuelle Passung) vorbereiten, entwickeln und bereitstellen können muß. Dazu wird heute auch der Computereinsatz gehören.[457]

*Anleitend* ist der Lehrer, wenn er Schüler, die sich ihre Aufgaben selber wählen, in den sachgemäßen Gebrauch methodisch einführt, so daß die Schüler dann weitgehend selbstständig an einer Sache über Stunden oder gar Wochen (z.b. in Projekten) arbeiten.[458] Es versteht sich, daß bestimmte Kinder an Aufgaben herangeführt werden müssen und länger führungsbedürftig sind. Möglich ist dies, weil andere Schüler in höchstem Maße selbstständig arbeiten bzw. es durch ein Zwei-Lehrer-System erleichtert wird.

Methodische und kontinuierliche *Beobachtung* bedeutet, daß der Lehrer sowohl seine eigenen überwiegenden Einzellektionen als auch die Lernprozesse und -ergebnisse der Schüler erfaßt (Förderdiagnostik). In einer niederländischen Schule werden so alle sechs Wochen Schülern wie Eltern Berichte über Lernfortschritte in den einzelnen Fächern gegeben. Eine zunehmende Selbstkontrolle der Schüler durch Tagebuchführung hat sich bewährt. Die *Beratungsfunktion* des Lehrers bezieht sich vor allem auf Lernprobleme, die Schüler mit einer Sache haben, Informations- und Sachfragen, auf Lerntechniken und die Organisation der Schülerarbeit, ob er nun in Einzel- oder in Partner- bzw- Gruppenarbeit tätig ist.[459]

## Vorteile pädagogischer Mischung

In der Münchener Montessori-Schule nach *Hellbrügge* gibt es altersgemischte Klassen (zumeist 2–3 Jahrgänge) zwischen 20–25 Kindern, von denen 5–7 Kinder mehrfach und verschiedenartig behindert (geistig-, körper-, lernbehinderte, blinde und erziehungsschwierige Kinder) sind. *Hellbrügge* baut wie *Montessori* auf diese Unterschiede, weil sie die Selbständigkeitsentwicklung, das soziale Lernen (helfen und sich helfen lassen) und dadurch auch die kognitive Leistungsfähigkeit hervorrufen und fördern (wer lehrt, lernt besser).

## Effekte

Seine Erfolge mit dem *Montessori*-Konzept sind beträchtlich und werden von anderen Forschern bestätigt.[460]

- „Von 17 bei der Einschulung 1975/75 als geistigbehindert eingestuften Kindern erreichten 8 Jahre später 2 Kinder einen Hauptschulabschluß, 7 einen Lernbehindertenabschluß, und nur 8
blieben bei einem Abschluß für geistigbehinderte Kinder.
- Von 16 bei der Einschulung zum gleichen Zeitpunkt als lernbehindert eingestuften Kindern erreichten 8 einen normalen
Hauptschulabschluß, und 8 blieben bei einem Lernbehindertenabschluß.
- Von 5 bei der Einschulung als erziehungsschwierig eingestuften
Kindern erreichten 4 einen normalen Hauptschulabschluß, 1
Kind einen Lernbehindertenabschluß" (durch Fremdprüfung
bei der Beurteilung der Einschulung wie beim Abschluß).[461]

Auch in anderen Bereichen zeigten die „integrativen" Montessori-
Schüler gleiche und teilweise bessere Leistungen als andere
Schüler, so z.b. in:

- „Schulleistungen" in der Sekundarstufe in Deutsch, Mathematik und Turnen, obwohl die Montessori-Schüler in der Grundschule keine Noten kannten.
- In „Prüfungsangst und manifeste Angst" zeigten sie „hoch-
signifikant geringere Werte" als Vergleichsgruppen-Kinder aus
Regelschulen.
- In „Konzentrationsleistungen" zeigten sie gleiche Leistungen
wie andere Grundschüler und höhere in der Sekundarstufe.
- In „Selbstkonzept" erwiesen sich behinderte wie nichtbehinderte Montessori-Schüler signifikant „als schneller, ruhiger und
mutiger sowie als tendenziell besser".
- In der „Soziale-Distanz-Skala" zeigten sich positive Effekte,
d.h., Montessori-Schüler zeigten eine „geringe soziale Distanz",
und „72% der ehemaligen Montessori-Schüler konnten sich gut
vorstellen, ein körperbehindertes Kind als besten Freund zu haben"[462]. Darüber hinaus gehen 80% der ehemaligen Schüler auf
das Gymnasium und können sich mühelos auf den üblichen
lehrerzentrierten Unterricht mit Noten umstellen, und auch
eine Reihe von Hör- und köperbehinderten sowie spastisch
gelähmten Kindern geht auf das Gymnasium.[463]

## Schluß

Trotz der Erfolge einer fast dreißigjährigen Praxis darf nicht übersehen werden, daß es sich auch hier um einen Modell-Versuch mit
besonderen Bedingungen handelt. Die Übertragbarkeit auf die all-

245

gemeine Schulpraxis ist an Voraussetzungen geknüpft, wie z.b. die Lehrerqualifikation, die Bereitstellung didaktischer Materialien und behindertengerechter baulicher Voraussetzungen, Klassen- bzw. Gruppenbildungsfreiheit, Zeitgestaltungsfreiheit usw., die insgesamt eine größere pädagogische Schulautonomie und Gestaltungsfreiheit erfordern als bisher gegeben. Aber als richtungsweisendes Beispiel hat sich dieser Ansatz bewährt.

### 7.3.5 Praxisbezogene Materialhinweise[464]

# Anmerkungen und Quellenhinweise

## Kap. 1: Was ist eine Behinderung

[1] *Bleidick, U.:* Einführung in die Behindertenpädagogik, Bd. 1. Stuttgart [2]1981, S. 9.

[2] Vgl. *Thust, W.:* Die Rechte Behinderter und ihrer Angehörigen. Düsseldorf [19]1991.

[3] Tabelle nach *Bleidick, U.:* Pädagogik der Behinderten. Berlin [5]1984, S. 76f.

[4] *Bleidick, U.:* a.a.O., S. 23.

[5] *Hellbrügge, Th.* (Hrsg.): Klinische Sozialpädiatrie. Berlin 1981, S. 114.

[6] Ebd, S. 26.

[7] Vgl. *Bleidick, U.:* a.a.O., S. 34ff.

[8] Ebda, S. 66.

[9] Ebda, S. 66.

[10] Ebda, S. 66ff.

[11] Ebda, S: 66.

[12] Ebda, S. 68.

[13] Vgl. *Brown, Chr.:* Mein linker Fuß. Eine Autobiographie eines zerebralgeschädigten Kindes. Frankfurt/M. 1972. – *Beuys, B.:* Am Anfang war nur Verzweiflung. Wie Eltern behinderter Kinder neu leben lernen. Reinbeck b. Hamburg 1984.

[14] *Bleidick, U.:* a.a.O., S. 10.

[15] Vgl. *Krebs, H.:* Behandlung und Rehabilitation. In: *Neuhäuser, G./Steinhausen, H.-Chr.* (Hrsg.): Geistige Behinderung. Stuttgart 1990, S. 202.

[16] Vgl. *Jantzen, W.:* Behindertenpädagogik am Scheideweg. In: Demokratische Erziehung 1/1975, S. 63ff.

## Kap. 2: Behinderung aus medizinischer Sicht

[17] *Krebs, H.:* Aufgaben und Verantwortung von Ärzten und Beratern in Familien mit behinderten Kindern. Köln 1973, S. 3.

[18] Vgl. *Flehming, I.:* Normale Entwicklung des Säuglings und ihre Abweichungen. Früherkennung und Behandlung. Stuttgart 1979.

[19] In: *Hellbrügge, Th.* (Hrsg.): a.a.O., S. 17.

[20] *Paul, H. A.:* Rehabilitation von mehrfachbehinderten und Dysmelie-Kindern. Frechen 1971, S. 9.

[21] *Prechtl, H. F./Beintema, D.:* Die neurologische Untersuchung des reifen Neugeborenen. Stuttgart [2]1976, S. 3.

[22] *Ohrt, B.:* Kinderärztliche Vorsorge und kindliche Hirnfunktion. Therapieentwicklungsgestörte Kinder – Überdenken alter Konzepte. In: pädiatr. praxis 27 (1982/83), S. 569.

[23] Schema nach *Pechstein, J.:* Sozialpädiatrische Zentren für behinderte und entwicklungsgefährdete Kinder. In: Deutscher Bildungsrat (Hrsg.): Sonderpädagogik 6. Gutachten und Studien der Bildungskommission, Bd. 53. Stuttgart 1975, S. 15.

[24] *Göllnitz, G.:* Neuropsychiatrie des Kindes- und Jugendalters. Stuttgart [4]1981, S. 77.

[25] Ebda.
[26] *Spiel, G./Spiel, W.:* Kompendium der Kinder- und Jugendpsychiatrie. München 1987, S. 79.
[27] *Göllnitz, G.:* a.a.O.
[28] *Flehmig, I.:* Früherkennung zerebraler Bewegungsstörungen. Wiss. Beiblatt zur Materia Medica Nordmark. 67/1974, S. 3.
[29] Tabelle in *Pechstein, J.,* in: s. Anmerkung 23, S. 35.
[30] Siehe: Vorsorge, Früherkennung, Früherfassung. Bonn 1985, S. 8f.
[31] *Schmidt, M.:* Bedingungen und Besonderheiten der Biogenese lernbehinderter Kinder, T. 3. Fernuniversität Hagen 1979. – Vgl. *Der Spiegel,* 33/1992, S. 119. – *Der Spiegel,* 24 u. 25/38 Jg. – *Philippeit/Schwartau:* Zuviel Chemie im Kochtopf. Reinbek b. Hamburg 1982. – *Pröstler, E.:* Stillen trotz verseuchter Umwelt. Freiburg 1981. – *Spreen, O.:* Geistige Behinderung. Berlin 1978, S. 39.
[32] Vgl. *Rett, A.:* Mongolismus. Bern ²1983. – *Spreen, O.:* a.a.O. – *Göllnitz, G.:* a.a.O. – *Nissen, G.:* Psychische Störungen im Kindes- und Jugendalter. Darmstadt ²1986.
[33] Abb. aus *Neuhäuser, G./Steinhausen, H.-Chr.:* a.a.O., S. 168.
[34] Vgl. *Beckmann, R.:* Muskeldystrophien. Düsseldorf 1977.
[35] Vgl. *Göllnitz, G.:* a.a.O., S. 121.
[36] *Stephan, U.:* Muscoviscidose. Düsseldorf 1977. – Weitere Beispiele solcher Störungen siehe: *Spreen, O.:* a.a.O. und *Göllnitz, G.,* a.a.O.
[37] *Pechstein, J.* in: *Pechstein, J.,* s. Anmerkung 23, S. 18.
[38] Vgl. *Langemann, J.:* Medizinische Embryologie. Stuttgart ⁷1985.
[39] Vgl. *Krieg, O.:* Röteln-Risiko für Neugeborene. Sonderschulmagazin 2/1981, S. 9f.
[40] Vgl. *Langmann, J.:* a.a.O., S. 109.
[41] Vgl. *Weigt, G.:* Mangelernährung und Behinderung. In: Zeitschr. f. Heilpäd. 4/1988, S. 228ff.
[42] Ebda, S. 234.
[43] Vgl. *Steinhausen, H.-Chr.:* Risikokinder. Stuttgart 1984, S. 209ff. – *Manzke, H.:* Entwicklungsprognose von Kindern mit perinatalen Risikofaktoren. Stuttgart 1984, S. 148ff.
[44] *Janov, A.:* Frühe Prägungen. Frankfurt/M. 1984, S. 50.
[45] *Herzka, H. S.:* Kinderpsychopathologie. Basel ²1986, S. 47.
[46] Vgl. *Hau, T. F./Schindler, S.* (Hrsg.): Pränatale und perinatale Psychosomatik. Stuttgart 1982. – *Schindler, S.:* Geburt. Eintritt in eine neue Welt. Göttingen 1982.
[47] Schema nach *Hau, T. F./Schindler, S.* (Hrsg.): a.a.O., S. 146.
[48] Ebda, S. 147.
[49] *Manzke, H.:* a.a.O., S. 107.
[50] Tabelle nach *Janov, A.:* a.a.O., S. 71.
[51] Vgl. *Göllnitz, G.:* a.a.O., S. 62.
[52] *Pechstein, J.* in: s. Anmerkung 23, S. 19.
[53] *Göllnitz, G.:* a.a.O., S. 63f.
[54] *Manzke, H.:* a.a.O., S. 34.
[55] Ebda, S. 62.
[56] Ebda, S. 62.
[57] Tabelle nach *Hau, T. F./Schindler, S.* (Hrsg.): a.a.O., S. 150.
[58] Vgl. dazu Erfahrungsberichte und Forschungen in: *Schindler, S.:* a.a.O.
[59] Vgl. Ebda, S. 101f.
[60] *Hau, T. F./Schindler, S.* (Hrsg.): a.a.O., S. 149.
[61] Ebda, S. 149f.

62 *Manzke, H.:* a.a.O., S. 83.
63 *Göllnitz, G.:* a.a.O., S. 71. – Vgl. *Manzke, H.:* a.a.O., S. 65ff.
64 Vgl. *Piaget, J./Inhelder, B.:* Die Psychologie des Kindes. Olten ³1973.
65 *Pechstein, J.,* in: Anmerkung 23, S. 19.
66 Vgl. *Neuhäuser, G.:* Klinische Syndrome. In: *Neuhäuser, G./Steinhausen H.-Chr* (Hrsg.): a.a.O., S. 194.
67 *von Hilsheimer, G.:* Verhaltensgestörte Kinder und Jugendliche. Ravensburg 1975, S. 20ff.
68 Bericht und Empfehlungen der Nationalen Kommission zum Internationalen Jahr der Behinderten, Teil: Vorsorge, Früherkennung, Frühförderung. Hrsg. vom *Bundesministerium für Arbeit und Sozialordnung.* Bonn 1981, S. 1.
69 Tabelle aus: Die Chance. *Aktion Sorgenkind.* Frankfurt/M. o.J.
70 Eine detaillierte Beschreibung zu den Vorsorgeuntersuchungen gibt es von *Brüggemann, J. H.:* Vorsorgeuntersuchungen im Kindesalter, U1–U9. Stuttgart 1991.
71 Bundeszentrale für gesundheitliche Aufklärung (Hrsg.): Behinderte Kinder. Früherkennung, Behandlung, Rehabilitation. Köln, S. 18f.
72 Zu beziehen bei jedem Kinderarzt oder bei der Bundeszentrale f. gesundheitliche Aufklärung, Ostmerheimer Str. 200, Köln, Postfach.
73 *Hellbrügge, Th./Wimpffen, J. H.* (Hrsg.): Die ersten 365 Tage im Leben eines Kindes. München 1978.
74 *Kiphard, E.:* Wie weit ist ein Kind entwickelt? Dortmund 1976.
75 Vgl. *Flehmig, I.:* a.a.O.
76 *Frankenburg, W.* u.a.: Entwicklungsdiagnostik bei Kindern. Trainingsprogramm zur Früherkennung von Entwicklungsstörungen. Stuttgart 1986, S. 21f.
77 a.a.O., S. 3f.
78 *Frankenburg, W.* u.a.: a.a.O., S. 13.
79 Ebda, S. 14.
80 Ebda, S. 14.
81 Ebda, S. 14.
82 Ebda, S. 15.

## Kap. 3: Behinderung aus soziologischer Sicht

83 Vgl. *Bracken, H.:* Soziologische und sozialpsychologische Aspekte. In: *Bach, H.* (Hrsg.): Pädagogik der Geistigbehinderten. Handbuch der Sonderpädagogik, Bd. 5. Berlin 1979, S. 421ff. – *Weichlein, E.:* Rechtliche Aspekte. In: Ebda, S. 489ff. – *Thust, W.:* a.a.O. – *Junge, H.:* Das Kinder- und Jugendhilfegesetz. Freiburg 1990. – *Speck/Martin* (Hrsg.): Sonderpädagogik und Sozialarbeit. Handbuch der Sonderpädagogik, Bd. 10. Berlin 1990.
84 *Steinhausen, Chr.:* a.a.O., S. 16.
85 Ebda, S. 19f.
86 *Liepmann, M.:* Geistigbehinderte Kinder und Jugendliche. Bern 1979, S. 126.
87 Ebda, S. 127.
88 Vgl. *Klein, G.:* Lernbehinderte Kinder und Jugendliche. Stuttgart 1985. – *Thimm, W.:* Kommunikation zwischen Partnern, T. 1. Wissenschaftliche Aspekte der Behindertenarbeit. Düsseldorf 1976.
89 Vgl. *Borel, R.:* Formen des Umgangs mit behinderten und geistig behinderten Menschen. Diss. Reutlingen 1990.
90 Ebda, S. 42.
91 Ebda, S. 72.

[92] Ebda, S. 80.
[93] Ebda, S. 100.
[94] *Thimm, W.:* a.a.O., S. 46f.
[95] *Thust, W.:* a.a.O., S. 66f.
[96] Ebda, S. 67.
[97] *Thust,* W.: a.a.O., S. 12. - § 40 BSHG, § 11 EHVO.
[98] *Thust, W.:* a.a.O., S. 16.
[99] *Goffmann, E.:* Stigma. Über Techniken der Bewältigung beschädigter Intensität. Frankfurt/M. [8]1974, S. 160.
[100] Vgl. *Thimm, W.:* a.a.O., S. 50. – *Speck, O.:* System der Heilpädagogik. München 1988, S. 138ff.
[101] *Thimm, W.:* a.a.O., S. 50.
[102] Ebda, S. 51f.
[103] *Bank-Mikkelsen, N.:* Das Normalisierüngsprinzip. In: Zur Fortbildung, H.2/1972, S. 30.
[104] *Wolfensberger, W.:* Principle of Normalization in Human Service. Toronto [3]1974.
[105] Montessori-Pädagogik und die Integration behinderter Kinder. In: *Haberl, H.* (Hrsg.): Montessori und die Defizite der Regelschule. Wien 1993, S. 112ff.
[106] *Kugel/Wolfensberger, W.* (Hrsg.): Geistige Behinderung. Eingliederung oder Verwahrung? Stuttgart 1974, S. 33–46.
[107] *Speck/Martin* (Hrsg.): a.a.O., S. 311.
[108] Ebda, S. 311.
[109] Vgl. *Schmutzler, H.-J.:* Sondererziehung geistig behinderter Kinder als Normalisation. In: Schweiz. Heilpäd. Rundschau 1982. – Montessori-Pädagogik und die Integration behinderter Kinder. In: a.a.O. 1988. – *Hellbrügge, Th./Montessori, M.:* Die Montessori-Pädagogik und das behinderte Kind. München 1978. – *Hellbrügge, Th.:* Unser Montessori-Modell. München 1977.

## Kap. 4: Behinderung aus psychologischer Sicht

[110] *Richter, H.-E.:* Eltern, Kind, Neurose. Reinbek b. Hamburg 1969, S. 168f.
[111] Ebda, S. 169.
[112] *Klaus, M./Kennell, J.:* Mutter-Kind-Beziehung. München 1983, S. 18.
[113] Vgl. *Prekop, I.:* Wir haben ein behindertes Kind. Stuttgart 1979. – *Schuchardt, E.:* Soziale Integration Behinderter, Bd. 1. Braunschweig 1980. – Dies.: Warum gerade ich...? Behinderung und Glaube. Gelnhausen 1991, S. 33.
[114] *Bach, H.* (Hrsg.): Familien mit geistig behinderten Kindern. Berlin 1979, S. 56f.
[115] Nach einer Diplom-Arbeit von *B. Barthen:* Zur Entwicklung der Mutter-Kind-Beziehung bei geistig behinderten Kindern. Univers. Köln 1987, S. 108.
[116] Ebda. – Vgl. auch dazu die Elternbriefe in: *Prekop, I.:* a.a.O. – *Hinze, D.:* Väter und Mütter behinderter Kinder, Heidelberg 1991. – *Mannoni, M.:* Das zurückgebliebene Kind und seine Mutter. Eine psychoanalytische Studie. Olten 1972. – *Weiß, H.:* Familie und Frühförderung. München 1988.
[117] Ebda, S. 117.
[118] Vgl. *Trube-Becker, E.:* Mißbrauchte Kinder. Heidelberg 1992. – *Enders, U.* (Hrsg.): Zart war ich, bitter war's. Köln 1990.
[119] *Frank, R.:* Definition und Epidemiologie. In: *Olbing, R.* u.a. (Hrsg.): Kindesmißhandlung. Köln 1991, S. 20.
[120] *Hellbrügge, Th.:* Pathologische Sozialentwicklung und Soziose. In: *Hellbrügge, Th.:* s. Anmerkung 5, a.a.O., S. 61.

[121] Ebda, S. 61.
[122] Ebda, S. 62.
[123] Ebda, S. 63.
[124] *E. Schmalohr*: Den Kindern das Leben zutrauen. Frankfurt/M. 1989.
[125] *Moog/Moog:* Die entwicklungspsychologische Bedeutung von Umweltbedingungen im Säuglings- und Kleinkindalter. Berlin ²1973. – Vgl. *Luckner, E. von:* Stellt die Frühkindheit die Weichen? Eine Kritik an der Lehre von der schicksalhaften Bedeutung erster Erlebnisse. Stuttgart 1985.
[126] *Spitz, R.:* Hospitalismus. In: *Bittner/Schmid-Cords* (Hrsg.): Erziehung in früher Kindheit, I/II. München 1968.
[127] *Hassenstein, B.:* Bedingungen für die Sozialisation in der Sicht der Verhaltensbiologie. In: *Neidhardt, F.:* Frühkindliche Sozialisation. Stuttgart 1975, S. 91f.
[128] Ebda, S. 91f.
[129] Ebda, S. 93.
[130] Vgl. *Schmalohr, E.:* a.a.O., S. 65ff.
[131] Vgl. *Schmalohr, E.:* Frühe Mutterentbehrung bei Mensch und Tier. München ²1975.
[132] Vgl. *Göllnitz, G.:* a.a.O., S. 301ff.
[133] *Gagné, R. M.:* Die Bedingungen menschlichen Lernens. Hannover 1969.
[134] *Piaget, J./Inhelder, B.:* Die Psychologie des Kindes. Olten ²1973, S. 62f.
[135] Vgl. *Aebli, H.:* Über die geistige Entwicklung des Kindes. Stuttgart ³1971. – *Stendler-Lavatelli, C.:* Früherziehung nach Piaget. München 1976.
[136] *Papousek, H.:* Soziale Interaktion als Grundlage der kognitiven Entwicklung. In: *Hellbrügge, Th.* (Hrsg.): Fortschritte der Sozialpädiatrie, Bd. 2. München 1978, S. 136.
[137] Ebda, S. 137. – Vgl. *Papousek, H.:* Die Entwicklung früher Lernprozesse im Säuglingsalter. In: Kinderarzt 6, 10/1975, S. 1077ff. – Vgl. *Oerter/Montada:* Entwicklungspsychologie, München 1982, S. 137f. – Vgl. *Gross, W.:* Was erlebt ein Kind im Mutterleib? Freiburg 1982, S. 57.
[138] Vgl. *Hetzer, H.:* Das Spiel behinderter Kinder. In: Lebenshilfe 6/1967, S. 1ff. – Dies.: Spielen lernen – Spielen lehren. München ²1970.
[139] *Kanter, G.:* Sonderpädagogische Grundlegungsprobleme, T.4: Lernbehinderungen und Lernbehinderte in sonderpädagogischer Sicht. Hagen 1979, S. 50.
[140] *Oerter/Montada:* a.a.O., S. 45f.
[141] *Heese, G.* (Hrsg.): Frühförderung behinderter und von Behinderung bedrohter Kinder. Berlin 1978, S. 12f.
[142] *Pechstein, J.:* a.a.O., S. 22. – Eine knappe, anschauliche Darstellung dieser Prozesse schrieb *F. Reich:* Notwendigkeit und Möglichkeit einer frühen Förderung des entwicklungsverzögerten und entwicklungsgestörten hirngeschädigten Kindes – aufgezeigt anhand von neurophysiologischen Erkenntnissen und Theorien. In: Zeitschr. f. Heilpäd. 4/1985, S. 217ff.
[143] Abb. aus *Dumermuth/Scollo-Lavizarri:* Pädiatrische Fortbildungskurse 12/1969, S. 26.
[144] *Kanter, G.:* a.a.O., S. 86.
[145] *Johannsen, L. P.:* Biologische Reifephase des Kindes. In: *Behler, W.* (Hrsg.): Das Kind. Freiburg 1971, S. 95.
[146] Vgl. *Schmidt/Esser:* Psychologie für Kinderärzte. Stuttgart 1985, S. 8f.
[147] Zitiert nach *Kantner, G.:* a.a.O., S. 88.
[148] Vgl. *Schamberger, R.:* Frühtherapie bei geistig behinderten Säuglingen und Kleinkindern. Weinheim 1978, S. 39ff.
[149] Vgl. *Schmutzler, H.-J.:* Fröbel und Montessori. Freiburg 1971. – Vgl. *Hellbrügge, Th.:* Klinische Sozialpädiatrie. Berlin 1981.

[150] Vgl. *Aebli, H.:* a.a.O. – *Piaget, J./Inhelder, B.:* a.a.O.
[151] *Kanter, G.:* a.a.O., S. 89.
[152] *Kanter, G.:* a.a.O.
[153] *Rennen-Allhoff, B./Allhoff, J. P.:* Entwicklungstests für das Säuglings-, Klein-kind- und Jugendalter. Berlin 1987, S. XII/XIII.

## Kap. 5: Heilpädagogik – Frühförderung

[154] Vgl. *Bleidick, U.:* a.a.O., S. 34ff.
[155] *Rühfel, H.:* Kinderleben im klassischen Athen. Mainz 1984, S. 28f.
[156] Ebda.
[157] *Plato:* Gesetze. Übers. und erläutert von *O. Apelt.* Leipzig 1916, S. 268f.
[158] *Rühfel, H.:* a.a.O., S. 41.
[159] *Krecker, M.:* Quellen zur Geschichte der Vorschulerziehung. Berlin 1971, S. 21ff.
[160] Ebda, S. 507ff.
[161] Vgl. *Ballauff, Th.:* Pädagogik, Bd. I. München 1969, S. 514.
[162] *Krecher, M.:* a.a.O., S. 27.
[163] Vgl. Enzyklopädisches Handbuch der Sonderpädagogik. Berlin 1969.
[164] Ebda.
[165] *Reble, A.:* Geschichte der Pädagogik. Stuttgart [11]1971, S. 115.
[166] *Borel, R.:* a.a.O., S. 94.
[167] *Borel, R.:* a.a.O., S. 93f.
[168] Zitiert nach *Möckel, A.:* Sonderpädagogische Grundlegungsprobleme, I. Hagen Fernuniversität 1979, S. 7.
[169] Vgl. Enzyklopädisches Handbuch der Heilpädagogik, a.a.O.
[170] Vgl. *Barth, H.:* Pestalozzi. Grundlehren über Mensch, Staat, Erziehung. Stutt-gart 1956.
[171] *Borel, R.:* a.a.O., S. 94f.
[172] *Pestalozzi, J. H.:* Sämtliche Werke. ... 1927, S. 179.
[173] Vgl. *Dollase, R.:* Definition und Struktur der Früh- und Vorschulpädagogik. In: *Ders.* (Hrsg.): Handbuch der Früh- und Vorschulpädagogik, Bd. 1. Düsseldorf 1978, S. 3ff.
[174] Zur pädagogischen Förderung behinderter und von Behinderung bedrohter Kinder und Jugendlicher. Deutscher Bildungsrat. Stuttgart [2]1976.
[175] Ebda, S. 25.
[176] Ebda, S. 24.
[177] Ebda. – Vgl. *Speck, O.:* Frühförderung entwicklungsgefährdeter Kinder. Mün-chen 1977.
[178] Vgl. *Hellbrügge, Th.* (Hrsg.): a.a.O., S. 197.
[179] Vgl. *Heese, G.* (Hrsg.): a.a.O., S. 18ff.
[180] Ebda, S. 22.
[181] Zu bestellen beim Bundesministerium für Arbeit und Sozialordnung.
[182] Vgl. dazu die „Allg. Anforderungen an Kindergärten für Behinderte – Sonder-kindergärten". Runderlaß des Minist. für Arbeit, Gesundheit und Soziales NRW vom 30.6.1982 – IV A1-5009.120.
[183] *Speck, O.:* System Heilpädagogik. München 1987, S. 362ff. - Vgl. *Innerhofer, P./Warnke, A.:* Eltern als Co-Therapeuten. Berlin 1978.

[184] *Oswald, P.:* Menschenbildung. In: *Schulz-Benesch, G.* (Hrsg.): Montessori für Eltern. Ravensburg 1974, S. 394.

[185] .Vgl. *Bleidick, U.:* Sondererziehung. In: *Speck/Wehle* (Hrsg.): Handbuch Pädagogischer Grundbegriffe, Bd. II, München 1970. – S. 454.

[186] *Retter, H.:* Typen pädagogischer und didaktischer Ansätze im Elementarbereich. In: *Dollase, R.* (Hrsg.): Handbuch Vorschulerziehung, Bd. 2, a.a.O., S. 136.

[187] Ebda, S. 137.

[188] Ebda.

[189] Ebda.

[190] *Becker, R.* u.a.: Früherziehung geschädigter Kinder. Berlin 1978.

[191] *Schmalohr, E.:* Vorlesungsmitschrift.

[192] *Becker, R.* u.a.: A.a.O., S. 284.

[193] Egg, M.: Die Entwicklung des geistig behinderten Kindes. Ravensburg 1972.

[194] *Von Oy, C. M./Sagi, A.:* Lehrbuch der heilpädagogischen Übungsbehandlung. Ravensburg ³1979. Pädagogische Förderung behinderter und von Behinderung bedrohter Kinder, hg. v. Institut Sonderpädagogik Universität München 1982; Reutlinger Projektgruppe Frühförderung (Hrsg.): Frühförderung entwicklungsverzögerter und entwicklungsgefährdeter Kinder. Päd. Hochsch. Reutlingen 1982.

[195] *Kiphard, E.:* Motopädagogik. Dortmund 1979.

[196] *Brandt, R.* (Hrsg.): Handlungstheorie und Entwicklungsförderung. Emden ²1980.

[197] *Schmutzler, H.-J.:* a.a.O., S. 65.

[198] Ebda, S. 66.

[199] Ebda, S. 17.

[200] Vgl. Ebda.

[201] Vgl. *Klein-Jäger, W.:* Fröbel-Material zur Förderung des entwicklungsgestörten und behinderten Kindes. Ravensburg 1978. – *Bondzio, M./Vater, W.:* Frühförderungs- und Entwicklungshilfen für behinderte Kinder. Bonn 1980.

[202] Vgl. *Kohlberg, L.:* Montessori für kulturell Benachteiligte. In: *Hess/Bear* (Hrsg.): Frühkindliche Erziehung. Weinheim 1972, S. 111ff. – *Fend-Engelmann, E.:* Schulunreife Kinder – Prophylaxe durch Vorschulerziehung. Bonn 1972. – *Schmutzler/Heimann/Klein:* Die Relevanz der Montessori-Pädagogik für die Sprachförderung des soziokulturell benachteiligten Kindes. In: Montessori-Werkbrief 1986. – *Milz, I.:* Die Bedeutung der Montessori-Pädagogik für die Behandlung von Kindern mit Teilleistungsschwächen. In: Prax. der Kinderpsychol. und Kinderpsychiatrie 2/1981, S. 298ff.

[203] Beispiel „Rosa Turm", Materialübersicht und weitere Beispiele und Hinweise in: Montessori-Material, Handbuch für Lehrgangsteilnehmer T.1, Nienhuis Verl. Zelhem NL 1986. – *Schmutzler, H.-J.:* Fröbel und Montessori. Frbg. 1991. – *von Oy, C. M.:* Montessori-Material zur Förderung des entwicklungsgestörten und des behinderten Kindes, Ravensburg 1978.

[204] *Montessori, M./Maccheroni:* Musikalische Erziehung des Kindes. Rom 1952 (in Privatbesitz).

[205] Abbildung aus: *Bondzio, M./Vater, W.:* a.a.O., S. 37.

[206] a.a.O. (s. Anm. 194). Das folgende Beispiel siehe S. 79–81, der Beobachtungsbogen S. 208–209.

[207] *Kiphard, E.:* Motopädagogik. Dortmund 1979, S. 23.

[208] Ebda, S. 73.

[209] Graphik ebda, S. 18.

[210] Indikationen für eine Mototherapie siehe *Hecklau-Seibert:* a.a.O., S. 87.

[211] *Hünnekens/Kiphard:* Bewegung heilt. Gütersloh ⁶1975, S. 364.

[212] *Hecklau-Seibert:* Effizienzüberprüfung psychomotorischer Fördermaßnahmen bei Kindern mit „minimaler cerebraler Dysfunktion". Frankfurt/M. 1990. – Vgl. auch *Eckert, R.:* Auswirkungen psychomotorischer Förderung bei sprachentwicklungsgestörten Kindern. Frankfurt/M. 1985. Ähnliche Ansätze liegen vor von *Frostig, M.:* Bewegungserziehung. München 1973. – *Ayres, J.:* Bausteine der kindlichen Entwicklung. Berlin 1984; und in ihrem Gefolge: *Miske-Flemming, D.:* Theorie und Methode zur Behandlung von perzeptionsgestörten Kindern. Dortmund 1980. – *Brand/Breitenbach/Maisel:* Integrationsstörungen. Würzburg 1986. – *Ohlmeyer, G.:* Frühförderprogramme für behinderte Kinder<0–6>. Dortmund 1979.

[213] *Koch, J.:* Total Baby Development. New York 1978.

[214] *Ruppelt, H.:* Bewegungs- und Spielanregungen für das erste Lebensjahr. Das Prager Eltern-Kind-Programm. In: Geistige Behinderung 4/1982, S. 1.

[215] Vgl. *Koch, J.:* a.a.O., S. 47ff.

[216] Ebda.

[217] Eine praktische Einführung in einen Teil der lebenspraktischen Bobath-Therapie stammt von *Finnie, R. N.:* Hilfe für das cerebral gelähmte Kind. Ravensburg ³1978.

[218] Tabelle nach *Flehmig, J.:* Normale Entwicklung des Säuglings und ihre Abweichungen – Früherkennung und Frühbehandlung. Stuttgart 1979, S. 11.

[219] Schema nach *Kalbe, U.:* pädiatr. praxis 27/1983, H.4, S. 565ff.

[220] Ebda, S. 591.

[221] *Kalbe, U.:* Die Cerebralparese im Kindesalter. Stuttgart 1981, S. 79.

[222] *Bobath, B./Bobath, K.:* Die motorische Entwicklung bei Zerebralparesen. Stuttgart 1977, S. 4ff. – Vgl. auch *Vojta, V.:* Die cerebralen Bewegungsstörungen im Säuglingsalter. Frühdiagnose und Frühtherapie. Stuttgart 1974.

[223] *Bobath, B.:* Abnorme Haltungsreflexe bei Gehirnschäden. Stuttgart 1968, S. 111.

[224] *Bobath, B./Bobath, K.:* a.a.O., S. 72.

[225] Ebda, S. 83.

[226] *Finnie, N. R.:* a.a.O.

[227] Ebda, S. 17.

[228] Ebda, S. 82f.

[229] Vgl. *Klein, O.:* Zur bewegungspädagogischen Behandlung zerebral gelähmter Kinder im Institut für Bewegungspädagogik Budapest. In: Beiträge 3. Orthop. und Traumatol. 9/1962, S. 315ff.

[230] *Klapp, R.:* Das Klapp'sche Kriechverfahren. Stuttgart 1974.

[231] Vgl. *Preu, O.:* Die musikalische Leistungsfähigkeit von CP-Kindern. Referat auf dem Symposion „Theorie und Methodik der Anwendung von Musik in der Psychotherapie. Leipzig 1969. – *Schwabe:* Musiktherapie bei Neurosen und funktionellen Störungen. Jena 1974; Vgl. *Wolfgart, H.:* Orff-Schulwerk und Therapie, Berlin 1975. – *Jacques-Dalcroze, E.:* Rhythmus, Musik und Erziehung. Wolfenbüttel ³1977. – *Gebhard/Kugler:* Didaktik der elementaren Musik- und Bewegungserziehung. München 1979. – *Bünner/Röthig* (Hrsg.): Grundlagen und Methoden rhythmischer Erziehung. Stuttgart ⁴1983. – *Neikes, J. L.:* Scheiblauer-Rhythmuk. Wuppertal 1969. – *Tauscher, H.* (Hrsg.): Die rhythmisch-musikalische Erziehung in der Heilpädagogik. Berlin ³1971. – *Hertzog/Barnea-Braunstein:* „Beroschim", eine Schule für seelisch gestörte Kinder. München 1980. – *Haselbach, B.:* Improvisation, Tanz, Bewegung, Stuttgart 1976. – *Küntzel-Hansen, M.:* Musikspiele. Wolfenbüttel 1982. Weitere Verfahren und Übersichten: *Knott/Voss:* Komplexbewegungen Stuttgart ²1970. – *Feld-*

*kamp/Danielcik:* Krankengymnastische Behandlung der cerebralen Bewegungsstörung. München ²1976.

[232] Vgl. *Gillert, O.:* Hydrotherapie und Balneologie in Theorie und Praxis, Bd. 5, München 1973. – *Rommel, D.:* Übungsprogramm zur Schwimmtherapie nach McMillan. In: Zeitschr. für Krankengymnastik 29/1977, H.11, S. 603ff. – *Schüler, H.:* Schwimm- und Wassertherapie bei mehrfachbehinderten Kindern. In: Krankengymnastik 11/1973.

[233] Übersicht zur Verhaltenstherapie siehe *Kuhlen, V.:* Verhaltenstherapie im Kindesalter. München ³1973. – vgl. *Kane/Kane:* Psychologische Maßnahmen. In: *Neuhäuser, G./Steinhausen H.-Chr.:* a.a.O., S. 220ff.

[234] *Schmitz, E.:* Elternprogramm für behinderte Kinder. München 1976, S. 35f. – Vgl. auch *Innerkofer, P.:* Das Münchener Trainingsmodell. Berlin 1977.

[235] *Castillo-Morales, R.:* Die Orofaciale Regulationstherapie. München 1990, S. 18.

[236] Vgl. *Garlinder, D.:*Myofunktionelle Diagnose und Therapie der gestörten Gesichtsmuskulatur. München 1980. – Vgl. *Hellbrügge, Th.* (Hrsg.): a.a.O., S. 218f.

[237] *Fröhlich, A.:* Die Mütter schwerstbehinderter Kinder. Heidelberg 1986, S. 11f. – *Fröhlich* u.a. (Hrsg.): Schwerstbehinderte. Reinbek ²1978, S. 91.

[238] *Fröhlich* u.a. (Hrsg.), a.a.O., S. 94.

[239] Ebda, S. 95.

[240] Ebda, S. 94f.

[241] Ebda, S. 95. Weitere Beispiele in: *Fröhlich, A.:* Basale Stimulation, hrsg. vom Bundesverbd. für spastisch Gelähmte u.a. Körperbehinderte. Düsseldorf 1991.

## Kap. 6: Behinderungen und Störungsbilder

[242] *Kressin, W./Rautenbach, M.:* Zerebrale Bewegungsstörungen im Kindesalter. Berlin 1976, S. 12.

[243] Zusammenstellung aus: Bundesverband für spastisch Gelähmte und andere Körperbehinderte, a.a.O.

[244] *Prechtl, H. F./Beintema, B.:* Die neurologische Untersuchung des reifen Neugeborenen. Stgt. ²1976. – *Bobath, B./Bobath, K.:* Die motorische Entwicklung bei Zerebralparesen. Stgt. 1977. – *Vojta, V.:* Die cerebralen Bewegungsstörungen im Säuglingsalter. Stgt. 1976. – *Flehmig, I.:* Normale Entwicklung des Säuglings und ihre Abweichungen. Stgt. 1979 (einschließlich Denver-Skalen). – Bundesverband für spastisch Gelähmte und andere Körperbehinderte e.V. (Hrsg.): Merkblätter zur Früherkennung von Kindern mit infantiler Cerebralparese. Stgt. 1976.

[245] *Horstmann, T.:* Frühförderung bei Kindern mit cerebralen Bewegungsstörungen und sonderpädagogischem Aspekt. Längsschnittuntersuchung an 58 Kindern vom 1. bis 7. Lebensjahr. Heidelberg 1982, S. 96. Da auch einschlägige Literatur zur Frühförderung körperbehinderter Kinder.

[246] Vgl. *Schmutzler, H.-J.:* Montessori-Pädagogik und die Integration behinderter Kinder. In: Schweiz. Heilpäd. Rundschau 1988.

[247] *Köng, E.:* Diagnose und Therapie cerebraler Bewegungsstörungen im Kindesalter. Hrsg. vom Bundesverband für spastisch Gelähmte und andere Körperbehinderte. Frechen 1969, S. 46ff.

[248] Literaturhinweise: *Rathke/Kupfer:* Das spastisch gelähmte Kind. Ein Lehratlas zur Krankheitserkennung und Übungsbehandlung. Stuttgart 1966. – *Bundesverb. für spastisch gelähmte u.a. Körperbehinderte* (Hrsg.): Ausziehen – anziehen. Düsseldorf o.J. – *Finnie, N. R.:* Hilfe für das cerebral gelähmte Kind. Ravensburg 1968. – *Deut. Vereinigung für Rehabilitation* (Hrsg.): Praktische Hilfen für Körperbehinderte. Heidelberg o.J. (bebilderte Loseblattsammlung). –

Hilf Dir selbst, Ratschläge für Hemiplegiker. Huber-Vlg. Bern. – *Dörr, U.:* Die Bedeutung der Musiktherapie im Rahmen der Spastikerbetreuung unter besonderer Berücksichtigung des Orff-Instrumentariums. Verband deutscher Vereine zur Förderung und Betreuung spastisch Gelähmter. Düsseldorf o.J.

249 Vgl. *Ruffing/Kuhn:* Gliedmaßenfehlbildungen. In: Gliedmaßenfehlbildungen und Gliedmaßenverlust. Düsseldorf 1978, S. 5ff.

250 Vgl. ebda.

251 *Simon, P.:* Beobachtungen bei 96 Dysmeliekindern im Raume Südwürttemberg-Hohenzollern. In: Rehabiliation von mehrfachbehinderten und Dysmeliekindern. Frechen 1971, S. 105ff.

252 *Marquardt/Popplow:* Das Dysmeliekind im Rahmen der Gesamtrehabilitation. In: Rehabilitation von mehrfachbehinderten und Dysmeliekindern, a.a.O., S. 63.

253 *Bläsig/Schomburg:* Das Dysmelie-Kind. Stuttgart 1966. – *Bundesministerium für das Gesundheitswesen* (Hrsg.): Monographien über die Rehabilitation der Dysmelie-Kinder. Frechen 1965, 1967, 1969. – *Pawel, B.* u.a.: Körperbehinderte in Regelschulen. Rheinstetten 1977. – *Dies.:* Körperbehindertenpädagogik. Stuttgart 1984. – *Schönberger, F.:* Die sogenannten Contergankinder. München 1971. – *Strasser/Sievert/Munk:* Das Körperbehinderte Kind. Berlin 1968.

254 Vgl. *Nissen, N.:* Psychische Störungen im Kindes- und Jugendalter. Darmstadt ²1986, S. 231f.

255 Ebda, S. 236.

256 Vgl. MCD. Hrsg. vom Bundesverband für spastisch Gelähmte u.a. Körperbehinderte. Düsseldorf 1984, S. 10ff. – Vgl. *Radigk, W.:* Kognitive Entwicklung und zerebrale Dysfunktion. Dortmund ³1991.

257 Vgl. *Nissen, N.:* a.a.O., S. 244ff.

258 Tabelle der Symptome von POS: nach *Herzka, H.-S.:* Kinderpsychopathologie. Basel 1986, S. 146.

259 *Nissen, N.:* a.a.O., S. 246.

260 Vgl. *Grissemann, H.:* Hyperaktive Kinder. Bern 1986, S. 152.

261 *Nissen, N.:* a.a.O., S. 236.

262 Ebda, S. 236.

263 Vgl. *Grissemann, H.:* a.a.O.

264 *Nissen, N.:* a.a.O., S. 243.

265 *Steinhausen, H-Ch.:* a.a.O., S. 210.

266 *Nissen, N.:* a.a.O., S. 234.

267 Ebda, S. 234.

268 Vgl. *Götzel/Neukäter:* Hyperaktivität. Fernuniversität Hagen 1981, S. 54.

269 Ebda, S. 56.

270 *Göbel, S.:* Spezielle Aspekte klientenzentrierter Spieltherapie bei verhaltensgestörten Kindern mit minimaler zerebraler Dysfunktion. In: Praxis Kinderpsych. und Kinderpsychiatr. 25/1976, S. 42ff.

271 *Götzel/Neukäter:* a.a.O., S. 69.

272 *Nissen, N.:* a.a.O., S. 233.

273 Literaturhinweise: *Eichelseder, W.:* Unkonzentriert. München 1984. – *Steinhausen, H.-Ch.* (Hrsg.): Das konzentrationsgestörte und hyperaktive Kind. Stuttgart 1982. – *Chruikshank, W. M.:* Schwierige Kinder in Schule und Elternhaus. Dortmund 1973.

274 *Speck, O.:* Geistige Behinderung und Erziehung. München ⁵1984, S. 31ff.

275 Ebda, S. 47.

276 Vgl. *Hellbrügge, Th.:* a.a.O., S. 32.

277 *Bach, H.:* Grundlegungsprobleme der Geistigbehindertenpädagogik I. Hagen 1981, S. 98.

[278] Vgl. *Nissen, N.:* a.a.O., S. 214ff.

[279] *Bach, H.:* Deutscher Bildungsrat, Gutachten und Studien der Bildungskommission 34. Sonderpädagogik 3: Geistigbehinderte, Lernbehinderungen, Verfahren der Aufnahme. Stuttgart ²1976, S. 19.

[280] Ebda, S. 19.

[281] Ebda, S. 19.

[282] Ebda, S. 32.

[283] Tabelle nach *Bach, H.:* Grundlegungsprobleme der Geistigbehindertenpäd., S. 77.

[284] Vgl. ebda, S. 53f.

[285] Vgl. *Hetzer, H.:* Das Spiel geistigbehinderter Kinder. In: Lebenshilfe, 6/1967, S. 1ff.

[286] Vgl. *Sondersorge, R.:* Geistig behindert – mehrfach behindert. In: Lebenshilfe 1967, S. 140ff.

[287] Vgl. *Spreen, O.:* Geistige Behinderung. Heidelberg 1978, S. 87f.

[288] Vgl. *Sondersorge, R.:* a.a.O.

[289] Vgl. *Wendeler, J.:* Aspekte der Psychogene bei Geistigbehinderten. Fernuniversität Hagen 1984, S. 25.

[290] Ebda, S. 24.

[291] *Spreen, O.:* a.a.O., S. 92.

[292] Vgl. *Atzesberger, A.:* Bereich Sprache. In: Handbuch der Sonderpädagogik. Pädagogik der Geistigbehinderten. Berlin 1979, S. 225ff.

[293] Ebda, S. 230.

[294] *Spreen, O.:* a.a.O., S. 92.

[295] *Liepmann, M.:* Geistigbehinderte Kinder und Jugendliche. Bern 1979, S. 100.

[296] *Eggert, D.:* Psychodiagnostik. In: Handbuch der Sonderpädagogik. Pädagogik der Geistigbehinderten. Berlin 1979, S. 404.

[297] Tabelle nach *Eggert, D.* Ebda, S. 407f.

[298] Vgl. *Bronfenbrenner, U.:* Wie wirksam ist die kompensatorische Erziehung? Stuttgart 1974, S. 125f.

[299] *Schamberger, R.:* Frühtherapie bei geistig behinderten Säuglingen und Kleinkindern. Weinheim 1978, S. 177.

[300] Literaturhinweise: *Straßmeier, W.:* Frühförderung konkret. München 1981. – *Ohlmeyer, G.:* Frühförderprogramme für behinderte Kinder 0–6. Dortmund 1979. – *Brandt, R.* (Hrsg.): Handlungstheorie und Entwicklungsförderung. Emden ²1980. – *Cunningham/Sloper:* Hilfe für Ihr behindertes Kind. Frankfurt a.M. 1980. – *Montessori-Material.* Handbuch für Lehrgangsteilnehmer. 3 Bde. Nienhuis Zelhem Niederlande (in Verbindung mit einem Montessori-Lehrgang zweckmäßig). – *Sinnhuber, H.:* Spielmaterial zur Entwicklungsförderung. Dortmund 1978. – *Conrads/Kluge:* Die spieltherapeutische Grundausstattung. München 1985. – *Herzka, H.:* Spielsachen für das gesunde und behinderte Kind. Basel ³1974. Mit Ergänungen für CP-, sehbehinderte und blinde Kinder. – *Morgenstern, F.:* Erziehung und Unterricht bei behinderten Kindern. Heidelberg 1985. – *Morgenstern, M.* u.a.: Heilpädagogische Praxis, Methoden und Material. München ²1973. – *von Oy, C. M./Sagi, A.:* Werkhefte zur heilpädagogischen Übungsbehandlung. Ravensburg (mehrere Hefte). – *von Schwerin, A.:* Sprache haben – Sprechen können. Freiburg 1987. – *Thiesen, P.:* Konzentrationsspiele für Kindergarten und Hort. Freiburg 1990. – *Erziehungsdirektion des Kantons Zürich* (Hrsg.): Erfassen und Fördern im Kindergarten Bd. 1: Schwerpunkt Wahrnehmung. Zürich ²1987, und Bd. 2: Bewegung, Zürich 1990. – *Verband evangel. Einrichtungen für geistig und seelisch Behinderte* (Hrsg.): Wahr-

nehmungsübungen im Bereich des Tastsinns und Bewegungssinns. Hamburg
⁴1987. – *Ders.:* Trainingsprogramm für Geistig Behinderte. Stgt. ⁴1983. – *Augustin, A.:* Beschäftigungstherapeutische Behandlung bei Wahrnehmungsstörungen. Dortmund 1980.

301 *Weber, D.:* Psychotische Störungen, insbesondere Autismus. Fernuniversität Hagen 1983, S. 37.
302 Ebda, S. 38.
303 Ebda, S. 38.
304 *Spiel, W./Spiel, G.:* s. Anmerkung 26, S. 278.
305 Ebda, S. 228.
306 *Weber, D.:* a.a.O., S. 40f.
307 Ebda, S. 42.
308 Ebda, S. 42.
309 *Spiel, W./Spiel, G.:* a.a.O., S. 228.
310 Ebda, S. 228f.
311 *Weber, D.:* a.a.O., S. 45.
312 *Spiel, W./Spiel, G.:* a.a.O., S. 228f.
313 Ebda, S. 229f.
314 Ebda.
315 *Nissen, N.:* a.a.O., S. 261.
316 Ebda, S. 266.
317 Empfehlungen des Bundesverbandes Hilfe für das autistische Kind. Hamburg 1986, S. 2.
318 Ebda.
319 *Nissen, N.:* a.a.O.
320 *Feuser, G.:* Autismus. In: Kommunikation zwischen Partnern, H. 30. Hrsg. von der BAG Hilfe für Behinderte. Düsseldorf ³1982, S. 40ff.
321 Ebda, S. 51.
322 Ebda, S. 53.
323 Literaturhinweise: *Feuser, G.:* Grundlagen zur Pädagogik autistischer Kinder. Weinheim 1979. – *Arens/Dzikowski:* Autismus heute. Dortmund 1990. – *Dzikowski/Vogel:* Störungen der sensorischen Integration bei autistischen Kindern. Deutscher Studienverlag 1988. – *Rohmann/Hartmann:* Autoaggression. Dortmund 1988. – *Weber, D.:* Der frühkindliche Autismus unter dem Aspekt der Entwicklung. Bern 1970. – *Wing, J. K.:* Frühkindlicher Autismus. Weinheim 1973. – *O'Gorman, G.:* Autismus in früher Kindheit. München 1976. – *Hilfe für das autistische Kind, Bremen* (Hrsg.): Früherkennung bei frühkindlichem Autismus. Untersuchungsplan und Merkmalslisten. Bremen 1984. – *Schopler/Reichle:* Entwicklungs- und Verhaltensprofil (Bd. 1), Strategien der Entwicklungsförderung (Bd. 2), Übungsanleitung zur Förderung autistischer und entwicklungsbehinderter Kinder (Bd. 3). Dortmund 1981/83/87. – *Dzikowski/Arens* (Hrsg.): Neue Aspekte der Förderung autistischer Kinder. Dortmund 1990.
324 *Hudelmayer, D.:* Die Erziehung Blinder. In: Deutscher Bildungsrat, Sonderpädagogik 5: Blinde, Sehbehinderte, Mehrfachbehinderte. Stuttgart 1975, S. 17f.
325 Ebda., S. 17f.
326 *Mersi, F.:* Die Erziehung Sehbehinderter. In: Deutscher Bildungsrat, Sonderpädagogik 5, a.a.O., S. 139ff.
327 Ebda, S. 155.
328 Vgl. dazu die gute Übersicht bei: Kommunikation zwischen Partnern, H.18: Blinde – Sehbehinderte – Taubblinde. Düsseldorf ³1983.

³²⁹ Tabelle und Hinweise nach *Küppers, C.:* Diagnostik und Behandlung von Funktionsstörungen der Augen im Kindesalter. In: Behinderte Kinder, Früherkennung, Behandlung, Rehabilitation. Hrsg. von der Bundeszentrale für gesundh. Aufklärung. Köln o.J., S. 49.

³³⁰ *Hudelmayer, D.:* a.a.O., S. 52.

³³¹ Ebda, S. 58.

³³² *Küppers, C.:* a.a.O.

³³³ Vgl. Schielen. Deutsche Ophtamologische Gesellschaft. Heidelberg 1985. – Vgl. auch: Das Hör- und Sehtestheft. Informationen zur Früherkennung kindlicher Hör- und Sehstörungen. Hrsg. von der Aktion Sorgenkind. Frankfurt/M.

³³⁴ Vgl. Kommunikation zwischen Partnern, H.18: a.a.O., S. 22.

³³⁵ *Hudelmayer, D.:* a.a.O., S. 29.

³³⁶ Ebda, S. 33.

³³⁷ *Mersi, F.:* a.a.O., S. 166.

³³⁸ In: *Bleidick, U.:* Einführung in die Behindertenpädagogik Bd. 2. Stuttgart 1981, S. 18.

³³⁹ Vgl. *Bartelmeß, B.:* Sehtestungen. Stuttgart 1982. – *Waubke, T. N.:* Die Augenerkrankungen im Kindesalter. Stuttgart 1985.

³⁴⁰ Siehe Anm. 333.

³⁴¹ *Schmalohr, E.:* a.a.O., S. 310.

³⁴² *Walther, R.:* Die Bedeutung der Bewegungserziehung in der Früherziehung sehgeschädigter Kinder. In: Frühförderung sehgeschädigter Kinder. Würzburg 1982, S. 50.

³⁴² Literaturhinweise: *Daoud-Harms, M.:* Blindheit. Zur psychischen Entwicklung körpergeschädigter Menschen. Frankfurt a.M. 1986. – *Düren/Strehle:* Die besten Jahre. Frühförderung sehgeschädigter Kinder. Köln 1979. – *Rath/Hudelmayer:* Pädagogik der Blinden und Sehbehinderten. In: Handb. Sonderpädagogik. Berlin 1985. – *Deutsches Blindenhilfswerk Duisburg* (Hrsg.): Frühförderung sehgeschädigter Kinder. Tagungsreferat. Würzburg 1982. – *Arbeitsgemeinschaft blinder und hochgradig sehbehinderter Kinder im Rheinland* (Hrsg.): Nicht sehen und doch spielen. Tips und Anregungen zur Förderung blinder und mehrfachbehinderter Kleinkinder. Düren 1984. – *Beermann, U.:* Die Erziehung von Sehbehinderten. Würzburg 1966. – *Blankennagel, A.* u.a.: Hilfe für sehgeschädigte Kinder. Stuttgart 1975. – *Kaden, R.:* Sehbehindert-Blinde. Stuttgart 1978. – *Verein z. Förderung der Blindenbildung* (Hrsg.): Anregungen für die Förderung sehgeschädigter Kinder im Früh- und Elementarbereich. Hannover 1976. – *Blindeninstitutsstiftung Würzburg* (Hrsg.):
– Förderung schwerstbehinderter Kinder im Elternhaus.
– Förderprogramme für mehrfach sehgeschädigte Kinder.
– An- und Ausziehen.
– Selbständiges Essen und Trinken.
– Selbständige Körperpflege.
– Testinstrument zur Erfassung des Entwicklungsstandes mehrfachbehinderter sehgeschädigter Kinder.
*Verband der Blinden- und Sehbehindertenlehrer* (Hrsg.): Anregungen für die Förderung sehgeschädigter Kinder im Früh- und Elementarbereich (0–6 Jahre). Umfangreiche Mappe mit Förderhilfen und Literatur.

³⁴³ *Plath, P.:* Gehörlosigkeit – Medizinische Aspekte und pädagogische Rehabilitation. In: Kommunikation zwischen Partnern: Gehörlose – Schwerhörige – Sprachbehinderte. Düsseldorf ⁴1982, S. 8.

³⁴⁴ Ebda, S. 30. ³⁴⁵ Ebda, S. 30. ³⁴⁶ Ebda, S. 30.

³⁴⁷ *Furth, H. G.:* Lernen ohne Sprache. Weinheim 1977, S. 25.

[348] *Plath, P.:* a.a.O., S. 30.

[349] Ebda, S. 9ff.

[350] *Deutscher Bildungsrat:* a.a.O., S. 137.

[351] *Bielsalski, P.:* Kritische Überlegungen zur Früherfassung hörgestörter Kinder. In: *Stange, G.* (Hrsg.): Früherfassung hör- und sprachentwicklungsverzögerter Kinder. Marburg 1980, S. 12f.

[352] *Löwe, A.:* Kinder-Audiometrie. Berlin 1974.

[353] *Plath, P.:* a.a.O., S. 14.

[354] Vgl. ebda. S. 16.

[355] Ebda, S. 35ff.

[356] Ebda, S. 35ff.

[357] *Löwe, A.:* a.a.O., S. 21ff.

[358] Vgl. *Schulte, K.:* Phonenbestimmtes Manualsystem PMS. Villingen-Schwenningen 1974.

[359] Kommunikation mit Gehörlosen in Lautsprache und Gebärde. Hrsg. von der BAG der Elternvertreter und Förderer deutscher Gehörlosenschulen. München 1982, S. 14.

[360] *Uden, A. van:* Das gehörlose Kind. Heidelberg ²1982, S. 4f.

[361] Ebda, S. 94.

[362] Literaturhinweise: *Neue Aspekte in der Frühförderung gehörloser und schwerhöriger Kinder.* In: Hörgeschädigtenpädagogik, Beih. 17. Heidelberg 1985 (umfassender Überblick und Praxishinweise). – *Bundesarbeitsgemeinschaft für Eltern und Freunde schwerhöriger Kinder* (Hrsg.): Ratgeber für Eltern hörgeschädigter Kinder. Hamburg ⁵1985. – *Löwe, A.:* Lerne mich verstehen. Ein Ratgeber für Eltern hörgeschädigter Säuglinge und Kleinkinder. ²1979. – *Ders.:* Hörenlernen im Spiel. Berlin ⁴1982. – *Dale, D. M. C.:* Die pädagogische Förderung hörgeschädigter Kinder in Elternhaus und Schule. Berlin 1974. – *Ding/Horsch:* Materialien zur Früherziehung hörgeschädigter Kinder. Heidelberg 1984. – *Jussen/Neumann:* Kölner Sprachlernspiele. Vlg. G. Holdau. – *Michels, J.:* Frühe Spracherziehung für hörgeschädigte und sprachentwicklungsverzögerte Kinder. Berlin ³1982. – *Schmidt-Giovanni, S.:* Sprich mit mir. Berlin ²1980. – *Uden, A. van:* Das gehörlose Kind – Fragen seiner Entwicklung und Förderung. Heidelberg 1982. – *Bernard-Opitz/Blesch/Holz:* Sprachlos muß keiner bleiben. Freibg. Br. ²1992 (Übersicht und Anleitung zu nonverbaler Kommunikation).

[363] Zur Sprachentwicklung: *Stern, C. U. W.:* Die Kindersprache. Leipzig 1907. – *Piaget, J.:* Le langage et la pensée chez l'enfant. Neuchatel 1923. – *Hörmann, H.:* Psychologie der Sprache. Berlin 1967. – *Oerter/Montada:* Entwicklungspsychologie. München 1982.

[364] *Sinz, R.:* Folgen und Prävention frühkindlicher Prägungsstörungen – das Konzept der primären und sekundären Prägung. In: Kindertherapie, hrsg. von *Speck* u.a. München 1987, S. 63.

[365] *Deutscher Bildungsrat,* a.a.O., S. 40.

[366] *Heinelt, G.:* Kind und Sprache. In: *Behler, W.* (Hrsg): Das Kind. Freiburg 1971, S. 116ff.

[367] Handbuch der Sonderpädagogik, Bd. 7: Pädagogik der Sprachbehinderten, hrsg. v. *Knura/Neumann.* Berlin 1980. – Handbuch der Sprachtherapie, Bd. 8: Sprachstörungen im sonderpädagogischen Bezugssystem, hrsg. v. *Grohnfeldt, M.* Berlin 1995. – *Gschwend, G.:* Die neurophysiologischen Grundlagen der Rehabilitation. Lübeck 1994. – Abb. nach *Schnelle, H.:* Sprache, Gehirn und neuronale Netze. In: Rubin. Wissenschaftsmagazin der Ruhruniversität Bochum 2/92, S. 4.

[368] *Heinelt,* a.a.O., S. 133.

[369] Vgl. *Knura/Neumann,* a.a.O., S. 12ff.

[370] *Grohnfeldt, M.:* Handbuch der Sprachtherapie Bd. 2: Störungen der Aussprache. Berlin 1990, S. 8.

[371] ders.: Bd. 5: Störungen der Redefähigkeit. Berlin 1992, S. 3ff.

[372] Vgl. *Knura/Neumann,* a.a.O., S. 39 ff.- Vgl. *Grohnfeldt, M.:* Störungen der Sprachentwicklung. Berlin ⁶1993.

[373] Vgl. *Knura/Neumann,* a.a.O., S. 26ff.

[374] Vgl. Überblick in: *Grohnfeldt, M.,* Bd. 8, Anm. 367.

[375] Vgl. *Ayres, J.:* Lernstörungen. Heidelberg 1979. – *Valtin, R.:* Legasthenie. Weinheim 1970. – *Hasler, H.:* Lehren und Lernen der geschriebenen Sprache. Darmstadt 1991. – *Kossow, H.-J.:* Leitfaden zur Bekämpfung der Lese-Rechtschreibschwäche. Berlin 1991. – *Kephart, N.C.:* Das lernbehinderte Kind im Unterricht. München 1977.

[376] *Zuckrigl, A.:* Sprachstörungen. In: Kommunikation zwischen Partnern, Gehörlose - Schwerhörige – Sprachbehinderte. Düsseldorf ⁴1982, S. 47. – Vgl. *Bleidick, U.* u.a.: Einführung in die Behindertenpädagogik Bd. 3: Schwerhörigen-, Sehbehinderten-, Sprachbehinderten- und Verhaltensgestörtenpädagogik. Stuttgart ²1981, S. 74f.

[377] *Schmidt/Esser:* Psychologie für Kinderärzte. Stuttgart 1985, S. 213. Die Unterschrift unter der Tabelle lautet: Differentialdiagnostisches Vorgehen bei Sprech- und Sprachstörungen (aus: *H.Harbauer* [bearbeitet von *M.H.* Schmidt]: Kinder- und Jugendpsychiatrie. Deutscher Ärzte-Verlag, Köln ³1984).

[378] Literaturhinweise: Die Literatur deckt sich weitgehend mit der der Hörgeschädigten. *Knura/Neumann* (Hrsg.): Pädagogik der Sprachbehinderten. Berlin 1980. – *Othmann/Scholz:* Stottern. Berlin 1975. – *Zuckrigl/Rechner:* Moderne Hilfen für Sprachgeschädigte. München 1972. – *Cordes/Wilker:* Aufbau komplexer Sprachstrukturen bei autistischen Kindern. In: Sprachtherapie bei autistischen Kindern. Hrsg. vom Bundesverb. für das autistische Kind. Hamburg 1977. – *Böhme, G.:* Methoden zur Untersuchung der Sprache, des Sprechens und der Stimme. Stuttgart 1978. – *Werner, L.:* Das sprachgeschädigte Kind in der Vorschulerziehung. Frankfurt/M. ²1975. – *Seemann, M.:* Sprachstörungen bei Kindern. Berlin ⁴1974. – *Kalde, M.:* Vom spielerischen zum sprachlichen Dialog mit behinderten Kindern. Dortmund 1992.

[379] Vgl. *Schmutzler, H.-J.:* Ehemalige Sonder- und Hauptschüler im Jugendstrafvollzug. In: Sonderpädagogik 1989.

[380] Vgl. *Nissen, G.:* Medizinische Aspekte der Lernbehinderung. In: Handbuch der Sonderpädagogik, Bd. 4: Pädagogik der Lernbehinderung. Hrsg. von *Kanter/Langenohl/Speck.* Berlin 1977.

[381] *Deutscher Bildungsrat:* a.a.O., S. 38.

[382] *Jantzen, W.:* Sozialisation und Behinderung. Gießen 1974.

[383] *Kanter, G.:* Lernbehinderungen, Lernbehinderte – deren Erziehung und Rehabilitation. In: *Deutscher Bildungsrat* (Hrsg.): Sonderpädagogik 3. Stuttgart 1974.

[384] *Bleidick, U.:* Einführung in die Behindertenpädagogik, Bd. 2. Stuttgart 1981, S. 93.

[385] *Kanter, G.:* Handbuch der Sonderpädagogik, Bd. 4. Berlin 1976, S. 47.

[386] Ebda, S. 48.

[387] Vgl. *Harbauer/Lempp/Nissen/Strunk:* Lehrbuch der speziellen Kinder- und Jugendpsychiatrie. Berlin ⁴1980. – *Hilsheimer, G. von:* Verhaltensgestörte Kinder und Jugendliche. Ravensburg 1975 (praxisorientiert; siehe unten: Ursachen, Symptome).

[388] *Kanter, G.:* a.a.O., S. 57. [389] Ebda, S. 55.
[390] Vgl. *Nissen, N.:* a.a.O., S. 617.
[391] Vgl. *Klein, G.:* Spezielle Fragen soziokultureller Determinanten bei Lernbehinderung. In: *Kanter, G.:* a.a.O., S. 68. – Vgl. dazu: 5. Jugendbericht der Bundesregierung 1980, S. 109.
[392] Vgl. ebda, S. 108.
[393] Vgl. *Breipohl, R.:* Sozialisation in der Obdachlosenfamilie. Rheinstetten 1977, S. 65.
[394] Vgl. *Iben, G.:* Randgruppen der Gesellschaft. München 1974, S. 85.
[395] *Klein, G.:* a.a.O., S. 70.
[396] *Nissen, N.:* a.a.O., S. 218.
[397] Vgl. *Nissen, G.:* Medizinische Aspekte der Lernbehinderung. In: Handbuch der Sonderpädagogik, Bd. 4: Pädagogik der Lernbehinderten, a.a.O., S. 615.
[398] Ebda, S. 621. [399] Ebda, S. 621.
[400] Ebda, S. 625. [401] Edda, S. 626.
[402] Ebda, S. 630. [403] Ebda, S. 637.
[404] *Nissen, N.:* a.a.O., S. 210ff.
[405] Vgl. ebda, S. 211. – Vgl. *Lempp, R.* (Hrsg.): Teilleistungsstörungen im Kindesalter. Bern 1979.
[406] *Ensslen, S.* in: Entwicklungsbegleitende Frühförderung – eine interdisziplinäre Herausforderung. Bericht vom 4. Symposion Frühförderung, München. Hrsg. von der Vereinigung für interdisziplinäre Frühförderung e.V. 1988, S. 90.
[407] *Schlack, H.-G.:* Lern- und Verhaltensstörungen aus ärztlicher Sicht. In: Kongreßbericht Sonderpäd. Maßnahmen – Prävention und Rehabilitation. Kaarst 1983, S. 8.
[408] *Ebda.*
[409] *Brüggemann, J. H.:* a.a.O.
[410] Vgl. § 11 Kinder- und Jugendhilfegesetz.
[411] Vgl. *Bronfenbrenner, U.:* Wie wirksam ist die kompensatorische Erziehung? Stuttgart 1974, S. 140ff.
[412] Ebda, S. 140ff.
[413] Vgl. *Deutscher Bildungsrat.* Stuttgart ²1976, S. 50.
[414] Z.B. *Pousset, R.:* Fingerspiele und andere Kinkerlitzchen. Reinbek 1984.
[415] *Reinartz/Reinartz:* Individualprogramm zum Wahrnehmungstraining. Dortmund 1974. – Dies.: Visuelle Wahrnehmungsförderung. Dortmund ²1977. – *Fritze* u.a.: Hören. Auditive Wahrnehmungsförderung. Dortmund 1976. – *Montessori, M.:* Montessori-Material. Handbuch für Lehrgangsteilnehmer. Zelhem NL 1978. – *Kephard, N. C.:* Das lernbehinderte Kind im Unterricht. München 1977. – *Kükelhaus/zur Lippe:* Entfaltung der Sinne. Frankfurt/M. 1982. – *Mönkemeyer, K.:* Spiele für alle fünf Sinne. Reinbek 1988.
[416] *Tischler/Moroder:* Musikalische Spielideen für die pädagogische, sonderpädagogische und therapeutische Praxis. Frankfurt/M. 1990. – *Michael, B.:* Traurig und fröhlich sein. Ravensburg 1979. – *Iben, G.* (Hrsg.): Zärtlich sein. Soziales Lernen. Ravensburg 1979. – *Schmid, G.:* Mal- und Zeichenspiele in der Gemeinschaft. München 1986. – *Bleckmann, R.:* Soziales Verhalten im Kindergarten. Freiburg 1984.
[417] *Neubauer, W. F.:* Selbstkonzept und Identität im Kindes- und Jugendalter. München 1976. – *Keysell, P.:* Pantomime für Kinder. Ravensburg 1975. – *Ellwanger/Grömminger:* Das Puppenspiel. Freiburg 1989.
[418] *Duhm/Huss* (Hrsg.): Förderung sprachlicher Kommunikation 4- bis 6jähriger Kinder. Braunschweig 1977. – *Götte, R.:* Sprache und Spiel im Kindergarten. Weinheim 1977. – *Schwerin, A. von:* Sprache haben – sprechen können. Frei-

burg 1987. – *Schaufelberger, H.:* Märchenkunde für Erzieher. Freiburg 1987. – *Krimm/von Fischer:* Rhythmik und Sprachanbahnung zur Förderung des entwicklungsgestörten und behinderten Kindes. Ravensburg 1976. – *Wulff, J.:* Sprachfibel (Hör-, Atem-, Sprech-, Lautübungen usw.). München [6]1977. – *Wurst, F.:* Sprachentwicklungsstörungen und ihre Behandlungen. Wien 1973.

[419] *Nikitin, B./Nikitin, L.:* Aufbauende Spiele. Köln 1980. – *Michael/Mottat:* Wind und Wasser erfahren. Ravensburg 1979. – *Thiesen, P.:* Konzentrationsspiele für Kindergarten und Hort. Freiburg 1990. – *Grissemann/Weber:* Grundlagen und Praxis der Dyskalkulietherapie. Bern [2]1993.

[420] *Grimm/Bodenburg:* So werden Kinder sauber. Reinbek 1985.

[421] *Staatsinstitut für Frühpädagogik* (Hrsg.): Eltern-Kind-Programm, 3 Bde. Donauwörth 1977. – *Thiesen, P.:* Die gezielte Beschäftigung im Kindergarten. Freiburg [4]1990.

[422] Vgl. Schlüsselbegriffe in der Vorschulerziehung. Hrsg. vom *Arbeitskreis Vorschulerziehung* der PH Schwäbisch-Gmünd. Freiburg 1973. – *Retter, H.:* Reform der Schuleingangsstufe. Bad Heilbrunn 1975. – *Dumke, D.:* Modelle zur Förderung lernschwacher Schüler. Holstein 1980.

[423] *Deutscher Bildungsrat:* a.a.O., S. 40.

[424] Vgl. *Schmidt, M.:* Häufige Verhaltensauffälligkeiten bei Beeinträchtigungen des Lernens. Fernuniversität Hagen 1990, S. 35.

[425] Vgl. *Schmidt, P.:* Verhaltensstörungen aus anthropologischer Sicht. Bern 1985, S. 72f. – *Wille, A.:* Die Enkopresis im Kindes- und Jugendalter. Berlin 1984. – *Kahan, V. L.:* Psychische Krankheit im Kindesalter. Köln 1973.

[426] Modell der Bedürfnishierarchie nach Maslow, in: *Oerter/Montada:* Entwicklungspsychologie. München 1982, S. 578.

[427] Vgl. *Harbauer/Lempp/Nissen/Strunk:* Lehrbuch der speziellen Kinder- und Jugendpsychiatrie. Berlin [4]1980.

[428] Vgl. Klinische Psychosomatik von Kindern und Jugendlichen. Hrsg. von *Zauner/Biermann.* München 1986, bes. S. 266ff.

[429] Vgl. *Grissemann:* a.a.O., S. 113.

[430] Vgl. *Klafki* u.a.: Funk-Kolleg Erziehungswissenschaft, 3 Bde. Frankfurt/M. 1970, S. 53ff.

[431] Vgl. *Grissemann:* a.a.O., S. 241.

[432] Vgl. *Barker, Ph.:* Grundlagen der Kinderpsychiatrie. Ravensburg 1973. – *Scholz, W.* (Hrsg.): Verhaltensprobleme in der Schulklasse. München 1977.

[433] Vgl. *Kluge/Randow, von:* Kinder- und Jugenddelinquenz. Darmstadt 1979.

[434] Vgl. *Fürst, W.:* Die Erlebnisgruppe. Freiburg 1992. – *Bauer, H. G.:* Die Erlebnis- und Abenteuerpädagogik. München [2]1985. – *Smit* u.a.: Freiheit einüben. Stuttgart 1988 (anthroposophische Erziehung).

[435] *Grissemann:* a.a.O., S. 113f.

[436] Vgl. *Wille, A.:* Die Enkopresis.

[437] Vgl. Erziehen? – Heute? Prinzipien verantwortlicher Erziehung. Kastellaun 1980.

[438] Vgl. *Faßnacht, G.:* Systematische Verhaltensbeobachtung. München 1979.

[439] *Schmidt/Esser:* Psychologie für Kinderärzte. Stuttgart 1985, S. 200.

[440] *Innerhofer, P.:* Das Münchener Trainingsmodell. Berlin 1977, S. 1.

[441] Vgl. *Goetze/Jaede:* Die nicht-direktive Spieltherapie. München 1975, S. 28.

[442] *Axline, V. M.:* Kinderspieltherapie im nicht-direktiven Verfahren. München 1972; – vgl. *Goetze/Jaede,* a.a.O.

[443] Vgl. *Klein, M.:* Die psychoanalytische Spieltechnik, ihre Geschichte und Bedeutung. In: *Biermann, G.* (Hrsg.): Handbuch der Kinderpsychotherapie, Bd. 1. München [4]1976, S. 15ff.

[444] *Jaede, W.:* Gesehen und für gut befunden. In: Welt des Kindes 53/1975, H.6, S. 335ff. – Vgl. *Schmidtchen, S.:* Klientenzentrische Spieltherapie. Weinheim ²1976. – *Bennecken, J.* (Hrsg.): Kinderspieltherapie. Fallstudien. Stuttgart 1982.
[445] Vgl. *Jochimsen, P.:* Spiel und Verhaltensgestörtenpädagogik. Berlin 1984.
[446] *Tausch/Tausch:* Erziehungspsychologie. Göttingen ⁸1977.
[447] *Wagner, A. C.* u.a.: Schülerzentrierter Unterricht. München 1978.
[448] *Lorenz, R.* u.a.: Verhaltensänderung in der Schule. Reinbek 1976.

## Kap. 7: Das behinderte und lernschwache Kind in der Regel-Schule

[449] Vgl. *Speck, O.:* System Heilpädagogik. München 1988, S. 323ff.
[450] AO=Verordnung über den Bildungsgang in der Grundschule, Ausbildungsordnung gem. § 26b SchVG.
[451] Vgl. *Speck,* a.a.O., S. 288ff.
[452] Vgl. *Bleidick, U.:* Das Dilemma mit der Integration. In: Die Sonderschule 40, 1995, H. 5, S. 329ff.
[453] Vgl. *Willand, H.:* Lehrerausbildung zwischen Wissenschaftsorientierung und Berufsfelderfordernissen. In: Schule heute 5/94, S. 18.
[454] Vgl. *Frühauf, T.:* Schulische Rehabilitation durch Rückschulung. Marburg 1986.
[455] Vgl. *Willand, H.:* Berufsbildung lernbeeinträchtigter Jugendlicher zwischen Erfolg und Mißerfolg. In: Pädagogische Varia, hrsg. v. *Bunk/Lassahn.* Gießen 1995.
[456] Vgl. *Hellbrügge:* Unser Montessori-Modell. München 1977.
[457] Pädagogisch bewertete Programme dazu nennt: *Landesinstitut für Schule und Weiterbildung* in Soest/NRW.
[458] Vgl. *Biewer, G.:* Montessori-Pädagogik mit geistig behinderten Schülern. Bad Heilbrunn 1992.
[459] Vgl. *Schmutzler, H.-J.:* Freiarbeit in der Montessori-Pädagogik. Hamm ⁴1994.
[460] Vgl. *Hellbrügge/Montessori* (Hrsg): Die Montessori-Pädagogik und das behinderte Kind. München 1978.
[461] ders.: Grundelemente der sozialpädiatrischen Entwicklungs-Rehabilitation. Sonderschrift der Aktion Sonnenschein. München o. J.
[462] ders.: Erlebte und bewegte Kinderheilkunde. München 1994. S. 87f.
[463] Vgl. ebda.
[464] *Staatsinstitut für Schulpädagogik und Bildungsforschung München* (Hrsg.): Handreichung zur Diagnostik für sonderpädagogische Diagnose- und Förderklassen. Würzburg 1991. – ders.: Erstrechnen, Teil 1: Grundlegende mathematische Fähigkeiten. Würzburg 1992; Teil 2: Erarbeitung der Zahlbegriffe und Operationen. Würzburg 1991; Teil 3: Ausbau des Zahlenraumes bis 100 und Erarbeitung der multiplikativen Operationen. Würzburg 1991. – Ders.: Erstschreiben. Würzburg 1991. – Ders.: Erstlesen. Würzburg 1991. – Ders.: Musik- und Bewegungserziehung. Würzburg 1992. – Ders.: Zusammenarbeit zwischen Schule und Elternhaus. Würzburg 1992. – *Amorosa* u.a. (Hrsg.): Arzt und Psychologe in der sonderpädagogischen Diagnose- und Förderklasse. Würzburg 1992. – *Bolvansky* u.a.: Freiarbeit nach Maria Montessori in der Regelschule. Ein Handbuch für den Lehrer mit Videokassette. Regens-Wagner-Werkstätten für Behinderte. Dillingen/Donau 1991. – *Reiß/Eberle* (Hrsg.): Offener Unterricht – Freie Arbeit mit lernschwachen Schülern. Weinheim ²1994. – Landesinstitut für Schule und Weiterbildung in Soest (Hrsg.): Freiarbeit in der Sekundarstufe. ²1992.